21세기 전자정부와 전자투표제도

이 도서의 국립중앙도서관 출판시도서목록(CIP)은 e−CIP홈페이지(http://www.nl.go.kr/ecip)와
국가자료공동목록시스템(http://www.nl.go.kr/kolisnet)에서 이용하실 수 있습니다.
(CIP제어번호: CIP2011004922)

21세기 전자정부와 전자투표제도

김재선 지음

21st Century E-Government and E-Voting

Jae Sun KIM

ORUEM Publishing House

Seoul, Korea

2011

| 머리말 |

"한국에 이런 전자투표기기가 있는 줄 몰랐어요!"

경기도 과천에 위치한 중앙선거관리위원회를 방문한 한 일본 학자는 현재 정당경선 등 위탁 선거에서 사용하고 있는 전자투표기기에 관한 설명을 듣던 중 감탄의 표시를 했다. 회의에 참석하여 그녀의 밝은 표정을 물끄러미 바라보고 전자투표기기를 응시하던 중, 문득 우리나라의 전자투표법과 제도에 관하여 연구해 보는 것은 어떨까 하는 생각이 머릿속을 스쳐 지나갔다.

잠시 스쳐지나간 그날의 인연이 이어지는 듯 필자의 지도교수님이신 고려대학교 박종수 교수님은 정보통신법, 과학기술법 분야에서는 전문가로 인정받으시며 현재 활발한 활동을 하고 계신 학자셨다. 담당업무였던 공직선거법제와 대학원에서 공부한 행정법제를 포함하는 연구대상을 찾기 위해 잠을 못이루고 있던 필자의 고민은 이렇게 우연한 만남을 통해 시작되었다. 그 직후, 지도교수님 또한 전자투표제도 연구를 제안해 주신 것은 운명적인 만남의 신호였던 것 같다.

이후 필자는 틈틈이 사내 도서관에서 자료를 모으고 국회도서관과 집 근처 국립중앙도서관에 살다시피 하며 전자투표제도에 대한 고민을 시작하였다. 처음에는 비교적 참고자료가 많지 않아 고민이 깊어졌

지만 시간이 지나면서 자료를 읽으면 읽을수록 미궁으로 빠져드는 전
자투표제도에 관한 다양한 정치적 관점들 때문에 한동안 뚜렷한 방향
을 잡을 수 없었다. 혼자 고민 하던 어느 날, 학교를 찾아가서 교수님과
대화를 나누었고 교수님은 "법학적 관점에서 연구하라"는 조언을 주
셨다. 교수님의 말씀을 듣고 난 뒤부터 필자는 사고의 방향을 바꾸면서
글을 시작할 수 있게 되었다.

중앙선거관리위원회에서 선거제도 연구업무를 담당해 온 필자로서
는 선거 및 정치제도가 필연적으로 정치학적 논의에서 자유로울 수 없
다는 점을 인정하지 않을 수 없었다. 어떤 제도를 도입할 것인가, 혹은
하지 않을 것인가는 관점에 따라서는 정치적 함의를 띨 수밖에 없기 때
문이다. 정치적 중립을 요하는 선거관리위원회에 근무하면서 제도연
구를 담당하는 필자 입장에서 중립을 지키면서 글을 쓰는 것은 중요한
과제였다. 때문에 글의 방향을 잡는 데 있어서 고민에 빠진 것은 당연
한 과정이었다.

하지만 '법학적 관점'에서의 연구는 이러한 필자의 과제를 해결해
주는 단서였다. 필자는 전자투표제도를 도입할 것인가, 도입하지 않을
것인가의 정치적 분석이 아니라, 이러한 제도가 헌법과 공직선거법 등
의 행정법적 관점에서 타당한가를 검증하는 데 초점을 맞추었던 것이
다. 따라서 본 책은 제도적 연구방법론을 채택하여 법제도 보완을 통하
여 보다 안정적이고 검증 가능한 전자투표제도가 실현가능할 것인가
를 단계적이고 심층적으로 살펴보고자 하였다.

따라서 모든 국민을 대상으로 하는 가장 일상적인 행위인 '전자적
투표'가 막연하게 안전하지 못하거나 어려운 제도가 아니라, 단계적으
로 안전성을 보완하는 제도와 장치들을 마련한 후, 여러차례 검증을 거
쳐 도입을 검토해 볼 수 있는 '제도'임을 입증해보이는 과정임을 염두
에 두고 읽어주시기를 기대한다.

아울러 논문을 마치고 일반 독자들을 대상으로한 책자 형식으로 수
정하면서 필자가 가장 염두해 둔 것은 본 내용들을 독자들이 쉽게 읽을

수 있는가였다. 따라서 우선적으로 문체를 누구나 쉽게 이해될 수 있게 대폭 수정하였고, 목차도 이해하기 쉽게 구분하여 정리하였으며, [부록]으로 필자가 직접 찍은 전자투표기기 사진도 넣어 보았다.

이 책은 총 7장으로 구성되어 있다.

제1장에서는 전자투표 정의와 유형, 전자 민주주의를 실천하기 위한 수단으로서 전자 민주주의의 의미에 대해서 살펴볼 것이다. 제2장에서는 전자투표제도론으로서 전자투표에 관하여 규정한 법률과 규칙을 소개한다. 헌법, 국회법, 지방자치법, 국민투표법과 주민투표법, 공직선거법, 공직선거관리규칙, 전산조직에 의한 투표 및 개표에 관한 규칙, 전자선거추진협의회의 설치 및 운영에 관한 규칙 등이 이에 해당한다. 제3장에서는 우리나라에서 전자투표제도를 도입하기 위한 시도가 전개된 과정을 살펴본다. 제4장에서는 외국의 전자투표제도를 분석한다. 많은 나라들이 전자투표제도를 채택하여 시행하고 있으나 대표적으로 입법사례와 판례가 축적된 미국, 독일, 일본, 브라질의 전자투표제도를 분석대상으로 삼았다. 제5장에서는 각국의 사례에서 발견된 시사점을 중심으로 국회와 지방의회, 국민투표와 주민투표, 정당의 후보자 선출 등 기타 위탁선거에 관한 법적 쟁점과 판례를 살펴보며, 제6장에서는 도입논의가 가장 활발한 공직선거에서의 전자투표제도를 검토한다. 공직선거에서 도입이 논의되고 있는 제도의 단계별 문제점과 공정성 확보방안을 분석하고 공직선거법 체계에 관한 법률적 쟁점을 살펴본 후, 권리구제제도상의 쟁점을 검토한다. 마지막으로 제7장은 바람직한 전자투표제도의 도입을 위한 구체적 고려사항을 검토한 후, 단계별 전자투표제도의 도입방안을 살펴볼 것이다.

필자가 이렇게 책 발간에까지 이를 수 있었던 것은 많은 분들의 가르침과 도움 덕분이었다. 특히 대학원 과정과 박사논문심사기간 내내 든든하게 후원해주신 박종수 지도교수님(고려대학교 법학전문대학원), 엄한 가르침과 따뜻한 격려로 끝까지 심사를 이끌어주신 김향기 교수님(성신여자대학교 법학과), 오준근 現 국민권익위원회 부위원장 겸 중앙행정심판위원회 위원장님(경희대학교 법학전문대학원), 김연태 교수님, 이희정 교수님(고려대학교 법학전문대학원)께 진심으로 감사의 말씀을 올린다. 대학원에 처음 입학할 때부터 필자를 학문의 길로 안내해주시고 이끌어주신 故 류지태 교수님, 언제나 든든한 격려의 말씀과 조언을 해주신 임현 교수님(단국대학교 법학과), 문병효 교수님(강원대학교 법학전문대학원)께도 감사의 말씀을 올린다. 그리고 부족한 필자의 원고를 읽어보시고 직접 참고책자를 송부해 주시며 지원해주신 도서출판 오름 부성옥 사장님께도 깊은 감사를 드린다.

마지막으로 며느리와 딸로서의 역할에 부족함이 넘치는 필자를 사랑과 인내로 아껴주시는 시어머님과 친정 부모님, 고마운 여동생과 형님 내외분께 감사드린다. 특히 나날이 삶의 의미를 깨닫게 해주는 두 아들 한영이와 한서, 사랑하는 남편 고국진 강남 삼성드림이비인후과 원장에게 감사와 존경의 마음을 담아 이 작은 책을 바친다.

2011년 11월
서초동 서재에서 김재선

| 차 례 |

| 제1장 |

전자투표란 무엇인가

제1절 전자투표시대가 도래할 것인가

바야흐로 스마트폰, 페이스북, 트위터 등 소셜 네트워크(SNS, Social Network Service)의 시대이다. 국민들은 아침부터 저녁까지 스마트폰을 통해 끊임없이 정보를 주고받으며 생활의 반경을 넓혀왔으며 학자들은 직접 도서관에 가는 대신 전자문헌(E-Book)을 통해 지식을 쌓고 연구결과를 발표하는 시대가 되었다. 이러한 정보통신기술의 눈부신 발전은 속도에 속도를 더하여 이제는 사회 · 경제 · 교육 · 문화 · 국제관계 등 모든 분야에서 제도적 변화를 선도하고 있다. 행정 서비스는 인터넷 매체를 통해 더욱 효율화되었고 경제 서비스, 교육 서비스 등 공공영역에서도 기술의 발전은 국민의 일상생활 깊숙한 영역까지 변화를 불러일으키고 있다.

이러한 흐름에 발맞추어 유권자들은 이제 전자적으로 투표할 날이 멀지 않았음을 짐작할 수 있게 되었다. 나날이 최첨단의 개념이 변화하는 시대에 가장 아날로그적인 방법으로 시행되고 있는 투표장 출석, 종이로 기표하는 방법이 언제까지 계속될 것인가?

물론 이 부분에 관하여는 이견이 있을 수 있다. 국민의 소중한 한표를 행사하는 선거권은 투쟁을 거쳐 획득한 권리이므로 직접 투표장에 가서 정성을 담아 투표하고 공적 매체를 통해 그 결과를 지켜봄으로써 우리의 대표자를 직접 뽑아야 한다는 논리는 타당하다. 실제로 일본 총선에서는 아직도 유권자들이 투표장에 가서 후보자의 이름을 직접 손으로 써서 투표한다는 점을 중요한 귀감으로 삼을 수 있다. 또한 전자적 투표방식의 신뢰성에 의문을 제기할 수도 있다. 투표지를 직접 아날로그적으로 세어 눈으로 확인할 수 없다는 점은 유권자의 신뢰도를 끌어올리지 못하는 단점이 될 수 있기 때문이다. 매년, 최첨단의 시대라고 하지만 예상치 못한 순간에 작은 실수로 전국적인 정전이 일어나기도 하는 21세기의 양면성은 또 다른 위험요소로 존재한다.

그러나 최근 5년간 국회의원 선거 50% 정도, 지방자치단체의 장 등 지방선거 40% 정도의 낮은 투표율로 정치에 대한 대표성 논란이 발생하고 있으며, 비정규직, 선원 등 일부 집단의 투표 소외현상에 관한 논의가 활발하다. 또한 2012년 재외선거제도의 도입을 앞두고 투표편의성을 증진하기 위한 실무와 학계의 연구는 계속되고 있다.

국회에서 전자표결제도가 도입된 후, 국민투표와 주민투표, 정당의 후보자 결정, 조합장 등의 위탁선거, 지방선거와 전국 단위의 선거를 포함하는 공직선거 등에서 광범위하게 전자투표의 도입이 논의중이다.

이미 국회의 전자표결제도는 도입된 지 10여 년이 지나 본회의 의결에서 투표의 기본원칙으로 자리잡았으며 정당의 후보자 선출방식, 조합장 등의 위탁선거에 있어서도 인터넷 투표와 문자메세지를 통한 투표방법 등 새로운 방식이 도입되고 있다. 그러나 국민투표와 주민투표, 공직선거에서는 전자투표 도입에 대한 국민적 합의가 이루어지지 못하여 신중한 입장을 취하고 있다.

선거에서 전자투표제도를 도입하기 위해서는 헌법과 공직선거법에서 보장된 선거의 기본원칙, 즉, 보통 · 평등 · 직접 · 비밀 · 자유투표의 기본원칙이 보장되어야 하며, 기술적 안전성과 유권자들로부터 신뢰성을 확보하여 선거의 공정성이 보장되어야 한다. 따라서 선거인 명부 확인, 선거절차뿐만 아니라 선거 이후에 발생할 수 있는 표의 검수, 권리구제절차에서도 공정성이 확보되도록 노력하여야 한다.

논란에도 불구하고 세계 각국에서는 전자투표제도의 도입을 포기하기 보다는 기술적, 제도적 보완을 통하여 도입하려는 경향을 보이고 있는데 이것은 오늘날 정보통신 기술의 발전이 가져온 환경의 변화에 따라 전자투표제도의 도입은 피할 수 없는 시대의 흐름이라고 판단되기 때문일 것이다. 이러한 전자투표제도를 우리나라의 각 선거에서 안정적으로 도입하기 위해서는 정치적 의미나 기술적 연구와 함께 각 유형에 따른 투표방식의 문제점을 발견하고 이를 제도적으로 보완하여 공정성과 법적 타당성이 확보되는 전자투표제도의 도입방안을 연구하는 것이 중요한 의미를 갖는다.

제2절 전자투표란 무엇인가

1. 투표의 의의

투표는 '한 집단의 구성원들이 의사를 나타내는 방법'으로서 투표의 방식에 따라서는 거수로 의사를 표현하는 방법, 종이로 기표하여 의사를 표현하는 방법, 전자적인 방식으로 의사를 표현하는 방법 등이 있다.

투표의 적용대상에 따라서는 실시목적과 실행방법이 다르므로 투표에 대한 정의에 있어서도 차이가 나타난다. 국회 또는 지방의회에서의 투표는 찬성 또는 반대의 의사를 나타내는 '표결'의 방법으로 이루어진다. 따라서 이때의 투표는 '의회의 구성원들이 일정한 안건에 대하여 찬성 또는 반대의 의사를 표시하여 본인의 의사를 나타내는 행위'로서 의결권의 행사방법으로 볼 수 있다. 국민투표와 주민투표에서의 투표는 국회 또는 지방의회의 표결과 유사하게 찬성 또는 반대로 본인의 의사를 표현하는 방식으로 '투표권자가 일정한 안건에 대하여 찬성, 또는 반대의 의사를 표시하여 나타내는 행위'로 볼 수 있다. 그러나 의회에서의 표결과는 달리 기명투표는 이루어지지 않으며 찬성 또는 반대로 의사를 표현하는 방법, 또는 절충안 등을 포함한 몇가지 선택지에서 선호하는 의견을 선택하는 방식으로 투표를 실시할 수 있다.

정당의 경선, 농협·수협·축협 등 조합장 선거 등의 위탁선거, 공직선거에 있어서의 투표는 일정한 안건이 아닌 다수의 후보자 중에서 특정한 인물을 선출하는 방법으로 이루어진다. 따라서 이들 선거에서의 투표는 '선거에서 선거인이 누구를 대표자로 선택할 것인가에 대한 의사표시'[1] 또는 '선거 등에서 소정의 표지에 자기가 뽑고 싶은 사람의 이름을 기입하여 지정된 함 따위에 넣음, 또는 그 일'[2]로 볼 수 있다.

2. 전자적 방법의 의의

전자(電子)의 개념은 기존의 법령 등에 정의된 용어들을 통하여 유추할 수 있다.(〈표 1〉 참조) 전자정부법 제2조에서는 전자정부를 '정보기술을 활용하여 행정기관 및 공공기관의 업무를 전자화하여 행정기관

---

1) 권영성,『헌법학원론』(법문사, 2009), 205면.
2) 정재황, "우리나라에서의 전자투표와 관련한 법제 현황,"『디지털경제의 기반구축을 위한 법제지원사업 세미나 자료집』(한국법제연구원, 2002), 43면.

등의 상호 간의 행정업무 및 국민에 대한 행정업무를 효율적으로 수행하는 정부'라고 정의하면서 전자문서를 '컴퓨터 등 정보처리능력을 지닌 장치에 의하여 전자적인 형태로 작성되어 송수신되거나 저장되는 표준화된 정보'라고 정의하고 있다. 한편 정보통신망 이용촉진 및 정보보호 등에 관한 법률 제2조에서는 전자문서의 개념을 '컴퓨터 등 정보처리능력을 가진 장치에 의하여 전자적인 형태로 작성되어 송수신되거나 저장된 문서형식의 자료로서 표준화된 것'으로 정의하고 있으며, 전자서명법 제2조에서는 '정보처리시스템에 의하여 전자적 형태로 작성되어 송신 또는 수신되거나 저장된 정보'라고 정의한다.

각 법률의 제정목적과 내용에 따라 '전자'에 대한 개념은 조금씩 다르게 나타나지만 공통적으로 '정보기술의 활용, 컴퓨터 등 정보처리능력, 전자적인 형태로 작성되거나 송 · 수신 또는 저장'된다는 의미를 포함하고 있다. 이러한 법적 정의규정을 검토할 때 전자의 개념은 '정보기술 또는 컴퓨터 등 정보처리능력을 활용하여 전자적인 형태로 작성되거나 송 · 수신 또는 저장되는 장치'의 개념으로 파악될 수 있다.

특히 전자투표에서 사용되는 전자의 개념은 '투표기기를 이용한 투표의 시행과 투표내용의 저장, 투표결과의 전송 등 전 과정에 있어서 사용되는 전자적 장치 또는 그에 준하는 기술'로 정의할 수 있다.

〈표 1〉 법률상 '전자'에 대한 개념정의

전자정부법		정보통신망법	전자서명법
전자정부	전자문서	전자문서	전자문서
정보기술을 활용하여 행정기관 및 공공기관의 업무를 전자화하여 행정기관등의 상호 간의 행정업무 및 국민에 대한 행정업무를 효율적으로 수행하는 정부	컴퓨터 등 정보처리능력을 지닌 장치에 의하여 전자적인 형태로 작성되어 송수신되거나 저장되는 표준화된 정보	컴퓨터 등 정보처리능력을 가진 장치에 의하여 전자적인 형태로 작성되어 송수신되거나 저장된 문서형식의 자료로서 표준화된 것	정보처리시스템에 의하여 전자적 형태로 작성되어 송신 또는 수신되거나 저장된 정보

3. 전자투표의 정의

일반적인 의미의 전자투표는 '투표기가 컴퓨터에 의하여 통제되거나 지원되는 형태'로서 전자적인 장치를 활용한 투표 전반을 의미한다. 이러한 전자투표에 대해서는 투표방식으로서의 의미와 암호학적 의미의 두 가지로 분류할 수 있다.

투표방식으로서 전자투표는 '유권자가 자동화된 시스템을 이용해서 유권자의 의사를 정보의 전자적 기록장치에 입력하고 그를 이용해서 기록되고 보존되는 투표방식'[3]으로 정의되어 유권자의 입장에서 전자적 기록장치를 이용하여 의사가 기록됨에 초점을 맞추었다.

한편, 암호학적 의미의 전자투표는 '선거인 명부를 데이터베이스로 구축한 중앙 시스템과 직접 연결한 단말에 자신이 정당한 투표자임을 증명하면 단말이 있는 전국 어디서나 쉽게 컴퓨터망을 통하여 투표를 할 수 있는 방식'[4]이라고 정의되어 데이터베이스 시스템을 이용하여 투표인 본인확인을 하고 투표하는 방식임을 강조하였다.

두 가지 의미를 종합할 때, 전자투표는 투표자가 전자적 장치를 이용하여 투표하고, 투표내용이 전자적 시스템에 의하여 연결되어 기록되고 보존되는 장치라는 의미를 보여주고 있다.

한편, 본 책에서는 전자투표의 의미를 투표방식 또는 기술적 측면보다는 공법적 측면에서 접근하고자 한다. 이에 따라서 전자투표를 '투표권자 확인, 투표, 개표, 검증에서 전자적 장치를 이용하되, 전 과정이 공법적 절차에 의하여 공정하게 조직, 관리되는 일련의 과정'이라고 정

---

3) R. Michael Alvarez and Thad E. Hall, *Electronic Elections*(Princeton: Princeton University Press, 2008), p. 9. 원문은 다음과 같다. "When using electronic voting technologies, the voter is interacting with a computerized system that translates the voter's input into an electronic stream of information that is then somehow recorded and preserved for later tabulation."

4) 이임명 · 박춘식, "암호기법," 『정보과학회지』 제15권 제4호(1997), 18면.

의할 수 있을 것이다. 이에 따라 전자투표제도의 유형을 분류하고 각 유형별로 공법적 원칙에 따른 절차를 사용하여 조직, 관리되고 있는지 검토한다.

제3절 전자투표제도의 유형

1. 투표방식에 따른 구분

1) 구분기준

전자투표제도는 전자적 기술을 매개로 한 투표제도를 광범위하게 포함하므로 투표방식에 따라 투표의 단계를 나누어 볼 수 있다. 구체적으로는 1차적 기준으로 유권자의 입장에서 투표를 하는 방식에 따라 구분되며, 2차적 기준으로 투표관리자의 입장에서 투표결과를 이송하고 개표하는 방식에 따라 구분된다.

단계적으로 전자투표제도를 살펴보면, 1단계는 투표소 전자투표(Poll Site E-Voting, 이하 PSEV), 2단계 키오스크 방식의 전자투표(Kiosk E-Voting), 3단계 원격 인터넷 투표(Remote Internet E-Voting, 이하 REV)로 구분할 수 있다.[5]

첫째, 1단계 투표소 전자투표방식(PSEV)은 기존의 투표소에서 전자식 투표기로 투표를 실시한 후, 전자식 기록장치를 개표소로 옮겨와 컴퓨터로 집계하는 방식을 의미한다.

둘째, 2단계 키오스크 방식의 전자투표는 정해지지 않은 임의의 투표소에서 전자식 투표기로 투표를 실시한 후, 투표소와 개표소를 네트

---

5) 조희정, "해외의 전자투표 추진 현황 연구,"『사회연구』제13호(2007), 47면.

워크로 연결하여 투표결과가 자동적으로 개표소로 전송되어 집계되는 방식을 의미한다.

마지막으로 3단계 원격 인터넷 투표방식은 가장 편리하고 실질적인 전자투표의 의미를 살리는 제도로서 가정이나 직장에서 인터넷 PC, 문자 메세지, 디지털 TV, 휴대폰 등을 통하여 투표하고 투표결과가 개표소나 중앙관리센터로 보내져 자동으로 집계되는 투표과정을 의미한다.

2) 투표소 전자투표방식

투표소 전자투표(Poll Site E-Voting, PSEV)방식은 유권자가 지정된 투표소에 출석하여 직접 투표하는 방식을 의미한다. 즉, 현재의 투표제도와 같이 유권자가 일정한 지역 내의 정해진 투표소에 출석하여 전자식으로 투표를 하면 전자식 기록장치를 개표소로 옮겨와 집계하는 방식이다.

이 방식은 궁극적으로 지정 투표소에 나와 투표를 한다는 점에서는 기존의 종이투표를 통한 투표방식과 큰 차이점이 없지만 투표기기에서 손으로 터치하거나 버튼을 누르는 방식을 투표한 후, 투표결과를 디지털 저장매체에 저장하여 개표소로 옮겨와 집계한다는 점에서 투표기기와 저장매체에 차이가 있는 방식이다.

1단계 전자투표제도는 옵티컬 스캔(Optical Scan)방식, 터치스크린(Touch Screen)방식, 통합선거인명부 활용방안으로 구분할 수 있다.

옵티컬 스캔방식은 OMR 카드를 이용하는 경우와 유사한 방식으로 일정한 투표용지에 검정색 잉크로 후보자를 표시하면 스캔 리더기에서 즉시 내용을 읽어내어 투표기로 이송시키는 방식이다. 2008년 미국 대통령 선거에서 60%의 유권자들이 이 방식으로 투표를 하였는데, 직접 투표용지를 확인할 수 있고 개표시 투표용지의 걸림이 상대적으로 적어 선호되었던 방식이다. 그러나 이 방식은 현재의 도장으로 투표하고 투표기 분류기로 개표를 하는 방식과 큰 차이가 나타나지 않아, 전자투표제도로서의 효율성은 낮은 것으로 평가된다.

두 번째로 터치스크린 방식은 현재 도입 가능성이 가장 높게 검토되고 있는 방식으로 투표자가 ATM[6]과 같은 투표 기기의 터치스크린 화면을 보고 지시대로 터치 또는 버튼(Button)을 눌러 투표하는 방식으로 투표결과를 각 투표기에서 전자적으로 저장한 후, 디스켓 등의 기록장치를 중앙개표소로 이송하여 개표하는 방식이다. 터치스크린 방식은 지정된 투표소에 출석하여 투표하므로 선거인 확인의 안전성에 문제가 없으며 투표기기와 투표결과 집계장치도 네트워크로 연결되어있지 않고 분리되어 있다. 또한, 투표관리인이 투표의 전 과정을 관리 · 통제할 수 있으므로 전자투표방식 중 안전성이 높게 나타난다. 또한 개표방식이 2시간 이내로 단축되며 언어선택, 음성지원, 점자투표지원, 눈 응시시스템 등을 지원할 수 있으므로 외국인, 장애인의 편의가 증진될 것으로 평가된다. 따라서 전체 절차가 네트워크화 된 REV 방식을 적용하기 이전 단계로 대부분의 전자투표를 추진하고 있는 국가들이 이 방식을 채택하고 있다. 일본, 브라질 등이 이 방식을 사용하는 대표적인 국가이고 우리나라의 위탁선거 등에서도 이 방식을 채택하고 있다.

세 번째로 터치스크린 방식에서 한단계 나아가 통합선거인명부를 활용하는 방안이 있다. 현재의 경우, 정해진 투표소에 출석하여 투표해야 하므로 부재자 신고를 하지 않았으나 출근, 출장 등 개인적 사정으로 투표당일에 투표소에 갈 수 없는 사람들의 경우 투표참여를 쉽게 포기하였다. 그러나 통합선거인명부만 활용한다면 전국 어느 투표소에서나 투표자 본인확인이 가능하며, 후보자명단을 공유하여 터치스크린으로 지역구를 선택하면 각 지역의 후보자를 선택하여 투표할 수 있으므로 투표당일 현재 머물고 있는 곳에서 가장 가까운 투표소를 찾아가서 투표에 참여할 수 있게 된다. 그러나 이 제도는 대통령 선거 외의 지역구가 있는 선거의 경우 각 지역으로 투표결과 저장장치를 분류하여 안전하게 이송하여야 하므로 오히려 개표시간이 연장될 수 있으며,

---

6) Automated Teller Machine, 현금자동입금 · 지급기

선거인 명부, 후보자 명단 공유정보가 외부에 노출될 수 있으므로 통합 선거인명부의 안전성 확보가 전제되어야 한다.

1단계 투표방식은 전체 절차가 네트워크화된 REV 방식을 도입하기 이전에 기술적, 사회적으로 안전성을 높이기 위하여 대부분의 전자투표를 추진하고 있는 국가들이 채택하고 있다. 미국, 영국, 일본, 브라질 등이 이 방식을 사용하는 대표적인 국가이고 우리나라의 정당경선, 조합장 선출 등 각종 위탁선거에서도 터치스크린 방식을 채택하고 있다.

3) 키오스크 전자투표방식

키오스크(KIOSK) 방식은 '간이 판매대'라는 키오스크의 의미[7]대로 백화점, 공원, 도서관, 쇼핑몰 등의 공중이 운집한 장소와 같은 비지정 투표소에 설치된 키오스크 전자투표기를 이용하여 투표를 하는 방식이다.

PSEV 방식에서 발전하여 투표관리인이 입회하지 않은 무인 투표기에서 투표를 실시하며 선거인 본인확인을 위해서는 패스워드 방식, 쿠키 방식, 전자서명 제도, 전자신분증 제도, 지문 등 신체인식방법 등 전자인식방법을 활용한다. 또한 선거결과는 투표기기에서 중앙개표소에 네트워크로 연결하여 이송하게 된다.

투표소를 특별히 찾아가지 않더라도 가까운 공공장소에서 투표를 실시할 수 있으므로 투표율 증가효과가 기대되며 투표결과를 별도의 저장장치에서 이송할 필요가 없으므로 개표시간이 단축된다는 장점이 있다. 반면에 통합선거인명부를 활용하므로 본인확인과정을 악용하여 이중투표, 대리투표를 실시할 가능성이 있으며, 선거인명부, 후보자 명단을 공유하므로 개인정보가 외부로 노출될 가능성도 있다. 또한 투표

---

7) 네이버 백과사전(검색어: 키오스크), http://100.naver.com/100.nhn?docid= 770198(검색일:2011.1.5) 참조. 글에 따르면 키오스크라는 단어는 본래 '옥외에 설치된 대형 천막이나 현관을 뜻하는 터키어 또는 페르시아어에서 유래된 말로서 간이 판매대 · 소형 매점'을 의미한다.

관리인이 입회하지 않은 공공의 장소에서 투표하게 되므로 기기가 다운되거나 오류가 발생할 경우, 즉각적인 대처가 어렵다는 단점이 있다.

2단계 투표방식은 1단계 전자투표방식에서 적응과정을 거친 후 도입 가능한 방식으로 검토된다. 그러나 실제로 전자투표기의 설치 및 관리비용은 1단계에 비하여 많이 드나 투표율 증진 효과에서는 3단계 투표방식에 미치지 못하므로 널리 활용되지는 못하고 있는 방식이다.

4) 원격 전자투표방식

원격 전자투표(REV)방식은 가정이나 직장에서 인터넷 PC, 문자메세지, 디지털 TV,[8] 스마트폰 등을 통하여 투표하는 방식으로 투표소에 가지 않고 어느 곳에서든 기술적 수단을 이용하여 투표하는 방식이다.

REV 방식은 유권자가 기기를 이용하여 본인확인을 한 후, 투표를 실시하면 투표결과가 개표소 또는 중앙관리소에 보내져 자동으로 결과가 집계된다. 언제 어디서나 투표를 실시할 수 있으므로 투표율과 투표 편의성이 증가될 것이며 직장 등 물리적인 한계로 선거에 참여하기 어려운 국민들의 참여가 증가하여 실질적인 참정권의 향상에 기여할 것이다. 또한 재외국민, 선상투표, 국민투표, 주민투표, 주민소환제도 등에 도입할 수 있으므로 선거제도의 활성화 및 다변화에 기여할 것이며 투표소 설치, 관리, 개표비용을 절감하며 부재자 투표를 따로 실시할 필요가 없으므로 선거관리비용을 절감할 수 있다.

그러나 이 방식은 우선 본인확인의 신뢰성을 확보하여야 한다. 네트워크상으로 투표를 실시하므로 투표관리인이 직접 확인할 수 없으므로 본인확인과정에 오류가 발생할 경우 이중투표, 대리투표의 가능성이 크기 때문이다. 이러한 경우 직접선거, 자유선거, 비밀선거의 원

---

8) 현재까지는 전 세계적으로 디지털 TV를 사용하여 공직선거에서 투표를 행한 사례가 없지만 최근에 유비쿼터스 기술에 대한 고려 및 기술환경 개선을 위해 관련 업체에서 적극적으로 추진중인 기술이기도 하다.

칙이 침해되어, 타인이 대신 투표하거나 또는 본인이 투표하더라도 자유로운 의사가 아닌 강요에 의해 투표할 수 있다. 한편 투표자의 투표결과가 노출될 가능성도 높아진다. 두 번째로 네트워크를 이용하여 투표하므로 선거인명부, 후보자 명단이 외부에 노출되면서 개인정보 침해 문제가 발생할 수 있으며, 홈페이지 접속불량, 투표과정의 오류, 투표내용의 전송과정의 오류 등 네트워크의 안전성에 문제가 발생할 수 있다. 세 번째로 인터넷을 이용하기 어려운 지역, 계층, 세대에게는 전자투표가 익숙하지 않으므로 투표권 행사에 많은 제약을 가져올 수 있다. 마지막으로 투표용지를 따로 보관하는 것도 아니고 투표내용을 외부 저장장치에 저장하기도 어려우므로 투표결과를 검증하기가 어렵다.

3단계 투표방식은 어느 장소에서나 투표할 수 있다는 것이 가장 큰 장점이지만 시스템 보안 문제나 비밀투표 침해, 대리투표 가능성 등 때문에 전자투표에 관한 논란의 주요 대상이 되고 있다. 현재로서는 국회의원 또는 대통령 선거 등의 국가선거보다는 작은 규모의 지방선거에 주로 사용되는 방식으로 영국, 스위스, 에스토니아 등 몇몇 국가와 미국의 재외군인의 부재자 투표에서 사용되고 있다.

2. 투표자 본인확인방식에 따른 구분

1) 구분기준

투표자 본인확인방식에 따른 분류방식은 투표자를 확인 또는 검증하는 방식에 따라서 전자투표제도를 단계적으로 분류하는 방법이다. 투표방식에 따른 유형구분과 같이 투표자가 어떤 방식으로 본인을 확인하느냐에 따라서 단계적으로 투표의 안전성과 신뢰성, 투표편의성이 달라지기 때문에 투표자 본인확인의 방식은 중요한 의미를 갖는다.

이 방식은 1단계 PSEV 방식의 경우 기존 투표소에서의 신원확인방식과 같이 선거인 명부를 보고 주민등록증 등의 신분증으로 선거관리 위원회 직원이 직접 확인하는 방식을 취하므로 특별히 문제되지 않는 다. 그러나 투표 현장에서 신분확인이 어려운 2단계와 3단계의 전자투 표를 시행하기 위해서는 투표를 행하는 당사자가 선거권을 가진 당사 자인지, 당사자가 복수의 투표를 행하는 것이 아니라 1회의 투표를 행 하는지 등을 확인하기 위해서는 매 투표시마다 투표자를 확인하여야 한다.

이러한 투표자 확인방식은 기술적 발전과 제도적 변화과정에 따라 전자상거래 방식, 신뢰인증 방식, 개인적 인증방식의 세 가지로 분류 된다.

2) 전자상거래 방식

전자상거래 방식은 전자상거래시 개인을 인증하는 방법에 따라 본 인을 확인하고 투표를 할 수 있도록 시스템을 갖추는 방식을 의미한다. 일반적으로 전자상거래는 공인인증서를 이용한 인증, 전자서명인증 등의 방식으로 주로 이루어지고 있다. 공인인증서의 경우 은행에 방문 하여 개인이 직접 서명하고 아이디를 발급받은 후, 인터넷을 통하여 다 시 그 아이디로 회원가입을 하여 공인인증서 비밀번호를 설정하여 매 로그인시마다 이용하는 방법이다. 한편, 전자서명인증은 전자서명시 에 암호키를 부여하여 투표하고자 하는 자는 선거권자가 전자적 아이 디와 비밀번호를 입력하여 투표를 하는 제도이다.[9]

이 방식은 인터넷을 통하여 신용카드번호를 보호하기 위하여 이 용되고 있는 암호화 방식(Encrypted Channel), 즉 보안소켓계층(SSL:

---

9) A. Fujioka, T. Okamoto, K. Ohta, "A Practical Secret Voting Scheme for Large Scale Elections, Advances in Cryptology," *AUSCRYPT*(1992), pp. 244-251; 박영철, "전자 민주주의와 인터넷 투표,"『전자투표와 관련한 법적 과제』(한국법제연구 원, 2002), 22-25면.

Secure Socket Layer)[10]을 이용하여 안전성을 보장한다.[11][12]

그러나 전자상거래 방식 및 전자서명방식은 전자상거래기관이 발급하는 인증서를 투표에서 본인확인을 위한 기준으로 활용가능한지 권한의 인증여부가 문제된다.

3) 신뢰인증 방식

신뢰인증 방식은 투표용지와 네트워크에 대한 안전성을 신뢰(Trusted)로서 보장하는 방식으로서 투표자의 프라이버시를 보호하면서도 부정투표를 방지하기 위한 방법으로 인정받고 있다.[13] 이 방식은 투표용지를 보내는 방식에 따라 두 가지로 나눌 수 있다.

첫 번째는 유권자가 기존의 네트워크로 투표용지를 보내되, 투표용지의 형태가 암호화된 형태로 보내는 방법으로 기술적으로는 데이터

---

10) 전자상거래시 필수적인 카드 결제 시스템을 이용하기 위해서는 신용카드 정보나 개인신상 정보를 보호할 수 있는 보안 체계가 필요한데, 이를 위하여 개발된 것이 SSL(Secure Socket Layer)이며 SSL은 넷스케이프사에 의해 고안된 전자상거래의 표준 보안 프로토콜이다. SSL을 이용하게 되면 전송되는 데이터의 유출을 막는데 효과적이며 고객의 사이트를 방문한 방문객에게 가입 신청서나 주문서를 SSL로 처리함으로써 신용카드 정보나 신상 정보의 유출에 안심하고 사용할 수 있어 사이트에 대한 신뢰를 부여해 준다. 이에 대한 자세한 내용은 박영철, "전자 민주주의와 인터넷 투표" 앞의 책, 22면.

11) 매일경제신문, 규제풀린 스마트폰 결제 대안은? 2010.4.1, http://news.mk.co.kr/outside/view.php?year=2010&no=166402 (검색일:2011.4.3) 참조. 글에서 SSL(Secure Socket Layer)에 대한 설명은 다음과 같다. "인터넷상 전송되는 데이터 보호를 위해 사용되는 암호통신 기술이다. 운영체제(OS)별로 별도의 앱 개발이 필요한 공인인증서와 달리 별도 앱 개발이 필요 없고 비용도 저렴하다."

12) 네이버 용어사전(검색어:Secure Socket Layer), http://terms.naver.com/item.nhn?dirId=106&docId=15537 (검색일:2011.5.20) 참조. 글에서 SSL의 정의는 다음과 같다. "보안 소켓 계층을 뜻하는 SSL은 사이버 공간에서 전달되는 정보의 안전한 거래를 보장하기 위해 넷스케이프사가 정한 인터넷 통신규약 프로토콜을 말한다. SSL 규약은 서버와 클라이언트의 진위 확인이 가능하도록 해준다. 암호화키와 관련된 협상을 할 수 있을 뿐 아니라 상위 응용프로그램이 정보를 서버와 교환하기 전에 서버의 진위를 확인해줄 수 있다."

13) 박영철, "전자 민주주의와 인터넷 투표," 앞의 책, 23면.

암호화 기술(Data Encryption Standard)을 이용한다. 각 유권자는 전자적으로 암호화된 투표용지에 투표를 실시하고 이를 전송함으로써 투표용지의 안전성을 보장한다.

　두 번째는 유권자가 기존의 전자적 투표용지의 형태로 보내되, 투표용지를 보내는 경로를 IP 주소 등이 익명화된 네트워크를 이용하는 방법[14]이다. 유권자는 익명의 네트워크로 투표용지를 보내는데 이 투표거래에 대해서는 무조건적인 안전성을 보장하게 된다.[15]

　그러나 두 가지 방법은 모두 공정성과 개인정보 보호의 측면에서 문제점이 제기된다. 우선, 중앙에서 투표용지를 개표할 때 중간결과를 알 수 있기 때문에 결과를 유출함으로써 공정성을 훼손시킬 수 있다. 또한 검증과정에서 유권자가 투표가 정확하게 산정되지 않았음을 주장하기 위해서는 투표용지를 보여주면서 주장하여야 하기 때문에 유권자의 프라이버시가 침해된다.

　따라서 이 방식이 유효하기 위해서는 다른 투표자로부터 투표자 개인의 프라이버시를 보호하여야 하며 부정투표를 방지할 수 있어야 한다. 즉, 투표의 유효성을 입증하기 위해서는 근본적으로 선거공무원의 의무로서 공무원이 국민의 신뢰를 받을 수 있어야 한다. 그러나 투표관리인이 의도적으로 투표결과를 왜곡할 경우, 통제수단이 없으므로 문제가 된다.

4) 개인적 인증 방식

　개인적 인증 방식은 투표자 개인이 선거과정이 공정하고 적법하게 이루어졌음을 입증하는 방식으로 투표자의 서명을 신뢰하는 방식이다. 즉, 투표자가 투표를 하기 위하여 묵지가 내장된 서명란에 블라인

---

14) A. Fujioka, T. Okamoto, K. Ohta, "A Practical Secret Voting Scheme for Large Scale Elections, Advances in Cryptology," *AUSCRYPT*(1992), p. 244.
15) 이 방식은 통신과 연산수단은 유지되기 때문에 유권자의 숫자가 많아지더라도 투표의 유효성을 입증하기가 쉽다.

드 서명을 하면 이에 대하여 익명성, 추적 불가능성을 보장하여 서명을 신뢰한다.

투표자가 블라인드 서명을 검증기관에 제출하면 투표용지에는 유일한 시리얼 번호가 부여되고 이를 투표자가 검증자에게 제출하면 검증자는 투표자의 전자서명과 자격유무를 검사한다. 모든 기준을 충족하면 검증자는 투표용지에 대응서명한 투표용지를 교부한다. 투표자는 이 서명을 인식하는 암호화 계층(Blinding Encryption Layer)을 제거함으로써 자신의 정보를 투표용지로부터 삭제할 수 있으며, IP 주소 등이 익명화된 네트워크를 이용하여 기표한 투표용지를 개표기관에 제출하게 된다. 투표과정에서 오류가 발생하는 경우 검증기관은 새로운 투표용지를 교부하며 기존의 투표용지와 새로운 투표용지는 동일한 투표용지로 인식되므로 이중투표의 위험성은 줄일 수 있다. 마지막으로 개표기관이 검증기관의 전자서명이 진정한 것으로 입증되면 그 결과를 집계한다.

그러나 이 방법에 의하면 투표자 개인이.선거과정이 공정하고 적법하게 이루어졌음을 입증하여야 하기 때문에 사실상 검증이 어렵다는 단점을 가진다.[16]

3. 투표대상에 따른 구분

1) 구분기준

전자투표제도는 투표의 기술적 발전을 제도적으로 도입하기 위한 방안으로 투표를 도입하고자 하는 대상선거에 따라 국회와 지방의회의 표결, 국민투표 · 주민투표, 정당의 후보자 선출, 공공조합의 대표자 선출, 공직선거로 구분할 수 있다.

---

16) 박영철, "전자 민주주의와 인터넷 투표," 앞의 책, 23면.

각 대상선거별로 투표자의 범위, 투표의 실시방법, 투표가 미치는 영향에 차이가 발생하므로 개별 투표의 특수성에 따라서 전자투표제도의 도입에 있어서도 차이점이 나타난다.

2) 국회와 지방의회

국회와 지방의회의 의결은 국민 또는 주민의 의사를 반영하여 정책에 관하여 표결을 통하여 의사결정을 하는 방식으로 각 의안에 찬성·반대·기권한 의원의 성명이 회의록에 게재되어 공개되는 기록표결방식[17]을 채택하고 있다.

국회에서 시행되고 있는 기록표결의 유형은 전자투표, 기명투표, 호명투표로 분류되는데 이 중 전자투표는 기존의 국회 투표제도를 보완하면서 표결의 신속성과 정확성을 높이는 제도로서 인정받고 있다.

특히 현재 시행되고 있는 전자투표제도는 각 의원이 지정된 본인의 자리에서 재석버튼을 누른 후 찬성·반대·기권의 버튼을 누르면 전광판에 찬성은 파란불, 반대는 빨간불이 켜져 표결결과가 공개된다. 이에 따라서 국민들의 생활과 직결되는 법안을 만드는 국회에서 각각의 의원들이 본인들의 투표에 대하여 보다 책임감을 갖고 표결에 신중을 기하게 함으로써 국민들에 대한 책임성을 높일 수 있는 제도로서 의미를 가진다. 또한 이 자료는 국회의원 개개인의 활동정도, 성향분석의 자료로도 활용할 수 있다는 장점을 가진다.

한편, 지방의회에서도 규칙으로 전자투표제도를 규정하여 시행하고 있다. 대부분의 지방의회에서도 전자투표결과를 공개로 실시하고 있다. 그러나 지방자치법에서 각 의회의 의결방법은 자율로 하고 있어 일부 지방의회에서는 투표결과를 공개하지 않고 있다.

국회 또는 지방의회의 회의장 내에서 이루어지며, 국회의원 또는 지

---

17) 국회법 제112조 제1항에서도 표결의 일반적인 방식으로 기록표결을 규정하고 있다.

방의원이라는 신원이 확실한 사람들이 투표권자이므로 투표자 본인확인의 문제, 개인정보의 노출문제, 투표의 비밀유지 문제, 네트워크의 안전성 문제는 발생하지 않는다. 다만, 투표기기의 오작동으로 인한 재투표의 문제,[18] 대리투표의 문제, 전자투표 대상안건 선정의 공정성 확보문제가 발생한다.

3) 국민투표와 주민투표

국민투표제도는 개별 정치적 이슈에 대하여 국민들에게 찬성 또는 반대의 의사를 직접 묻는 제도로서 직접 민주주의를 실현하기 위한 투표제도다. 또한 공직선거와는 달리, 인물이 아니라 사안에 대하여 자신의 의사를 직접적으로 표현하는 것이므로 특별히 중요한 정치적 사안이 발생할 경우 국민의 의사를 직접적으로 반영하므로 간접 민주정치

---

18) 투표종료 선언 뒤 재투표 2003년 국회 때 전례 있다,『동아일보』2009.8.5. http://www.donga.com/fbin/output?n=200908050120 (검색일:2011.5.31) 참조. 기사 내용은 다음과 같다. "국회 속기록에 따르면 2003년 4월 30일 제238회 제9차 본회의에서 '도시철도법 중 개정법률안'을 의결할 때 방송법 처리 때처럼 투표 종료 선언 이후 재투표가 실시됐다. 박관용 국회의장에게서 의사권을 넘겨받은 당시 여당인 민주당 소속의 김태식 부의장은 투표 개시를 선언한 뒤 의원들이 전자투표를 마쳤다고 판단하자 "투표를 종료하겠습니다"라며 투표 종료를 선언했다. 하지만 일부 의원이 투표 버튼을 눌렀지만 자신의 이름이 본회의장 전광판에 확인되지 않는다며 재투표를 요구했다. 김 부의장은 "다시 투표에 임해 주시기 바랍니다"라며 재투표 실시를 선언한 뒤 일정 시간이 지나자 다시 한 번 "투표를 종료하겠습니다"라며 투표 종료를 선언했다. 경차를 살 때 도시철도채권 구입 의무를 면제해주는 내용의 이 법안은 이런 절차를 거쳐 재석 143명 중 134명의 찬성으로 가결됐다. 당시 김 부의장이 투표 종료 선언 이후 재투표를 실시한 것은 의결정족수가 부족했기 때문인 것으로 보인다. 의결정족수가 부족하지 않았다면 일부 의원의 투표 결과가 기록되지 않았다고 해도 표결 자체가 성립하기 때문에 재투표를 실시하지 않는다고 국회사무처는 해석했다. 해당 법안은 쟁점법안도 아니어서 찬성 의견이 압도적으로 많았기 때문에 국회 관례상 의결정족수 문제가 아니면 재투표를 실시할 이유가 없었다고 한다. 당시 의결정족수는 재석 137명이었으며 최종 표결 결과 투표에 참여한 인원은 143명이었다."

가 가지는 문제점을 보완하는 기능을 한다고도 볼 수 있다.[19]

주민투표제도는 주민 간 또는 주민과 자치단체 간, 자치단체 간의 갈등에 기초하여 주민에게 과도한 부담을 주거나 중대한 영향을 미치는 지방자치단체의 중요한 결정사항으로서 조례로 정하는 사항 또는 지방자치단체의 폐치 · 분합 또는 구역 변경, 주요 시설의 설치 등 국가정책의 수립에 관하여 주민의 의견을 듣기 위하여 필요하다고 인정하는 때 중앙행정기관의 장의 결정으로 실시한다.[20]

국민투표[21] 또는 주민투표[22]제도는 실제로 빈번하게 시행되는 투표는 아니므로 투표제도의 개선에 관하여 많은 검토가 있었던 것은 아니다. 하지만, 직접 민주주의의 실현수단으로서 양 투표제도가 갖는 의미를 생각했을 때, 투표제도의 효율성 확보는 중요한 의미를 가진다.

찬성 · 반대의 선택만 가능한 현재 국민투표제도에 전자투표제도가 도입된다면 다양한 의견을 묻는 투표제도를 도입할 수 있으므로 직접 민주주의의 실천에 도움이 될 것이다. 다양한 의견을 투표지에 표시하면 선택지 중 어떤 하나를 선택하고 그 안 중에서도 보다 구체적으로 어떤 의견을 가지고 있는지를 조사하는 방식의 국민투표가 이루어질 수 있으므로 다양한 국민의 의견을 수용할 수 있기 때문이다.

또한 국민투표 또는 주민투표제도에 전자투표제도가 도입될 경우, 선거관리비용이 절감될 것이다.[23] 현행 투표제도의 경우 관리체계는 상당히 전산화 · 현대화되었지만 여전히 투표, 개표, 개표결과의 집계

---

19) 정재황, "우리나라에서의 전자투표와 관련한 법제 현황," 앞의 책, 43면.

20) 주민투표법 제7조 · 제8조 참조.

21) 국민투표제도는 1987년 이후 한차례도 실시되지 않은 바 있다.

22) 실제로 실시된 주민투표는 제주도 행정구조 개편(05년), 청주시 · 청원군의 통합(05년), 경주시 중저준위방사선 폐기물 처분시설 유치사건(05년) 등 3건에 불과하다. 이에 대한 자세한 내용은 행정안전부, 『2008 행정안전통계연보』(2008), 321면.

23) 양영철, 『주민투표제도론』(대영문화사, 2007), 444면.

는 수작업으로 이루어지고 있어 높은 비용을 부담하여야 한다.[24] 이러한 상황에서 국민들의 의견을 수렴하는 양 투표를 실시하는 데는 국가뿐만 아니라 지방자치단체에 많은 부담이 된다. 특히 주민투표법에 의하면 국가정책에 관한 주민투표의 경우에만 국가에서 부담하며 기타사유로 인한 주민투표의 경우에는 주민투표를 발의한 지방자치단체의장이 속하는 지방자치단체에서 부담한다고 규정하고 있다.[25] 그러나현재까지 주민투표 예산은 국가에서 교부된 금액으로 집행되었다. 따라서 지금까지 실시된 주민투표는 국가에서 재정적 지원을 받았기 때문에 가능했다. 반대로 생각하면, 자치단체에서는 주민투표를 하고싶어도 재정적 부담 때문에 주민투표를 할 수 없는 경우가 발생할 가능성이 높게 나타난다고 볼 수 있다. 결국 주민투표는 주민투표법 제7조의 주민에게 과도한 부담이나 큰 영향을 미치는 것은 경제적인 문제로실시하지 못하고, 실제로는 국가의 자문적 성격인 제8조만 주민투표의대상이 될 가능성이 높다고 할 수 있다.

또한 전자투표제도의 도입은 투표율의 향상으로 이어질 수 있다. 현재 주민투표제도의 투표율은 30% 정도이며 투표율이 더 낮아질 경우에는 주민투표법 제24조에 의하여 전체 투표자수의 3분의 1인 33.3%를 넘지 못하여 투표함이 개봉되지 못하는 경우가 나타날 수도 있다.[26]그러나 1단계 전자투표제도가 도입될 경우, 장애인을 비롯한 직장인 등불가피하게 투표소에 접근하기 어려운 주민들을 투표소에 쉽게 접근할

---

24) 청주시청 자치행정과 자료에 따르면 청주시가 청주 · 청원 지역 통합을 위한 주민투표의 예산액이 16억원 정도 책정되었으며 청원군과 합치면 25억 이상 집행된 것으로 나타났다. 이에 대한 자세한 내용은 양영철, 위의 책, 444면.

25) 주민투표법 제27조 참조.

26) 2005년 7월 27일 시행된 제주시 행정구조 개편 주민투표 투표율은 36.5%였다. 또한 2005년 9월 29일 시행된 청주시 · 청원군의 통합 주민투표 투표율은 36.7%로 거의 비슷하게 나타났다. 물론 2005년 11월 2일 경주시 중저준위 방사선 폐기물 처분시설 설치에 관한 주민투표에서는 60.5%의 투표율을 보였지만 이는 각 지역 간의 치열한 경쟁과 불합리한 부재자 관리 때문에 나타난 특이한 경우이다.

수 있도록 할 수 있다. 또한 3단계 전자투표제도가 도입될 경우, 인터넷 PC, 문자메세지, 디지털 TV, 스마트폰 등 다양한 매체를 통하여 투표할 수 있으므로 투표율을 제고하는 데 효율적인 수단이 될 수 있다.

4) 정당의 후보자 선출

과거에는 정당의 후보자 선출이 정당 당원들 간의 추천 등 비공식적인 방법으로 이루어졌으나, 오늘날 점차 공개적이고 투명한 예비경선 제도로 변동하고 있다. 국민경선 등의 이름으로 실시되어 온 정당의 예비경선은 정당의 후보자 선정시부터 국민들이 참여할 수 있도록 하여 국민들의 선거에 대한 관심을 불러일으키는 합리적인 제도로서 의미를 가진다.

정당의 예비경선에도 전자투표제도가 도입됨으로써 투표가 신속·정확하게 이루어지며, 결과도 거의 즉시 알 수 있게 된다. 이렇게 될 경우 당원들이 경선투표에 참여하기 위하여 대기하는 시간이 줄어들고 보다 쉽게 투표할 수 있게 될 것이며 이에 따라 관심도와 투표참여율도 높일 수 있을 것이다.

실제로 우리나라의 주요 정당에서는 예비경선의 실시에 전자투표제도를 도입한 바 있으며 2008년 민주당의 예비경선에서는 문자메세지 투표도 이루어지는 등 투표제도 도입의 다변화를 예고하고 있다.

5) 조합 등 위탁선거

농협·수협·축협 등의 조합장 선거, 대학총장 및 학생회장 선거 등의 위탁선거, 민간선거 등에서 대표자를 선발하기 위해서도 일반적으로 종이에 기표하는 방식으로 이루어졌다.

그러나 이들 선거에 있어서도 전자투표제도가 도입됨으로써 개표시간 단축, 선거관리비용 절감, 선거에 관한 기타 개표과정상의 불필요한 논쟁의 감소 등 장점이 인정되어 전자투표제도는 효율적인 대안으로 제시되고 있다.

특히 이들 선거의 경우, 공직선거 및 기타 전국 규모의 선거에 전자
투표제도를 도입하기 전에 국민들에게 전자투표제도를 알리고 적응하
기 위한 일종의 시험의 장으로서 중요한 역할을 하고 있다.

6) 공직선거

우리나라의 현재 종이투표제도는 선거권자가 정해진 투표소에 출석
하여 기표를 하면 선거관리위원회는 참관인 등의 입회하에 투표용지
를 개표소로 이송한다. 각 투표소에서 모아진 투표용지는 투표기 분류
기에 넣어 각각 분류하는데 분류과정에서 정확성을 유지하기 위해서
개표관리인이 지속적으로 감시 및 정비를 한다. 이러한 방식은 정확성
과 안전성의 가치를 최우선으로 하면서 국민들에게 신뢰받는 투표방
식으로 안정적으로 시행되고 있다. 그러나 유권자의 숫자에 따라 개표
시간이 약 15시간 정도로 밤을 새워 개표를 실시하여야 하는 경우도 있
으며, 투표기 분류기에서 투표지가 자주 걸려 지속적인 확인을 요한다.
또한 투표용지의 보관 및 개표소까지 이동시 참관인 및 개표관리인이
관리하지만 불안정성은 여전히 존재하며, 밤샘개표 등으로 인하여 개
표관리 인력과 비용이 낭비된다는 단점이 있다.

공직선거에서 전자투표제도가 도입된다면, 전자투표제도의 도입단
계별 다음과 같은 장점을 가진다.

우선, 1단계 옵티컬 스캔 또는 터치스크린 방식이 도입될 경우 선거
관리비용이 절감되며, 개표가 신속하고 정확하게 이루어진다. 또한 외
국인 또는 장애인의 참정권이 증진되며 무효표의 발생도 줄일 수 있다.

전자투표기는 일단 설치되면 이후 선거 관리에 있어서는 거의 비용
이 들지 않는다. 따라서 초기 설치비용이 많이 들지만 이후 선거를 많
이 실시하면 실시할수록 기존 선거에 비하여 선거관리 비용을 절감시
킬 수 있다.

또한 투표 종료와 함께 투표결과가 저장된 이동식 저장장치(디스켓
또는 USB)를 개표소로 운반하여 중앙관리서버와 연결된 개표용 컴퓨

터에 연결하면 되므로, 기존의 개표방식과 같이 밤샘 개표작업 없이 투표결과를 알 수 있으므로 신속하다는 장점이 있다.[27] 개표과정도 사람에 의해서가 아니라 컴퓨터 연산작용에 의해 이루어지므로 사람이 할 때 발생할 수도 있는 실수나 오류를 방지할 수도 있다.

이와 함께, 외국인 또는 시각장애인 등의 투표시에도 편리함을 제공할 수 있다. 현재의 투표시스템에서는 외국인 또는 장애인의 투표권 행사에 많은 어려움이 있다. 전자투표제도가 도입되면 외국인의 경우 본인확인 후 언어를 선택하여 각 나라의 언어로 투표방법을 안내받고 투표를 실시할 수 있다. 특히 시각장애인의 경우 현행 제도로는 누군가의 도움 없이 스스로 투표권을 행사하는 것은 거의 불가능한 것이 사실이다. 전자투표를 도입하고 있는 나라의 전자투표기의 대부분은 시각장애인을 위한 음성지원기능이 있으며, 현재 우리나라의 중앙선거관리위원회가 추진중인 터치스크린의 경우에도 이러한 기능을 갖추고 있다.

특히 종이기표의 경우 도장을 애매한 위치에 찍거나 두 번 찍는 등 식별하기 어려운 경우에는 무효표 처리가 되었으나 전자투표제도를 적용할 경우, 이러한 비의도적 무효표[28]의 발생을 방지할 수 있다. 적어도 기표를 하지 않거나 애매한 위치에 기표하면 투표결과가 저장되지 않으므로 투표가 완료되지 못하기 때문이다.

두 번째로 3단계 전자투표제도의 경우, 투표권자 입장에서 투표편의성이 증진되어 투표율을 제고할 수 있으며 투표관리의 측면에서는 선거관리비용이 크게 절감된다.

투표에 참여하는 유권자의 입장에서는 정해진 선거구역 내의 투표

---

27) 일본의 경우는 2003년 2월 일본의 히로시마시 안게이구에서 실시된 전자투표에서 전자투표결과의 집계는 20여 분 밖에 소요되지 않았는데, 개표사무의 효율성뿐만 아니라 투표결과를 신속히 알고 싶어하는 국민의 알권리 측면에서도 긍정적이다. 이에 대한 자세한 내용은 박해영, 「전자투표를 통한 국민주권의 실현방안 연구」, 창원대학교 박사학위논문(2007), 98면.

28) 의도적인 무효표도 주권행사의 한 방법이라는 견해에 따라 '기권'란을 따로 만들어 기표용지에 표시할 수는 있다.

소가 아닌 자택 또는 사무실에서 인터넷을 통하여 본인확인을 한 후 투표를 실시할 수 있게 된다. 이러한 경우, 투표소에 직접 가지 못하는 유권자들이 손쉽게 투표에 참여할 수 있어서 투표율 증진효과가 클 것이다. 특히 시간과 장소의 제약 없이 투표참여가 가능해지므로 재외국민선거[29] 또는 선상투표제도에 도입한다면 국민들의 실질적인 참정권을 확대하는 데 중요한 계기가 될 수 있다. 따라서 투표제도는 신속한 의사결정구조의 형성과 의제설정 및 의사결정을 일상화할 수 있어, 대의민주주의를 직접 민주주의로 전환할 수 있는 가능성과 함께 국민주권의 실질화에 기여할 수 있다.

그러나 국민의 대표자를 뽑는 공직선거의 경우, 투표의 결과가 국가의 정치 · 사회 · 경제의 모든 측면에서 미치는 영향력이 지대하기 때문에 전자투표제도의 도입에 있어서 여러 가지 측면을 고려하여야 한다.

특히 대통령 · 국회의원 선거의 경우 국가의 미래를 이끌어갈 지도자를 선발하는 제도로서 공정한 선거의 시행 외에도 보통 · 평등 · 직접 · 비밀선거의 선거원칙의 보장, 선거실시에 관한 문제 발생시 대응책 마련, 검증가능성의 보장, 선거관리의 신속 · 정확성 및 효율성, 경제적 효과 등 종합적으로 국민의 의사를 정확하게 반영하여야 한다.

---

29) 「헌법재판소는 공직선거 및부정방지법(현행 공직선거법) 제15조 제2항 등 위헌확인 등에서 첫째, 동법 제37조 제1항의 주민등록을 요건으로 재외국민의 국정선거권을 제한하는 것이 재외국민의 선거권, 평등권을 침해하고 보통선거원칙을 위반한다고 하였으며, 둘째, 동법 제38조 제1항의 국내거주자에게만 부재자신고를 허용하는 것이 국외거주자의 선거권, 평등권을 위반한다고 하였으며, 셋째, 동법 제15조 제2항 제1호, 제37조 제1항의 주민등록을 요건으로 국내거주 재외국민의 지방선거 선거권을 제한하는 것이 국내거주 재외국민의 평등권과 지방의회의원선거권을 침해한다고 하였으며, 넷째, 동법 제16조 제3항의 주민등록을 요건으로 국내거주 재외국민의 지방선거 피선거권을 제한하는 것이 국내거주 재외국민의 공무담임권을 침해한다고 하였으며, 다섯째, 주민등록을 요건으로 재외국민의 국민투표권을 제한하는 국민투표법 제14조 제1항이 청구인들의 국민투표권을 침해하는 것으로 보아 헌법불합치 결정을 하였다.」헌법재판소, 2007.6.28 선고, 2004헌마644, "공직선거및선거부정방지법 제15조 제2항 등 위헌확인,"『헌법재판소 판례집』제19권 제1집(2007), 859-893면.

그 밖의 지방자치단체의 장, 지방의원, 교육감 · 교육위원 선거 등 공직자를 선발하는 선거에서도 역시 선거의 공정성과 신뢰성 확보를 최우선으로 하면서 국민 모두가 선거에 참여하기 편리하도록 제도를 정비하여야 할 것이다.

제4절 전자 민주주의의 수단으로서 전자투표제도

1. 전자 민주주의의 의의

국민의 의사를 가장 투명하고 집약적으로 표현하는 '투표'는 민주주의를 실천하는 집단적 행위로서 나타나는 중요한 의사표현 방법이다. 정보의 자유로운 교환과 이동을 핵심 요소로 하는 민주주의는 국민이 중요한 국가정책을 결정하는 하나의 체계를 의미하며, 유권자 집단으로서의 시민은 궁극적 결정권자로서 많은 정보를 가지고 정치적 선택을 할 수 있어야 한다.[30] 이에 따라 정보의 교류를 통하여 정치적 결정을 지지하거나 비판하면서 의사를 표현하는 국민들에게 정보통신 기술의 빠른 발전은 민주주의의 실천의 기반이 되는 것이다.

우리나라의 정보통신기술은 눈에 띄게 빠르게 발전하여 세계적으로 가장 뛰어난 정보통신국가로 인정받고 있다. 특히 2000년대 초반부터 전국 곳곳에 인터넷 시설이 마련되었고 그 속도 또한 전 세계에서도 가장 앞선 수준에 이르렀다. 그 결과 우리나라는 2006년 국가정보화백서에서 발표한 국가 정보화 지수는 50개 주요국가 중 3위,[31] 2010년 UN이

---

30) 박영철, "전자 민주주의와 인터넷 투표," 앞의 책, 11면.
31) 전자신문, 한국 국가정보화지수 세계 3위, 2006.7.21, http://www.etnews.co.kr/

발표한 전자정부 평가[32]에서는 192개 국가 중 1위를 차지할 정도로 앞서가는 수준에 이르렀다.

이러한 정보통신기술의 발전과 인터넷 이용의 증가는 전자 민주주의(Electronic Democracy)에 대한 관심을 증가시켰다. 전자 민주주의란 넓은 의미에서 민주주의의 기능에 영향을 미치고 변화시키는 정보통신기술에 의하여 개발된 모든 전자매체를 정치과정에서 활용하는 형태의 민주주의[33]를 의미한다. 이를 구체화하면, 쌍방향적이며 동시적인 정보통신 기술을 기반으로 하여 국민의 정치참여를 높이고 정치참여에 따른 비용을 줄여 직접 민주주의를 실현할 수 있는 정치체제로 정의된다.[34]

실제로 인터넷 기술의 발달은 정보 교류의 활성화와 정치참여 확대를 가져왔고 국민들의 주체적 정치참여에 기여하고 있다. 오늘날 대부분의 정당과 정치인들은 자신들만의 홈페이지를 운영하고 있으며 이를 통하여 정책과 정치활동을 홍보하고 국민들로부터 평가를 받고 있다. 또한 정치 아고라와 토론방 등 포털 사이트에 마련된 각종 정치관련 사이트에서는 정치이슈에 대한 토론이 자주 열리고 있어 국민들이 직접 정책에 대하여 비판하고 대안을 제시하는 등 직접 민주주의의 실천에 있어서 인터넷이 하나의 도구가 되어왔다. 특히 새롭게 등장한 트위터 등은 실시간으로 정보를 전송할 수 있어 정치인들이 쉽게 사용하여 활동을 국민들에게 바로 전달할 수 있으며, 스마트폰 또한 정보에 대한 접근을 쉽게 하도록 하고 있다.

---

news/detail.ht ml?id=200607200194 (검색일:2011.5.10) 참조.

32) 한국정책방송(KTV), "한국 정부, 국가정보화 세계 1위," 2010.1.15, http://channel.pandora.tv/channel/video.ptv?ref=na&redirect=prg&ch_userid=ktv2008&prgid=36906263&categid=(검색일:2011.2.2) 참조.

33) 윤명선·박영철, "전자 민주주의와 정치참여,"『공법연구』제30집 제3호(2002), 210면.

34) 박선영, "정보화 사회에서의 정치적 기본권—인터넷의 정치적 기능을 중심으로,"『공법연구』제33집 제1호(2004), 376면.

전자 민주주의는 인터넷을 통한 국민들의 정치참여의 증가뿐만 아니라 정해진 투표소에서 전자투표, 정해진 장소 이외의 장소에서의 인터넷 투표, 휴대폰을 이용한 투표 등 넓은 의미의 선거를 포함한다. 또한, 전자관보와 같이 법률안을 광범위하게 공고하기 위해 전자 통신망을 활용하는 것도 전자 민주주의에 포함된다.[35] 즉, 전자 민주주의에 있어서 정보로의 접근은 민주적 의사형성을 위한 중요한 전제조건이므로[36] 인터넷 등 전자적 매체를 통해 국민의 의사가 정책에 전달되고 확인될 수 있는 모든 가능성을 포함한다.[37]

결국 전자 민주주의는 단순히 정치적 결정과정에 전자기술이 사용된다는 사실만이 아니라, 전자기술을 통해 일반 국민들의 적극적인 정치참여가 유도되고, 그로 인하여 정치적 기본권을 직접적으로 실현할 수 있는 정치체제를 의미한다.[38]

2. 전자 민주주의의 등장배경

1) 기술적 배경

전자 민주주의가 등장하게 된 기술적 배경은 커뮤니케이션 기술의 발전에 기초한다. 컴퓨터 네트워크, 화상회의, 원격회의, 이동통신, 전화 마케팅 시스템 등의 새로운 커뮤니케이션 미디어들이 TV, 영화, 라

---

35) 자세한 내용은 독일 법무부 홈페이지, http://www.bmj.bund.de(검색일:2011.2.2) 참조.

36) Y. Benkler, "Free as the Air to Common Use: First Amendment Constraints on the Public Domain," *New York University Law Review,* Vol.74(1999), p. 354.

37) 이부하, "전자 민주주의와 인터넷 선거,"『공법학연구』제10권 제2호(2008), 106면.

38) M. Franklin, *The Dynamics of Voter Turnout in Established Democracies Since 1945*(New York: Cambridge University Press, 2003), pp. 32-57.

디오, 전화 등 기존의 미디어에 합류하는 방향으로 나아가고 있다.[39]
즉, 멀티미디어 혁명이 전자 민주주의의 기술적 배경이 되고 있다.

멀티미디어 중에서 특히 전자 민주주의는 쌍방향 커뮤니케이션 기술 발달의 영향이 크다.[40] 컴퓨터를 이용한 이러한 커뮤니케이션은 미디어의 양방향적 특성에 의하여 이용자의 능동적 참여를 증가시켰을 뿐만 아니라 정보에 대한 접근을 손쉽게 하여 정치사회에 대한 시민적 통제를 강화하고 사용자 상호 간의 정보공급에 의해 정보의 대량공개를 가능하게 하고 있다.[41]

특히, 인터넷의 대량 보급과 사용자의 급증은 정치적 도구로의 이용을 가능하게 한다. 인터넷을 통한 전자투표와 여론수렴 등은 기존의 대의정치에 큰 영향을 미치면서, 지역 또는 각 나라의 시간과 공간을 넘어선 연대적 조직으로 확장하여 정치적 목적뿐만 아니라 경제 · 사회적인 여러 목적 등을 달성하고자 하는 분위기를 조성하였다. 네트워크는 시민운동단체와 가상공동체의 정치활동의 기반을 제공하여 정치와 시민사회영역에 중요한 역할을 담당한다.

2) 사회적 배경

전자 민주주의가 등장하게 된 사회적 배경은 우선, 시민운동의 성장으로 볼 수 있다. 21세기 이후 국민국가의 쇠퇴와 세계화와 광역화의 진전에 따른 국가 수준의 발달로 경제문제 보다는 지역적 차원의 문제, 성과 인종 · 환경 · 인권 · 민족 등의 문제가 시민들의 일차적 요구로 나타났다. 정치에 있어서도 정당정치의 한계가 드러나고, 시민들이 다양한 자치조직과 지역주의 운동 등으로 자신의 권리를 요구하는 방법

---

39) 도석구, 「국민주권의 실질화와 전자 민주주의」, 명지대학교 박사학위논문 (2001), 40면.
40) 박해영, 앞의 책, 78면.
41) 전석호, 『정보사회론』(나남, 1993), 35면.

에도 변화가 나타났다.[42)]

시민운동에서의 컴퓨터 커뮤니케이션 이용은 이러한 배경에서 시작되어, 다양한 사회적 요구들을 효율적으로 집약하고 시민운동의 취약한 활동능력을 보완할 수 있는 기회를 제공하였다. 특히, 다양한 방식의 사회적 연대를 필요로 하는 시민운동 단체에게 연락과 회의 등의 수단으로서 인터넷은 중요한 연대의 매체가 되었다. 정보통신기술의 발전은 시간과 공간, 신분의 벽을 넘어 시민사회 운동의 실체로 대중과 융합할 수 있는 기회를 제공한 것이다.

둘째, 국민의 정치적 무관심이다. 정치인에 대한 불만에서 시작된 국민들의 무관심은 점차 정치에 대해 무반응으로 나타나게 되었다. 특히 이러한 사회적 배경은 선거참여의 감소를 가져오고 있으며, 현상의 심화는 민주주의의 존립 자체를 위태롭게 할 우려가 있다. 따라서 정치와 국민의 접촉을 확대하는 다양한 수단을 확보하는 과정에서 인터넷의 가능성은 크다. 예를 들어 자신의 활동과 업적의 홍보 등의 효과를 기대하며 인터넷 홈페이지, 커뮤니티 등을 정치적 도구로 활용하기 시작하였으며, 나아가 인터넷을 이용한 전자투표제도의 도입을 고려하기 시작하였다. 시민들에게 편리하고 신속한 투표수단을 제공하려는 시도들도 이러한 배경에서 시작되었다.

전자 민주주의의 실현을 위해 인터넷을 이용한 전자투표 외에 대안적 방안으로서 인터넷을 이용하여 여론을 수렴하고, 선거운동을 하며, 정치기부금을 받고, 전자토론을 함으로써 시민의 정치참여 비용과 부담을 줄이는 방법이 강구되고 있다. 대화와 민의의 수렴을 중시하는 전자 민주주의는 이러한 시대적 변화를 배경으로 한다.[43)]

---

42) 박해영, 앞의 책, 78-80면.
43) 도석구, 앞의 책, 2001, 43면.

3. 전자 민주주의의 유형

전자민주주의는 발생배경과 정치참여형태에 따라 원격 민주주의 (Tele Democracy), 사이버 민주주의(Cyber Democracy), 전자 민주화 (Electronic Democratization) 등으로 구분된다.[44] 이들 개념은 모두 전자 민주주의의 이념을 실현한다는 공통점을 지니고 있으나 그 실천방법과 지향하는 정치체제에 있어서 차이점을 나타낸다.[45]

1) 원격 민주주의

원격 민주주의는 대표민주제와 대중매체의 문제점을 선거인의 무관심(Apathy), 좌절(Frustration) 그리고 소외(Alienation)라고 보면서 새로운 컴퓨터 통신매체(CMD: Computer Mediated Communication)를 통하여 시간과 공간을 초월하고 직접 민주주의를 가능하게 할 수 있음을 의미한다. 즉, 대의제 민주주의는 더 이상 정보사회에서 점증하는 투입에 효과적으로 대응할 수 없으므로 시민들의 요구에 부합하는 산출을 하기 위한 유일한 방법은 '직접 민주주의' 또는 '강한 민주주의'를 채택하는 것으로 보는 것이다.[46]

---

44) 이 밖에 전자민주주의와 구별되어야 개념으로는 가상 민주주의(virtual democracy), 유선 민주주의(wired democracy), 데스크탑 민주주의(desktop democracy), 네트워크 민주주의(on-line democracy), 푸시-버튼 민주주의(push-button democracy), 정보시대민주주의(information age democracy) 등이 있다. 이에 대한 자세한 내용은 박영철, "전자 민주주의와 인터넷 투표," 앞의 책, 15면.

45) J.B. Abramson, F.C. Arterton, G.R. Orran, *The Electronic Commonwealth: The Impact of New Media Technologies on Democratic Politics* (New York: Basic Books, 1998), pp. 34-60.

46) 이 개념은 1970년대 후반에 유선 TV를 이용하여 정책결정을 실험하였던 Ted Becker에 의하여 사용되었으며, 그 이후 Becker의 견해를 비판적으로 평가한 Arterton이 이 용어를 확산시켜 전자 민주주의의 한 유형으로 자리잡게 하였다. 이에 대한 자세한 내용은 F.C. Arterton, *Teledemocracy: Can technology protect democracy?* (Newbury Park: Sage, 1987), p. 23.

초기의 원격 민주주의는 직접 민주주의의 확립을 목적으로 주장되었다. 1970년대 초반에 유선 TV가 도입되고 각 지역에 적합한 정보가 생산되어 상호 정보의 교류(Back-Channel)가 가능하게 됨으로써 원격 민주주의자들은 자신들의 희망이 실현될 것으로 생각하였다. 그러나 1980년대 중반 유선 TV가 더 이상 직접 민주주의를 실현할 수 없고 정치참여를 증진할 수 있는 수단이 되지 못한다는 것이 밝혀짐으로써 이에 대한 비관론이 우세하게 되었다.[47] 그러나 지방 차원에서는 원격 민주주의가 가능하다는 이유로 낙관론이 유지되면서[48] 양 견해가 대립하고 있었다.

원격 민주주의의 실현을 위하여 시민을 교육하여 정부의 정보에 자

---

47) 참조: J.B. Elstain, "Democracy and the QUBE Tube," *The Nation*(1982), pp. 108-110; D.A. Graber, "Photoles Along America's Public Information Superhighway," *Research in Political Sociology*(1995), pp. 299-324; Scott London, "Teledemocracy vs. Deliberative Democracy: A Comparative Look at Two Models of Public Talk," *Journal of Interpersonal Computing and Technology*, Vol. 3, No. 2(1995), pp. 33-55; F.C. Arterton. *Teledemocracy: Can technology protect democracy?* (Newbury Park: Sage, 1987), pp. 22-24. 비관론의 주요 내용은 다음과 같다. "①원격투표(Tele-Voting)와 같은 국민투표제도는 합리적인 대화와 논쟁의 여지가 없다. ②원격 민주주의는 대중의 목소리를 전달하기보다는 편집된 의견을 육성하여 소음을 양산할 뿐이다. ③신기술을 채택하여 우리들의 문제를 효율적으로 해결하고 통제권을 준다고 약속하였지만 그 결과는 정반대로 나타남으로써 개인들은 공동화하기보다는 원자화시킨다. ④신기술의 속도는 민주적 심의를 방해한다. ⑤대다수 원격 민주주의의 실험결과는 낮은 참여율을 보여 주고 있다. ⑥여론이 극히 잘 바뀌고 전자토론이 수다를 늘어놓는 것에 그치거나 자기 주장을 고집하는 경우가 많다."

48) F.C. Arterton. op. cit., 18-22. 낙관론의 주요 내용은 다음과 같다. "①상호작용적 원격통신(Interactive Telecommunication)은 정치과정에서 시민의 참여를 증진시킬 수 있다. ②원격통신은 시간과 장소를 초월하여 시민들을 연계하여 참여의 기회를 갖지 못한 시민들도 포괄할 수 있게 한다. ③시민과 정부가 직접적인 유대관계를 갖게 되며, 대표자의 책임성을 보장한다. ④전자매체가 환류시스템으로 기능을 하게 되어 입법자에게 여론을 투입할 수 있다. ⑤전자통신은 대규모의 시민들이 평등하게 정보에 접근할 수 있게 할 수 있다. ⑥원격통신은 개인과 집단 사이의 의사소통관계를 강화한다."

유로이 접근할 수 있도록 하여야 하며 상호작용적 유선 TV와 컴퓨터 네트워크 등 '전자타운미팅'(Electronic Town Meeting)을 실현할 수 있는 수단들[49]이 채택되어야 한다. 원격 민주주의자들에게 있어서 진정한 원격 민주주의는 '국민에게 권력을 부여하고 대중에게 자기지배(Self-Governance)의 공적 수단을 인정하기 위하여 원격 통신수단을 사용하는 것'이기 때문이다.[50] 결국 원격 민주주의는 직접 민주주의를 선호하면서 선거인이 완전한 정치적 정보를 보유할 것을 강조하고 있다.

2) 사이버 민주주의

유선 TV를 중심으로 한 원격 민주주의와 달리 사이버 민주주의(Cyber Democracy)는 컴퓨터 네트워크의 발전을 기반으로 한다. '언어, 인간관계, 데이터, 부, 지위, 그리고 권력이 컴퓨터를 매개로 한 통신기술을 이용하는 인간에 의하여 표현되는 공간 없는 장소(Spaceless Place)'[51]로서의 '사이버공간'(Cyber Space)[52]이 널리 인식되고 있는 것이다.

사이버 민주주의는 진정한 민주주의를 직접적이고 자치적인 것으로

---

49) B.R. Barber, *Strong Democracy: Participatory Policies for a New Age* (University of California Press, 2004), pp. 273-307.

50) Ted Becker, True Teledemocracy, TAN+N and You, http://frontpage.auburn.edu/tann/tann2/editor.html (검색일:2011.8.15) 참조. 원문은 다음과 같다. "In a word, true teledemocracy is the use of telecommunications to give the public LEVERAGE in self-governance. Put another way, it is the use of telecommunications to help TRANSFORM modern representative democracies into more participatory democracies."

51) M.R. Ogden, "Politcs in a Parallel Universe: Is There a Future for Cyberdemocracy?," *Futures*, Vol. 26(1994), pp. 713-729.

52) Aygen Sibel KURT, MSc., *Is Internet a Political Sphere?-Cyberdemocracy is Reconsidered*, http://www.medyakronik.net/akademi/makaleler/makaleler26.htm (검색일:2011.8.20) 참조. 원문은 다음과 같다. "Cyberspace is thought as a conceptual 'spaceless place' where words, human relationships, data, wealth, status and power are made manifest by people using computer mediated communication technologies."

이해하면서 물질적 부를 통한 개인적 행복을 추구한다.[53] 이러한 기본적 신념에 기초하여 사이버 민주주의는 자유로운 자본주의(Unfettered Capitalism)의 중요성을 강조하는 '보수적 자유지상주의'와 공동체의 가치를 중시하는 '자유주의적 공동체주의'의 두 가지 유형으로 구분된다.

보수적 자유지상주의는 물건이 아닌 정보를 21세기의 주요 자원으로 인식하면서 공동체 건설수단으로 망(Net)의 중요성을 강조한다.[54] 그리고 의사소통에 기초한 권력을 주장하면서 자기지배의 실현을 위하여 정치구조나 의사소통구조의 중앙집권주의를 배격하고 있다. 자유주의적 공동체주의[55][56]는 인터넷상 전자회의시스템인 The WELL(Whole Earth Lectoric Link)[57]에 의하여 구성되는데, 이 공동체는 컴퓨터 네트워크를 통해 형성된 수많은 친목관계에 의하여 창설되었을 뿐만 아니라 현실생활의 구성원들도 구성에 일조하고 있다고 본다. 결국 보수적 자유지상주의와 자유주의적 공동체주의의 공통점은 컴퓨터 매개통신의 중요성을 인식하고 기존의 정치집단이 통신매체를 독점하는 것을 비난하면서 시민들이 민주주의를 부흥시킬 수 있다는 데

---

53) Richard Barbrook and Andy Cameron, "The Californian Ideology," http://www.alamut.com/subj/ideologies/pessimism/califideo_I.html (검색일:2011.8.20) 참조.

54) 주로 주장하는 학자로는 Alvin Toffler, James Keyworth, Esther Dyson, George Gilder 등이 있다.

55) Howard Rheingold, "Virtual Community,"(1993), http://www.rheingold.com/vc/book (검색일:2011.9.1) 참조.

56) 자유주의적 공동체주의는 Howard Rheingold에 의하여 형성되어 Mark Poster, Stephan Doheny-Farina 등에 의하여 발전되었다.

57) Well社, http://www.well.com/aboutwell.html (검색일:2011.9.1) 참조. 글에 따르면 WELL은 "전 세계 사람들이 공적인 대화를 가능하게 하고 사적인 전자우편을 교환할 수 있는 인터넷상의 전자회의시스템이다." 원문은 다음과 같다. "The WELL is a cherished and acclaimed destination for conversation and discussion. It is widely known as the primordial ooze where the online community movement was born-where Howard Rheingold first coined the term virtual community."

두고 있다.[58]

　원격 민주주의자와 같이 사이버 민주주의자들도 직접 민주주의를 주장하는 반면, 상이한 정치참여의 형태를 강조하고 있다. 가장 중요한 참여수단은 공동체적 정치참여의 형태로서의 토론 및 정치적 활동이며, 주요한 관심사는 중앙집권적 정부형태와 반대되는 공동체를 창조하거나 재창조하려는 데 있는 것이다.

3) 전자 민주화

　전자 민주화(Electronic Democratization)는 정치과정에서 컴퓨터 매개통신과 새로운 통신기술을 결합하여 시민의 정치참여를 확대시키고 있다. 민주화의 개념은 첫째, 민주주의는 정부가 국민의 관심사와 선택에 계속적으로 대응하는 것이고, 둘째, 대표자와 국민은 정치적으로 평등하며, 셋째, 국민의 선택은 선택 내용이나 근거에 따른 차별없이 평가된다는 가정에 기초하고 있다.[59]

　전자 민주화는 사이버 민주주의나 원격 민주주의와 달리 직접 민주주의를 확립하려고 하지는 않고 대표 민주제를 개선하려고 하면서 정보통신기술로서 정보채널의 확대에 중점을 두고 있다.[60] 즉, 전자 민주

---

58) Howard Rheingold, Virtual Community, http://www.rheingold.com/vc/book/intro.html (검색일:2011.9.1) 참조.

59) R.A. Dahl, *Polyarchy: Participation and Oppossition* (Yale University Press, 1972), p. 20.

60) Kenneth L. Hacker and Michael A. Todino, Virtual Democracy at the Clinton White House: An Experiment in Electronic Democratization, http://www.cios.org/EJCPUBLIC/006/2/00628.HTML (검색일:2011.8.21) 참조. 원문은 다음과 같다. "Electronic democratisation, in contrast, is defined here as the enhancement of a democracy, already assumed to be initiated, with new communication technologies in ways that increase the political power of those whose role in key political processes is usually minimised. We assume that such democratisation brings more people into power rather than granting more power to those who already have it."

화는 정치적 무관심이나 소외라는 문제점을 대표 민주제의 근본구조에서 찾는 것이 아니라, 그에 내재된 불완전성과 기능불량에서 찾고 있으며, 이를 극복하기 위하여 정보에 자유로이 접근할 수 있는 컴퓨터 네트워크를 구축해야 한다고 역설한다.[61]

따라서 전자 민주화의 주요 관심사는 컴퓨터 네트워크를 통하여 대표민주주의를 유지하기 위하여 대중과 선거대표자들 사이의 정보교환 및 의사소통의 채널을 창조하는 데 있다. 이와 같이 전자 민주화는 본질적으로 컴퓨터 매개통신을 이용한 민주주의의 증진, 지배과정에서의 시민참여의 확대를 그 특징으로 한다.

4) 소결

전자 민주주의의 내용인 원격 민주주의, 사이버 민주주의, 전자 민주화에 관한 특징을 요약하면 다음과 같다.[62] 우선, 원격 민주주의는 컴퓨터 매개통신을 기초로 하여 시간과 공간을 초월함으로써 실현 불가능하다고 믿어왔던 정치참여를 가능하게 한다. 특히 전통적 대표민주주의는 복잡한 정보화 시대에 적응할 수 없었으므로 컴퓨터 매개통신을 이용한 상호작용으로 이를 극복할 수 있다는 점을 강조한다.

한편 사이버 민주주의는 가상적이며 물리적 공동체로서 정보는 주요한 경제적 자원으로 기업과 개인은 컴퓨터 매개통신을 통하여 그들의 이익을 최대화할 수 있게 된다. 이는 탈중앙집권적이며 자기 지배적인 정부형태를 가능하게 하므로 국가의 권한 남용을 효율적으로 방지할 수 있다.

마지막으로 전자 민주화는 컴퓨터 매개통신에 기초하여 정치적 정

---

61) J.B. Abramson, F.C. Arterton, G.R. Orran, *The Electronic Commonwealth: The Impact of New Media Technologies on Democratic Politics* (New York: Basic Books, 1998), pp. 126-133.

62) Martin Hagen, A Typology of Electronic Democracy, http://www.unigiessen.de/ fb03/vinci/labore/netz/hag_en.htm (검색일:2011.8.20) 참조.

보시스템을 중요한 통치정보에 보다 자유로이 접근할 수 있게 한다. 전자 타운미팅은 정치적 쟁점을 심의하고 선거인 사이의 새로운 공동체 관념을 창조하기 위하여 국민과 대표자 사이에 많은 유대관계를 형성하게 하며 이익집단 등이 교류 및 조직비용을 줄이기 때문에 시민사화는 컴퓨터 매개통신을 통하여 더욱 강해진다.

이들의 주요 정치참여형태는 원격 민주주의의 경우 정보 · 토론 · 투표이며, 사이버 민주주의는 토론 · 정치적 활동이며, 전자 민주화는 정보와 토론이다. 이에 따라 원격 민주주의와 사이버 민주주의는 직접 민주주의를 선호하게 되며, 전자 민주화는 대표 민주주의를 선호하게 된다.

전자 민주주의의 세 가지 유형은 기존의 정치과정에 상존하고 있는 근본 문제를 개선하기 위하여 등장한 것이다. 기존의 대표 민주주의의 문제점은 첫째, 일반대중과 정책결정자 사이의 의사소통 및 정보 부족, 둘째, 헌법체계의 구조적 또는 기능적 단점에 의하여 야기되는 정치참여 부족, 셋째, 일반적으로 헌법체계 및 정치참여에 대한 대중매체의 부정적 효과 등을 들 수 있다.

이러한 문제점을 치유하기 위하여 컴퓨터 네트워크를 도입하여 우선적으로 대중과 정책결정자 사이의 정보 및 의사소통 채널을 만들어야 한다. 그리고 컴퓨터 네트워크를 통하여 대표제도가 현실에 적응하여 기능을 할 수 있도록 하고, 직접민주제적 요소를 확립하도록 하며, 컴퓨터 네트워크는 지역적으로 또는 쟁점을 중심으로 조직되는 정치적 공동체를 육성 또는 창조하여 권능을 부여하고 그 결속을 강화하여야 한다.

또한 정치과정에서 컴퓨터 네트워크를 이용함으로써 정치참여를 증진하여 민주적 법체계를 공고히하여야 한다. 컴퓨터 네트워크의 이용으로 주권자들이 정치적 의사를 형성하고 이를 반영할 수 있도록 행위에 대한 자유를 부여하되 위법행위에 대해서는 네트워크의 성격에 맞는 규제의 법리를 적용하여야 할 것이다.

4. 전자 민주주의의 이익과 한계

1) 직접 민주주의 측면

전자 민주주의의 발전은 직접 민주주의의 실천에 기여한다고 볼 수 있다. 현대 사회에서 직접 민주주의를 실현하기는 쉬운 일은 아니지만,[63] 정보통신기술을 이용한다면 상당히 극복할 수 있기 때문이다. 인터넷을 이용하여 정보를 빠르게 유통시킬 수 있으며 동시에 많은 사람들의 접속을 통한 견해의 공유가 가능하므로 직접 민주주의의 실천에 문제되었던 시간과 공간의 문제를 극복할 수 있게 된다.

그러나 한편, 현대사회는 정보의 홍수라고 할 정도로 많은 양의 정보를 생산하고 있으므로 필요한 정보를 구별하는데도 시간과 노력이 걸리며, 네트워크상의 의사소통이라는 한계를 갖는다. 또한 네트워크상의 토론은 즉흥적이거나 선동적일 수 있고, 특히 특정 이익집단 또는 단체와 연결되는 경우에는 국민 전체의 이익을 고려하는 것이 아니라 자신들의 이익만을 추구할 수 있다.

찬성과 반대라는 다수결의 이분법적 구조는 전자 민주주의가 완전히 실현되는 경우라도 해결할 수 없는 문제점으로 남는다.[64] 특히 수적 우월성을 근거로 다수의 관점을 전체의 관점으로 보고 소수의 의견을 희생시킬 수도 있다. 소수의 양보를 통한 전체의 자율성의 획득이 아니

---

63) 루소(Jean Jacques Rousseau)는 '사회계약론'에서 직접 민주주의의 장점을 강조하면서도 직접민주주의의 실천은 환상에 불과하다고 보고 있다. 또한 그는 직접민주주의의 실현을 위해서는 다음 네 가지의 전제조건이 필요하다고 하였다. "첫째, 시민들이 용이하게 함께 모일 수 있는 아주 작은 규모의 국가이어야 한다. 둘째, 그와 같은 민주주의에서의 의제라는 것은 전문적이고 어렵지 않은 간단한 것이어야 한다. 셋째, 사회적 지위와 재산에서의 평등이 보장되어야 한다. 넷째, 사치가 없거나 극소한 상태여야 한다." 이에 대한 자세한 내용은 J. J. Rousseau, *The Social Contract*(1762), Translated by G.D.H. Cole, http://www.constitution.org/jjr/socon.htm (검색일:2011.8.20) 참조.

64) 장용근, 「전자 민주주의의 헌법적 연구」, 서울대학교 박사학위논문(2004), 34면.

라 소수의 억압을 통한 획일화를 낳을 수 있다는 것이다.[65]

2) 대의제 민주주의 측면

전자 민주주의의 발전은 대의제 민주주의를 보완하는 역할을 한다. 자유위임으로 이루어지는 현대 대의제 민주주의 제도에서 정치에 참여하는 대표자는 선출된 이후에는 국민의 의사를 반영하기 어려워진다는 한계를 가지고 있다. 그러나 전자 민주주의의 발전으로 인하여 정치에 참여하는 대표자는 국민의 의사를 기존의 방식이 아닌 홈페이지, 블로그, 인터넷 언론 등 정보통신매체를 통해 들을 수 있으므로 국민의 의사를 직접 반영하여 국민주권의 실질화를 기할 수 있다. 따라서 전자 민주주의는 국민이 풍부하고 정확한 정보에 기초해 올바른 대표를 뽑을 수 있고, 대표와의 적극적으로 의사소통하게 함으로써 대의제의 수단으로서의 기능을 한다.

이러한 국민들의 참여증진은 오늘날의 정당국가화와 행정국가화의 경향에 따른 대의제를 보완할 수 있는 방안으로서 주권자인 국민이 직접 국정에 능동적으로 참여할 수 있는 제도적 장치를 설정하고 이를 유효 적절하게 실천하는 것이므로, 참여 민주주의 제도화에 긍정적인 기능을 할 것이다.

그러나 이러한 대의제 민주주의의 보완방안은 안정적인 민주주의를 위협할 수도 있다.[66] 국민의 재신임여부가 가장 중요한 정치인의 입장에서는 국민의 의사를 적극 반영하여야 할 것이나 전자 민주주의를 통

---

65) 강경선 · 정태욱,『법철학』(한국방송통신대학교 출판부, 1999), 149-150면.

66) 고대 그리스 폴리스의 정치를 고찰한 플라톤과 아리스토텔레스가 국가론(Politeia)과 정치학(Politica)에서 민주제의 타락한 정체에 부여한 명칭이다. 플라톤은 중우정치를 다수의 폭민에 의한 정치(폭민정치: Mobocracy)로 규정하였고, 아리스토텔레스는 다수 빈민의 정치(빈민정치: Ochlocracy)라고 규정하였다. 특히 중세 · 근대에서 대중에 의한 정치를 혐오하는 많은 보수적 정치가나 사상가들에 의해서 민주제 · 민주주의에 대한 멸시의 뜻으로 사용되기도 하였다. 이에 대한 자세한 내용은 박해영, 앞의 책, 102면.

하여 국민의 의사가 왜곡되거나 오인될 수 있기 때문이다. 또한 이러한 국민 의사의 과도한 표출은 국론 분열을 초래하여 각 정당 간에 있어 협조와 조화가 아닌 대립과 갈등을 초래할 수 있기 때문이다.

3) 정치공간 측면

민주주의에서 모든 국민들이 정치에 참여하여 대화와 토론을 통해 중요정책을 결정하는 것은 현실적으로 불가능하므로 대의제라는 차선책으로 국민의 대표들만이 모이고 토론하고 결정하게 되었다. 이때, 주된 논의의 장은 국회, 청문회, 언론매체 등을 통한 의사표현, 집회나 시위를 통한 주장의 관철 등이었다.

그러나 전자 민주주의의 발달로 인하여 인터넷이 널리 보급되어 시간과 공간을 넘나드는 인간관계의 조직을 만들고 있으며, 기존의 논의의 장을 뛰어넘어 사이버 공간이라는 넓은 논의의 장을 마련하게 되었다. 가상의 사이버 공간은 그 속에서 무수히 많은 정보와 과거와는 다른 정보를 바탕으로 주권자인 국민이 보다 더 정확한 판단을 할 수 있게 되었다.[67]

4) 커뮤니케이션 방법 측면

정치적 커뮤니케이션에는 일반대중, 신문 · 방송 등의 언론매체, 정부, 이익집단의 네 가지 정치참여 주체를 필요로 한다. 그리고 일반 국민들은 정치인들과 일대일 교류가 어렵기 때문에 언론매체나 사회적 네트워크에 주로 의존한다.[68] 따라서 정치적 논의에 있어서는 일반 대중과 정부를 연결하는 커뮤니케이션 도구가 중요한 역할을 한다.

과거의 이러한 구조는 정부 또는 언론이 가공한 일방향의 정보였으

---

67) 김용철 · 윤성이, 앞의 책, 36면.
68) G. Niemeyer, *The Politics of Future Citizens: New Dimensions in Socialization* (San Francisco: Jossey-Bass, 1974), pp. 199-219.

나 전자 민주주의가 발전하면서 쌍방향의 의사소통, 특히 일 대 일 쌍방향이 아니라 다수 대 다수의 쌍방향 의사소통이 가능해졌다. 따라서 정치에 무관심하였던 국민들의 참여가 증진되며, 상시적인 정치참여가 가능해졌다.

결국 인터넷은 누구나 의사의 전달자이며 참여자가 될 수 있는 특징을 가진 매체로서 각각의 국민들에게 참여의 동기를 부여하는 매체라고 할 수 있다.[69] 또한 기존매체의 이용에 접근이 쉽지 않아 소외되었던 소수들도 얼마든지 의견을 개진할 수 있는 자유의 공간이다.

5. 전자 민주주의 실현방안

직접 민주주의의 수단으로서 전자 민주주의는 한계를 극복하면서 지향하고자 하는 일정한 실현방안을 가지고 있어야 한다. 우선, 전자 민주주의는 대의제 민주주의, 자유주의적 참여민주주의의 대안으로서의 의미를 가져야 한다. 권력자의 네트워크상 독재가 아니라 다수의 의견이 자유롭게 주장되고 이를 정책에 반영하는 자연스러운 정책실현 기제가 작동하여야 하는 것이다. 둘째, 소수의 억압적인 지배를 낳는 권력 관계를 지양하는 대안이어야 한다. 특히, 소수가 다수를 지배하는 권력에 대한 저항을 통해 권력관계에 대한 근본적인 변혁이 이루어질 수 있도록 역할을 해야 한다. 셋째, 자유와 평등의 상충과 조화의 문제에 한정할 것이 아니라 이를 보완하면서 인간의 삶에 직접적인 영향을 미치는 새로운 이념에 관심을 가져야 한다.[70] 이러한 측면에서 전자 민주주의가 발전하는 경우 국민 대표주의라는 이념이 발전해 왔듯이 새

---

69) K.A. Hill, *Cyberpolitics: Citizen Activism in the Age of the Internet* (Boston: Rowman & Littlefield Publishers, 1998), p. 22.

70) 박동진, 『전자 민주주의가 오고있다』(책세상, 2000), 108면.

로운 방향으로 사회를 이끌어갈 수 있는 원동력이 될 수 있을 것이다.

6. 전자투표제도의 기능과 한계

1) 전자 민주주의 실현 기능

전자투표제도는 전자 민주주의를 실천하기 위한 한 수단으로서 중요한 의미를 갖는다. 오늘날 대의제 민주주의에서는 자유위임의 법리에 의하여 국민과 대표자 간에 의사의 단절이 발생하여 국민의 의사가 제대로 반영되지 못하는 현상이 발생하고 있다. 정당의 민주화가 이루어지지 못하여 국민과 대표 간의 의사 왜곡현상이 심화되고 있으며 행정국가화 현상으로 인하여 주권적 정당성을 대변하는 의회의 역할이 축소되고 있는 것이다. 전자투표제도는 이러한 대의제 민주주의의 문제점을 해소하고 국민의 직접적인 국정참여를 통하여 직접 민주주의를 활성화하는 주권행사의 방법이다.

구체적으로 전자투표제도는 선거관리가 편리해지고 비용을 절감하여 직접 민주주의의 실천에 걸림돌이 되어왔던 비효율성의 문제를 극복하게 해준다. 따라서 공직선거뿐만 아니라 그동안 투표실시로 인한 행정의 비효율, 예산 등의 문제로 제도는 있었으나 실질적으로 기능하지 못했던 국민투표, 주민투표 제도를 손쉽게 실시할 수 있게 될 것이며, 정당의 예비후보자 선출, 재외선거 및 선상투표제도의 시행이 가능해질 것이다.

또한, 대의제는 국민의 현실적 의사를 직접적으로 표현할 수 없는 것이기 때문에 대표자의 가정적 의사와 충돌할 수 있으나, 전자투표제도는 주권자인 국민의 현실적 의사를 직접 반영할 수 있다는 점에서 국민주권주의의 실현에 조화될 수 있다. 또한 일반 국민으로부터 나오는 적극적인 정치참여 욕구를 촉발시켜 국회의 대의기능을 강화시키는 측면도 있다.

이와 같이 전자투표제도는 대중민주주의하에서 소외되고 정치에 무관심한 대중을 국정운영에 참여시켜 대의제의 결함을 보완하고, 주권자로서의 실질적 지위를 회복하는 새로운 형태의 직접 민주주의로서의 역할을 한다.

2) 전자 민주주의의 한계

한편, 전자투표의 지나친 활성화는 빈번한 투표로 인하여 국론을 분열시키고 다중에 의한 통치로 나타날 수 있다. 즉, 전자투표를 통한 국민투표 및 국민발안의 일상화는 입법과정의 심도있는 논의와 타협을 생략하고 대중의 즉흥적 태도를 정책결정과정에 그대로 반영할 수 있으며, 이러한 상황은 안정적 정치체제의 확립에 위협이 될 수 있다.[71]

---

71) 김용철, "전자 민주주의: 인터넷 투표의 활용 가능성과 문제점,"『민주주의와 인권』제2권 제2호(2003), 110면.

| 제2장 |
전자투표제도 관련 법률

제1절 헌법

선거는 법적으로 유권자의 집단인 선거인단이 국회의원이나 대통령 등 국민을 대표할 국가기관을 선임하는 집합적 합성행위[1]로서 헌법적 원리를 실천하는 행위로서 의미를 가진다.

따라서 선거의 구체적인 실천방법 중 하나인 전자투표제도는 헌법 제1조 제2항에서 선언하고 있는 국민주권의 원리를 실천하고, 헌법 제10조 이하의 기본권으로서 제24조의 참정권과 제25조의 공무담임권, 그리고 국민의 알권리를 근거로 하고 있다.[2]

---

1) 권영성, 『헌법학원론』(법문사, 2009), 205면.
2) 정재황, "우리나라에서의 전자투표와 관련한 법제 현황," 『디지털 경제의 기반

1. 국민주권주의

대한민국 헌법 제1조 제2항은 '대한민국의 주권은 국민에게 있고, 모든 권력은 국민으로부터 나온다'라고 하여 국민주권주의를 명시하고 있다. 국민 주권의 원리라 함은 국가적 의사를 전반적 · 최종적으로 결정할 수 있는 최고의 권력인 주권을 국민이 보유한다는 것과 모든 국가권력의 정당성의 근거를 국민에게서 찾아야 한다는 것을 내용으로 하는 민주국가적 헌법원리를 의미한다.[3]

이러한 국민주권의 원리를 구현하기 위한 방법으로는 직접 민주주의와 간접 민주주의의 두 가지 방법이 존재한다. 직접 민주주의라 함은 주권자인 국민이 직접 국가의 의사나 국가정책을 결정하는 제도를 말하며 현대 민주국가에서 채택되고 있는 국민투표제, 국민발안제, 국민소환제 등이 바로 이에 해당한다. 반면 간접 민주주의는 주권자인 국민이 대표기관을 선출하여 그들로 하여금 국민을 대신하여 국가의사나 국가정책을 결정하게 하는 제도를 의미하므로 간접 민주주의에 있어서는 대의주의의 원리가 지배한다. 따라서 대의주의의 원리를 바탕으로 하는 현대 민주국가에서는 의회제도와 선거제도가 국민주권의 원리를 구현하기 위한 필수적인 제도로 간주되고 있다.[4] 이러한 이념에 따라 국민의 주권행사는 공직자의 선출에서의 투표나 국민표결 등을 통하여 이루어진다.

전자투표제도는 이러한 투표나 표결이 좀 더 편리하고 효율적으로 이루어지게 하여 국민주권주의의 구현에 도움이 되도록 하는 제도이다. 또한 전자투표제도로 투표에서의 시간과 비용, 인력의 감축을 가져와

구축을 위한 법제지원사업 세미나 자료집』(한국법제연구원, 2002), 40-44면; 정재황, "우리나라에서의 전자투표와 관련한 현행법제 연구,"『디지털경제법제 6』(한국법제연구원, 2002), 11-19면 참조 및 검토의견 참조.
3) 권영성, 앞의 책, 134면.
4) 권영성, 앞의 책, 137면.

더 많은 투표가 실시되고 더 많은 국민이 참여할 수 있게 된다면 의미
있는 참여민주주의의 실현이 이루어질 수 있을 것이다.

2. 기본권 보장주의

우리 헌법 제10조 '모든 국민은 인간으로서의 존엄과 가치를 가지며,
행복을 추구할 권리를 가진다. 국가는 개인이 가지는 불가침의 기본적
인권을 확인하고 이를 보장할 의무를 진다.'라고 규정하면서 기본권을
명시하고 있다. 이에 따라서 전자투표가 국민의 기본권을 보장할 수 있
도록 제도적 모색이 이루어져야 한다.

1) 참정권과 공무담임권

헌법 제24조는 '모든 국민은 법률이 정하는 바에 의하여 선거권을 가
진다.'라고 규정하여 참정권을 보장하고 있으며, 헌법 제25조는 '모든
국민은 법률이 정하는 바에 의하여 공무담임권을 가진다.'고 하여 국
민의 공무담임권을 보장하고 있다.

투표권 등의 참정권이 국민의 중요한 기본권에 속하므로 전자투표
제도로 투표권의 행사를 보다 편리하게 하고 선거나 투표의 실시가
보다 용이해져 선거나 투표의 실시가 늘어난다면 국민참여의 기회가
확대되어 참정권을 신장시켜 기본권을 현실화하는 데 도움이 될 것
이다.

2) 국민의 알권리

알 권리가 헌법적 근거를 가지는 권리라는 점에 대해서는 학설과 판
례가 긍정적인데 그 근거가 무엇인가에 대해서는 논란이 있다. 현행 우
리 헌법에서는 정보에 대한 자기결정권이나 알권리에 대하여 직접적
으로 명시하고 있는 규정이 없다. 학설상으로는 알권리의 헌법적 근거

를 헌법 제10조에서 찾는 견해,[5] 헌법 제21조에서 찾는 견해,[6] 헌법 제
21조 제1항(표현의 자유), 제1조(국민주권의 원리), 제10조(인간의 존
엄성존중과 행복추구권), 제34조 제1항(인간다운 생활을 할 권리)등에
서 찾는 견해[7] 등으로 구분되고 있다.

헌법재판소는 초기의 판례에서 '알 권리'가 헌법 제10조 등과도 관
련이 있음을 밝히기도 하였으나[8] 대체적으로 언론·출판의 자유규정
인 헌법 제21조를 더 자주 근거로 삼고 있다. 헌법재판소는 가급적 알
권리를 널리 인정하여야 할 것으로 해석하는 바 '헌법 제21조에 규정
된 표현의 자유의 한 내용인 국민의 '알 권리'를 충실히 보호하는 것이
라고 할 것이며 이는 국민주권주의(헌법 제1조), 인간의 존엄과 가치
(헌법 제10조), 인간다운 생활을 할 권리(헌법 제34조 제1항)도 아울러
신장시키는 결과가 된다'라고 하였다.

전자투표를 실시함으로써 지지후보의 득표비율 등의 통계를 보다 정
확하고 분석적으로 활용할 수 있으므로 선거정보의 활용측면에 의미가
있다. 또한 국민은 투표가 보다 신속하게 이루어지므로 전자투표의 도
입으로 국민의 알권리가 확대될 수 있다.

특히 국회에서의 전자투표의 활용은 국회의원의 전자투표 표결 기록
을 남기며 공개하기 위하여 편리한 수단으로 활용될 수 있다. 즉, 국회

---

5) 김철수,『헌법학개론』(박영사, 2007), 656면.
6) 허영,『한국헌법론』(박영사, 2009), 516면.
7) 권영성, 앞의 책, 469면.
8) 판례:「청구인의 자기에게 정당한 이해관계가 있는 정부 보유 정보의 개시(開示)
   요구에 대하여 행정청이 아무런 검토 없이 불응하였다면 이는 청구인이 갖는 헌
   법 제21조에 규정된 언론 출판의 자유 또는 표현의 자유의 한 내용인 "알 권리"
   를 침해한 것이라 할 수 있으며, 그 이외에도 자유민주주의 국가에서 국민주권을
   실현하는 핵심이 되는 기본권이라는 점에서 국민주권주의(제1조), 각 개인의 지
   식의 연마, 인격의 도야에는 가급적 많은 정보에 접할 수 있어야 한다는 의미에서
   인간으로서의 존엄과 가치(제10조) 및 인간다운 생활을 할 권리(제34조 제1항)와
   관련이 있다 할 것이다.」헌법재판소, 1989.9.4 선고, 88헌마22, "공권력에 의한
   재산권침해에 대한 헌법소원,"『헌법재판소 판례집』제1권(1989), 189-190면.

의원의 투표참여 기록을 남김으로써 의원의 의정활동 참여율 등을 쉽게 파악할 수 있으므로 국민들의 알권리 신장에 기여한다.

3. 선거의 일반원칙

우리 헌법 제41조 제1항은 '국회는 국민의 보통 · 평등 · 직접 · 비밀선거에 의하여 선출된 국회의원으로 구성한다.'라고 하며 제67조 제1항은 '대통령은 국민의 보통 · 평등 · 직접 · 비밀선거에 의하여 선출한다.'라고 규정하여 선거의 원칙을 명시하고 있다. 즉, 국민은 선거의 4대원칙을 반드시 지켜서 선거에 임하여야 하며 국가는 이를 위한 제도적 기반을 마련 · 시행하여야 한다.

1) 보통선거의 원칙

헌법 제41조 및 제67조에 의하여 가장 먼저 보장된 보통선거는 만 19세 이상의 선거권을 가진 국민은 누구나 선거에 참여할 수 있다는 일반원칙을 의미한다. 전자투표제도의 도입에 있어서도 보통선거의 원칙 실현은 중요한 의미를 갖는다.

2) 평등선거의 원칙

평등선거의 원칙은 선거권을 가진 자로 선거인 명부에 등재된 선거인은 각 선거마다 1인 1표의 선거권을 행사할 수 있다는 원칙이다. 표의 등가성을 인정함으로써 투표에 참석하는 모든 사람에게 동등한 의사결정권을 부여한다고 보는 것이다. 전자투표제도를 도입하는 경우에도 흠결없는 본인 확인제도를 통하여 1표 이상의 투표권을 행사하지 않도록 하는 기술상 제도적 대안의 마련은 중요한 의미가 있다.

3) 직접선거의 원칙

세 번째로 유권자가 후보자의 지지를 '직접'하여야 한다는 직접선거의 원칙도 중요하다. 헌법재판소는 '직접선거의 원칙은 선거결과가 선거권자의 투표에 의하여 직접 결정될 것을 요구하는 원칙이다. 국회의원선거와 관련하여 보면, 국회의원의 선출이나 정당의 의석획득이 중간선거인이나 정당 등에 의하여 이루어지지 않고 선거권자의 의사에 따라 직접 이루어져야 함을 의미한다.'[9]라고 판단하고 있다. 이에 따르면 전자투표라 할지라도 투표권자가 직접 투표소에 와서 행하는 경우에는 기존의 투표소의 운영과 크게 다르지 않으므로 직접투표의 원칙을 실현하기 어렵지 않다. 그러나 인터넷 투표의 경우 네트워크상에서 투표를 하는 사람이 투표권을 정당하게 가지는 본인인지 인증하기가 쉽지 않다는 문제점이 발생한다. 대리투표를 통한 투표조작 등을 막고 국민의 주권행사의 의미를 높이기 위하여 본인인증에 대한 신뢰가 전제되어야 할 것이다.

4) 비밀선거의 원칙

현행 공직선거법 제146조 제1항은 선거방법에 대해 '선거는 기표방법에 의한 투표로 한다'라고 규정하고 있다. 기표주의란 자서주의에 대응하는 것으로서 투표용지에 선거인이 스스로 투표하려는 후보자의 성명을 기입하는 것이 아니라 그 선거구의 후보자의 성명 등을 미리 마련된 투표용지에 선거인이 일정한 표를 함으로써 투표하는 방법을 말한다. 그리고 동법 제3조는 '투표를 함에 있어서는 선거인의 성명 기타 선거인을 추정할 수 있는 표시를 하여서는 아니된다'라고 하여 무기명투표제도를 명시하고 있다. 무기명투표주의란 투표용지에 투표인의 성명을 표시하지 아니하는 것을 말한다. 대법원 판례에서도 무기명투

---

9) 헌법재판소, 2001.7.19 선고, 2000헌마91, "공직선거및선거부정방지법 제146조 제2항 위헌확인,"『헌법재판소 판례집』제13권 제2집(2001), 95-96면.

표주의에 대해 '조직적이고 계획적으로 특정 후보의 당선을 위하여 불법적인 선거운동과 유권자의 자유의사에 의한 투표권 행사를 저해하는 행위를 하여 법이 보장하는 투표의 비밀을 공개함으로써 선거의 자유와 공정이 현저히 보장되지 못한 때에는 선거무효사유가 된다'고 판시하여[10] 투표의 비밀 보장을 강조한 바 있다.

전자적 방식에 의한 투표에서 그 투표과정이나 전달과정, 입력과정에서 비밀성, 익명성의 보장에 문제가 있을 수 있을 것인데 그 보안에 확신을 가질 수 있는가에 대한 문제는 비밀투표의 원칙과 직접 관련된다. 특히 투표의 집계가 전자적으로 이루어지기 때문에 집계의 용이성 등으로 인해 누설도 쉬울 수 있다. 이런 경우 투표를 하지 않은 다른 사람에게도 영향을 미치는 밴드왜건효과가 나타나는 등 투표 결과에 영향을 미칠 수 있다.

5) 자유선거의 원칙

자유선거의 원칙도 전자투표에서 문제된다. 즉 투표소에서 공정하게 이루어지는 현재의 선거형태에 비하여 전자투표가 이루어질 경우 투표소 이외의 장소에서 은밀하게 특정 후보자의 지지에 대한 강압, 투표의 강제, 투표권의 매수 등이 발생할 수 있으며 이를 적발하기도 쉽지 않기 때문이다.

헌법 제41조 제3항은 '국회의원의 선거구와 비례대표제 기타 선거에 관한 사항은 법률로 정한다.'라고 규정하며 헌법 제67조 제5항은 '대통령의 선거에 관한 사항은 법률로 정한다.'라고 규정하여 선거제도에 관한 법정주의로서 법률에 그 구체적인 사항을 위임하고 있다. 따라서 전자투표를 도입할 것인지, 도입하면 어떤 방식으로 도입할 것인가 하는 문제들도 법률에 의하여 정해진다.

따라서 투표방식의 선택에 있어서도 입법형성권이 인정된다. 그러

---

10) 대법원 1969.7.25 선고 67수36 판결 참조.

나 이 경우에도 비례의 원칙이나 평등의 원칙에 반하지 않는 범위에서 설정되어야 할 것이다. 헌법재판소는 헌법 제41조 제3항에 의해서 '선거제도와 선거구의 획정에 관한 구체적 결정을 국회의 재량에 맡기고 있다'고 보면서도 입법재량에도 한계가 있다고 보고 있다. 즉 헌법재판소는 선거구획정 문제에 관하여, '국회의 광범위한 재량이 인정된다고 하여도 선거구획정이 헌법적 통제로부터 자유로울 수는 없으므로, 그 재량에는 평등선거의 실현이라는 헌법적 요청에 의하여 일정한 한계가 있을 수밖에 없다'고 판시한 바 있다.[11]

4. 국민대표주의

제도운영의 현실상 국토와 인구, 비용의 한계 등으로 인하여 직접 민주주의가 아닌 간접 민주주의에 의하여 국민의 대표자가 선출되고 정치가 이루어진다. 즉 국민대표주의 국민은 자신의 대표자를 선출하여 국가의 의사를 결정하게 하고 국가권력을 행사하게 한다. 이러한 국민대표주의에서 의사결정의 절차인 투표를 더욱 편리하게 실시할 수 있다면 국민투표 등을 더 자주 실시할 수 있게 될 것이고, 이는 직접 민주주의의 요소를 실현할 수 있는 한 수단이 될 것이다.

현재 실시되고 있는 종이투표제도는 장소, 시간, 비용 등 그 운영에 있어서 상당한 노력이 소요된다. 하지만 전자투표제가 실시된다면 국

---

11) 「선거구획정에 관하여 국회의 광범한 재량이 인정되지만 그 재량에는 평등선거의 실현이라는 헌법적 요청에 의하여 일정한 한계가 있을 수밖에 없는 바, 선거구획정에 있어서 인구비례원칙에 의한 투표가치의 평등은 헌법적 요청으로서 다른 요소에 비하여 기본적이고 일차적인 기준이기 때문에, 합리적 이유없이 투표가치의 평등을 침해하는 선거구획정은 자의적인 것으로서 헌법에 위반된다.」헌법재판소, 2001.10.25 선고, 2000헌마92, "공직선거및선거부정방지법 [별표1] '국회의원지역선거구구역표' 위헌확인,"『헌법재판소 판례집』제13권 제2집(2001), 502면.

민투표 등의 의사결정을 좀 더 자주 실시할 수 있게 되어 국민이 직접적으로 의사를 표현할 수 있는 기회가 더 많이 부여될 수 있게 되어 간접 민주주의의 한계로 인정되던 직접 민주주의의 요소를 보완할 수 있게 된다.[12]

또한 국회 또는 지방의회 표결에서의 전자투표제도의 도입은 투표에 관한 기록을 쉽게 하여 국민에 대한 책임성을 높일 수 있다. 즉 의회에서 표결결과에 대한 기록과 그 공표는 국민들이 의원들의 투표참여 여부, 투표참여 성향 등을 알고 정치적 판단을 할 수 있는 근거가 되므로 의회구성원들이 국민에 대한 의식을 더욱 강하게 가지게 하여 책임성을 제고하는 데 기여한다.

그 밖에 국민들의 참여가 쉬운 전자투표제도를 통하여 정당에서 공직선거 후보자를 선출하는 단계에서 국민이 참여함으로써 정당이 그동안 정당 간부들의 결정으로 후보자가 정해지던 추천제도가 변화될 수 있고 정당의 민주화를 가져오게 할 수 있다.

5. 의회주의와 의사공개의 원칙

의회주의란 다양한 국민의 의사를 수렴하여 다원주의를 실현하고 토론과 설득을 통한 다수결로 국가의 합리적 의사를 도출하여야 한다는 원리이다. 의회주의를 실현하기 위한 민주적 의사과정이 다수결로 마무리되는데 이러한 과정이 공개됨으로써 의회의사과정과 표결과정의 투명성이 강화될 수 있다고 본다.

따라서 이러한 표결과정과 기록표결을 위한 전자투표는 의회주의의 원리와 헌법 제50조에 명시된 국회의 의사공개의 원칙을 보다 더 효율적으로 구현하는 수단이 된다고 볼 것이다.

---

12) 정재황, "우리나라에서의 전자투표와 관련한 현행법제 연구," 앞의 책, 19면.

제2절 국회법

1. 기록표결제도

현행 국회법 제115조는 회의록에 '기호 · 전자 · 호명투표의 투표자 및 찬반의원의 성명'을 기재하도록 규정하고 있다. 따라서 각 의결에 대한 의원들의 참석여부와 의안에 대한 찬성, 반대, 기권의 의견이 게재되는 기록표결제도로서 국회법은 전자투표, 기명투표, 호명투표를 규정하고 있다고 볼 수 있다.[13]

이 세 가지 투표방식은 분열표결[14][15]과 함께 대표적인 기명표결제도로서 투표자가 기록되지 않는 구두 · 거수 · 기립투표에 반대되는 개념이다.[16]

헌법 제50조 제1항은 '국회의 회의는 공개한다'라고 규정하여 의사공개의 원칙을 규정하고 있다. 헌법상의 의사공개의 원칙의 범위에 표결내용의 공개가 포함되는지에 관하여 명백한 입장을 밝히고 있는 학설은 적으나 의사록 또는 회의록의 공표는 포함된다는 것이 일반적이다.[17][18]

---

13) 임지봉, "전자투표제도의 발달과 그 법적 문제점,"『JURIST』제382권(2002), 26면.
14) 분열표결: 영국의 의회에서 이루어지는 표결로서 본회의장의 출입문을 폐쇄하여 의장의 좌우의 문만을 열어놓은 찬성의원은 의장의 우측문으로, 반대의원은 의장의 좌측문으로 통하여 복도로 나가게 하여 통과하는 의원들을 집계하여 분열한 결과를 의장이 선포하는 표결을 의미한다.
15) 정재황, "우리나라에서의 전자투표와 관련한 현행법제 연구," 앞의 책, 76면.
16) 국회사무처 의사과,『입법연구논문집』(2001), 33면.
17) 참조: 김철수, 앞의 책, 996면; 권영성, 앞의 책, 832면; 허영, 앞의 책, 851면.
18) 프랑스는 프랑스 헌법 제33조에 의하여 전통적인 의사공개원칙이 의회에서의 표결의 공개를 요구하고 있다고 규정하고 있다. 이에 대한 자세한 내용은 임지봉, "전자투표제도의 발달과 그 법적 문제점," 앞의 책, 26면.

이에 대해 국회법 제112조 제1항은 '표결할 때에는 전자투표에 의한 기록표결로 가부를 결정한다'라고 '기록표결'을 원칙으로 하고 있다. 따라서 헌법상 의사공개의 원칙에는 표결결과의 공개도 포함된다고 해석된다.

그러나 헌법 제50조 제1항 단서는 '출석의원 과반수의 찬성이 있거나 의장이 국가의 안전보장을 위하여 필요하다고 인정한 때에는 공개하지 아니할 수 있다'라는 예외를 규정하고 있으며 국회법 제112조에 따르면 중요한 안건으로서 의장의 제의 또는 의원의 동의로 본회의의 의결이 있거나 재적의원 5분의 1 이상의 요구가 있을 때, 대통령으로부터 환부된 법률안과 기타 인사에 관한 안건의 경우, 국회에서 실시하는 각종 선거, 국무총리 또는 국무위원의 해임건의안의 경우에는 무기명투표를 실시할 수 있다고 규정하고 있다.

2. 표결유형

국회법상 본회의에서의 표결방법은 이의유무표결, 전자투표, 기립표결, 호명투표, 무기명투표, 기명투표의 6가지 유형으로 나눌 수 있다. 이 중 전자투표제도를 원칙으로 하되, 투표기기의 고장 등 특별한 사정이 있는 경우에는 기립표결을 실시한다.

한 안건에 대해 2개 이상의 서로 다른 표결방법 요구가 있을 때에는 의장은 먼저 요구된 순서로 그 실시여부에 대하여 각각 찬반을 물어 결정된 방법으로 표결한다. 만일 요구된 표결방법 모두가 부결된 경우에는 원칙적인 방법인 전자투표로 표결하게 된다.

국회법 제71조에 따라 위원회의 경우에는 본회의의 표결방법을 대부분 준용하지만 전자투표만은 각 위원회에 전자투표장치가 설치되어 있지 않아 실시하지 않고 있으며, 본회의의 표결제도가 아닌 거수표결을 표결의 한 방법으로 위원회에서 실시 할 수 있도록 국회법에 규정하고 있다.

1) 이의유무표결

이의유무 표결은 만장일치법 또는 전원일치법으로 출석의원 전원이 모두 찬성할 것으로 예상되는 경우 의사운영의 신속성과 표결의 간소화를 위해 사용되는 방법이다. 의장이 이의유무를 물어 이의가 없을 때 가결을 선포하며, 한 명의 의원이라도 이의가 있을 때에는 전자투표 등의 다른 방법에 의해 표결한다. 이의유무표결은 일반적으로 ①위원회에서 이의없이 의결된 안건, ②표결에 부치는 문제가 극히 간명하거나 경미한 안건, ③의사진행 관련 동의 또는 반대자가 없다고 인정되는 안건 등[19]에 실시하고 있다.

2) 기립표결과 거수표결

기립표결은 어떤 안건에 대하여 토론을 거치거나 이의유무 표결시 이의를 제기하는 의원이 있을 경우에 먼저 찬성하는 의원을 기립하게 하여 그 수를 집계한 다음, 반대하는 의원을 기립하게 하여 집계하는 표결방법이다. 종래에는 안건에 대하여 찬반토론을 거쳤거나 이의유무를 물어 이의가 있을 때 기립표결을 일반적으로 사용하였으나, 2000년 국회법의 개정에 의해 전자투표를 원칙적인 표결방법으로 채택하면서 자주 사용되지는 않는 방법이다.

기립표결은 정확을 기할 수 있고 편리하나, 투표하는 중간에 회의실에 출입하거나, 안건에 대한 의사표시를 위한 기립을 분명하게 하지 않는 경우, 자료조사요원의 집계 후에 기립하는 의원이 있을 경우 등에는 집계에 어려움이 따르기도 한다.

거수표결은 의석에 앉아서 오른손을 들면 그 수를 세어서 찬성과 반대를 집계하는 방법이다. 본회의에서는 의원의 수가 많아서 계산이 어

---

19) 국회사무처 의사과, 앞의 책, 33면.

려우므로 인정되지 않으나, 위원회에서는 국회법 제71조에 의해 거수표결이 가능하다.

3) 호명투표

호명투표는 국회법 제112조 제2항의 규정에 따라 의장의 제의나 의원의 동의로 본회의 의결이 있거나 재적의원 5분의 1이상의 요구로 실시하며 표결하고자 하는 안건에 대하여 의장 또는 의사국장이 각 의원의 성명을 호명하면 호명된 의원이 기립하여 찬성 또는 반대의 의사를 구두로 표시하는 표결방법이다. 모든 의원의 성명이 기재된 공개게시판 또는 감표위원이 확인 가능한 기록표를 이용하여 의원별로 찬 · 반 의사를 기록한 후 이를 집계하고 의원별 투표결과가 회의록에 게재되는 기록표결의 일종이다.

호명투표는 전자투표와 더불어 의원의 국민에 대한 책임성을 제고하는 방안의 일환으로 1994년 도입되었으나 지금까지 절차의 복잡성 등으로 인하여 호명투표를 실시한 사례는 없다.[20]

4) 무기명투표

무기명투표는 투표용지에 안건에 대한 가 · 부의 기재 또는 선출하고자 하는 사람의 성명만을 기재하고 투표하는 의원의 성명을 기재하지 않는 표결방법이다. 국회에서 의제에 대한 표결방법 중 의원의 투표행위에 대한 완전한 익명성을 보장하는 방법으로 의원이 투표를 했는지 안 했는지는 파악할 수 있으나, 개별 의원의 의사표시는 공개되지 않는다.

누가 찬성 또는 반대를 표시하였는지 모르기 때문에 의원은 외부의

---

20) 호명투표는 표결하고자 하는 안건에 대하여 의장(또는 의사국장)이 각 의원의 성명을 호명하면 호명된 의원이 기립하여 찬성 또는 반대의 의사를 구두로 표시하는 표결방법을 말하고 지금까지 우리 국회가 호명투표를 한 예는 없다. 이에 대한 자세한 내용은 국회사무처 의사과, 앞의 책, 12면.

압력을 의식하지 아니하고 자신의 진의를 자유롭게 표시할 수 있다는 장점이 있다.

5) 기명투표

기명투표는 투표용지에 안건에 대한 가·부 등의 의사표시와 투표 의원의 성명을 기재하는 표결방법으로 특히 안건에 대한 투표결과와 찬반의원의 성명을 회의록에 게재하여 그 정치적 책임을 명백히 할 필요가 있는 경우에 실시하는 기록표결의 하나이다.

국회법 제112조 제4항은 헌법개정안을 기명투표로 표결하며, 중요한 안건의 경우 의장의 제의 또는 의원의 동의로 본회의 의결이 있거나 재적의원 5분의 1이상의 요구가 있을 때에는 기명투표로 표결하도록 규정하고 있다.

6) 전자투표

전자투표제도는 개별 의원이 의석에 설치된 전자투표장치를 통하여 찬성과 반대의사를 표시하면 표결결과가 전자투표게시판에 표시되는 표결방법으로 2000년 국회법에 의하여 표결의 일반원칙으로 명문화되었다.

전자투표는 표결이 신속하게 이루어질 뿐만 아니라 의원 개개인의 투표결과가 회의록에 게재되므로 안건의 의결시 표결결과에 대한 책임성이 강조되는 기록표결방법의 하나로 정치적인 쟁점을 포함하는 안건이나 국민생활에 지대한 영향을 미치는 안건에 대한 표결시 전자투표를 실시하여 개별 의원의 해당 안건에 대한 의사표시가 회의록에 게재되고 일반에게 공개되게 함으로써 의원으로 하여금 안건에 대한 의사표시에 신중을 기하게 하고 나아가 유권자에 대하여 책임을 지는 결과를 가져오게 하는 효과가 있다.[21]

---

21) 국회사무처 의사과, 앞의 책, 12면.

국회법상 표결제도는 전자투표에 의한 기록표결을 원칙으로 하고 있으므로 현행 국회법상 전자투표 배제사유가 검토된다. 전자투표에 의하지 않는 방식으로는 기립표결, 기명투표, 호명투표 또는 무기명투표, 이의유무를 묻는 방법에 의한 표결에 의한 경우를 들 수 있다. '전자투표기기의 고장 등'으로 인한 기립표결, '중요한 안건으로서 의장의 제의 또는 의원의 동의로 본회의의 의결이 있거나 재적의원 5분의1 이상의 요구가 있는' 경우의 기명·호명·무기명투표, '의장은 안건에 대한 이의의 유무를 물어서 이의가 없다고 인정한 때'의 이의유무표결이 아닌 경우에는 전자투표가 시행된다고 볼 수 있다.

그러나 전자투표는 본회의에서만 실시하고 위원회의 회의에서는 실시하지 않고 있다. 국회법 제71조에 의하면 위원회의 경우에도 본회의의 표결방법을 준용하도록 규정되어 있으나, 위원회의 경우는 전자투표기가 설치되어 있지 않기 때문에 시행되지 않고 있다.[22] 반면, 본회의에서 실시되지 않는 거수표결을 위원회에서는 실시할 수 있도록 하고 있다.

구체적으로 의장이 전자투표 선언을 하면, 의사직원이 조정장치의 기명투표 버튼을 조작하며 준비하고 이후, 각 의원이 먼저 재석 표시의 버튼을 누른다. 재석 표시의 버튼을 누르기 전에는 의원 성명들이 황색으로 전광판에 나타나 있는데 재석 표시의 버튼을 누르면 황색에서 녹색으로 바뀐다. 찬반표시를 하라는 의장의 안내에 따라 의원들이 찬성, 반대, 기권 중 어느 하나의 버튼을 누르면 의원 성명 앞에 각 의원이 누른 버튼에 따른 색깔, 즉 찬성의 녹색, 반대는 적색, 기권은 황색 중의 하나의 색깔의 둥근 원형마크가 표시된다. 의장의 투표종료 선포가 있기 전까지는 취소버튼을 누른 후 다른 버튼을 눌러 변경할 수도 있다. 의장이 투표종료를 선언하면 전광판 및 윗 부분에 투표결과가, 재석의원수, 출석의원수, 찬성의원수, 반대의원수, 기권의원수로 나타나 가결

---

22) 국회사무처 의사과, 앞의 책, 8면.

여부를 바로 알 수 있다.

전자투표 전광판은 가로 5.3m, 세로 3.3m 크기로 국회의장석 좌우 양쪽벽면에 하나씩 설치되어 있으며, 각 의원이 찬성 또는 반대의 버튼을 누르면 본회의장 중앙 통로를 기준으로 의장석을 향하여 좌측에 위치한 의석의 의원은 좌측 전광판에 우측에 위치한 의석의 의원은 우측 전광판에 의원의 성명이 표출되며 찬성, 반대, 기권의 불이 켜진다. 무기명 표결시에는 표결 집계만 전광판에 나타난다.[23][24]

국회에서의 전자투표가 기록표결로서의 기능을 발휘하기 위해서는 그 결과가 공표되어 일반 국민이 알 수 있도록 하여야 한다. 국회법 제115조 제1항 제14호에 따라 국회는 국회공보와 회의록에 안건에 대한 찬성·반대·기권 의원들의 성명이 게재되고 이는 회의 익일 발간되어 공개될 뿐만 아니라 일반인이 인터넷으로 검색할 수도 있게 된다.[25]

특히 국회공보와 회의록에는 안건에 대한 찬반의원의 성명과 기권의원의 성명이 각각 가·나·다 순으로 게재될 뿐만 아니라 당일 본회의에 출석한 의원과, 출장의원과 같이 사정에 의하여 불참한 의원의 성명

---

23) 전광판은 개별의원의 찬반의사표출과 투표결과표시판에 의한 투표결과 표출 이외에 회의에 진행되는 각각의 상황에 맞추어 안건의 소관위원회, 안건명, 심사보고자, 제안설명자, 기타 발언종류 및 발언자 등 회의진행상황, 기타 안내사항을 표출하여 회의진행상황 등을 안내하고 있다. 이에 대한 자세한 내용은 김재광, 『전자투표의 도입에 따른 관련법제 정비방안』(한국법제연구원, 2002), 36-40면.

24) 전자투표장치의 구조는 각종 제어용 컴퓨터, 조정장치, 의석표결기, 전광판으로 이루어져 있다. 각종 제어용 컴퓨터는 표결내용의 집계, 안내문자, 영상 등의 편집 및 전광판으로의 표출기능을 제어하며 조정장치는 본회의장 단상 의사직원석에 설치되어 있는 것으로서 전자투표시 전광판과 의석표결기를 조정하는 역할을 한다. 의석표결기는 각 의원이 각장의 의석에서 표결을 하도록 설치되어 있는 기기로서 개별 의원의 책상서랍에서 하나씩 의석표결기가 각각 부착되어 있다. 이 의석표결기에는 재석, 찬성, 반대, 기권, 취소의 5개 버튼이 있는데 각 버튼의 색깔은 청색, 녹색, 적색, 황색, 흰색으로 되어있고 의석표결기 좌측 부분에는 재석확인 및 표결순서가 나타나는 안내 메시지창이 있다. 이에 대한 자세한 내용은 국회사무처 의사국,『국회의사편람』(2001), 581-583면 참조.

25) 국회사무처 의사과, 앞의 책, 42면 참조.

도 게재되어 있어 국민들이 불참한 의원의 성명과 그 사유도 어느 정도 파악할 수 있다.

〈표 2〉 우리나라 국회의 표결제도[26]

구 분		대 상	내 용	표 결 방 법
비기록투표	이의유무	• 여·야 간 특별한 이견이 없고 상호 합의된 안건처리		• 해당안건 처리시, 이의유무 묻고 이의 없을시 가결선포
	기립표결	• 전자투표장치의 고장 등 특별한 사정이 있을 때	- 쟁점법안	• 해당안건 처리시, 이의유무 묻고 이의 있을시 기립표결 선포 후 찬성, 반대의원 파악 후 투표결과 발표
	무기명투표	• 대통령령으로부터 환부된 안건 • 기타 인사안건 • 의장의 제의 또는 의원의 동의로 본회의 의결 • 재적의원 1/5이상 요구시	- 재의요구 법률안 - 임명동의·승인	• 안건상정 후 투표방법설명, 의원투표 및 투표결과 발표
	선 거	• 국회에서 실시하는 각종 선거	- 의장단 선출·위원장선거	
기록투표	전자투표	• 국회의 일반적인 표결원칙	- 쟁점법안	• 토론을 거치거나 이의제기시 • 안건에 대한 찬성과 반대의사를 전자투표장치를 통해 표시
	기명투표	• 헌법개정안 • 의장의 제의 또는 의원의 동의로 본회의 의결 • 재적의원 1/5이상 요구시	- 중요한 안건	• 기명투표: 투표용지에 투표의원의 성명을 기록하고 찬·반 투표
	호명투표	• 의장의 제의 또는 의원의 동의로 본회의 의결 • 재적의원 1/5이상 요구시	- 중요한 안건	• 각 의원의 이름을 호명하여 찬성 또는 반대의사를 구두로 표시

---

26) 김재광,『전자투표의 도입에 따른 관련 법제 정비방안』(한국법제연구원, 2002), 35면 참조하여 수정 및 보완하였음.

제3절 지방자치법

1. 표결방식

지방자치법은 의결에 대하여 제64항이 '의결 사항은 이 법에 특별히 규정된 경우를 제외하고는 재적의원 과반수의 출석과 출석의원 과반수의 찬성으로 의결한다'라고 규정하고 있고, 제65조는 '지방의회의 회의는 공개한다. 다만, 의원 3인 이상의 발의로 출석의원 3분의 2 이상이 찬성한 경우 또는 의장이 사회의 안녕질서 유지를 위하여 필요하다고 인정하는 경우에는 공개하지 아니할 수 있다'라고 하여 의사공개를 원칙으로 하고 있다.

그러나 지방자치법은 국회법 달리 이러한 의사공개원칙에서 표결의 공개도 포함되는지에 대해서는 명확하게 규정되어 있지 않으며 법 제71조에 의하여 회의의 운영에 속하는 표결방식을 지방의회에서 정하도록 회의규칙에 위임하고 있다.

2. 지방자치단체 의회규칙 사례

1) 울산시의회회의규칙

울산광역시의회회의규칙 제47조는 표결방법으로 기립 또는 거수투표를 규정하고 있으며 의장의 제의 또는 의원의 동의로 본회의의 의결이 있을 때에는 전자·기명 또는 무기명투표가 가능하다고 규정하고 있다.

울산광역시에서 행하는 전자투표는 국회에서의 기록표결로서의 전자투표가 실시되는 것과 달리 오히려 무기명으로 처리되는 방식의 투표라고 한다. 전자투표를 이용하는 이유는 투표용지의 배부, 투표, 개

표 등의 시간을 절약하고 표결결과를 신속히 알 수 있기 때문이라고
한다.

2) 울산시·평택시 전자투표에 관한 규칙

2006년에 제정된 울산시 의회 전자투표에 관한 규정에 따르면 전자
투표기는 의원석마다 부착되어 있고 출석여부, 찬성, 반대를 나타내는
버튼이 각각 있고 찬성, 반대 어느 버튼도 누르지 않는 경우는 기권으
로 처리되고 있다. 의원은 재석을 먼저 누른 후 찬성과 반대 중 어느 한
버튼을 선택하도록 하고 있으며 한 번 누른 후 의견을 변경하고자 하는
경우에는 취소버튼을 누르고 찬성, 반대, 기권 중 마지막으로 누른 버
튼이 투표결과로 처리된다.[27] 이러한 훈령 제정 이후인 2008년에 제정
된 평택시 전자투표에 관한 규칙에서도 유사하게 규정하고 있으나 다
만, 평택시의 경우에는 첫 번째 표결을 한 후 취소버튼을 누르지 않아
도 되며 가장 마지막에 누른 버튼으로 의사가 표시된다.[28]

---

27) 울산광역시의회 전자투표에 관한 규정(울산광역시훈령 제37호, 2006. 7. 4, 일
부개정) 제3조 (방법)
 ① 의장의 회의진행 순서에 따라 전자투표 기기작동은 의회사무처 직원이 조작
   한다.
 ② 투표참석 의원은 회의진행에 따라 전자장치 기기의 버튼을 눌러야 한다.
 ③ 투표시작 선포후 입장한 의원은 투표에 참가할 수 없다.
 ④ 투표는 투표시작이 선포되고 투표장치 기기에 투표시간이 표시되면 재석, 찬
   성, 반대, 기권 버튼을 누른다.
 ⑤ 투표시간내 찬성, 반대 어느것도 누르지 않으면 기권이 된다.
 ⑥ 투표시간내 찬성, 반대를 누른 후 변경하고자 할 경우 취소버튼을 누르고, 찬성,
   반대, 기권중 마지막 누른 것이 투표결과로 처리된다.
28) 평택시의회 전자투표에 관한 규칙(평택시규칙 제17호, 2008. 9.18, 제정) 제4조
 (투표방법)
 ① 투표시작 선포 후 입장한 의원은 투표에 참가할 수 없다.
 ② 전자투표 기기작동은 의장의 회의 진행순서에 따라 의회사무국 직원이 조작
   한다.
 ③ 투표는 투표시작이 선포되면, 먼저 재석(출석확인, 1번) 버튼을 누른 다음에
   찬성(2번 버튼), 반대(3번 버튼), 기권(4번 버튼) 중에 하나를 누른다.
 ④ 투표시간 내 찬성(2번 버튼), 반대(3번 버튼), 기권(4번 버튼) 중 마지막 누른

제4절 국민투표법과 주민투표법

국민투표법은 제50조에서 기표방법에 의한 투표로서 직접 또는 우편투표만을 인정하고 있어 전자투표의 도입에 대해서는 신중한 입장을 취하고 있다.

한편, 지방자치법 제14조는 '지방자치단체의 장은 주민에게 과도한 부담을 주거나 중대한 영향을 미치는 지방자치단체의 주요 결정사항 등에 대하여 주민투표에 붙일 수 있다'라고 하여 주민투표제도의 도입에 관한 근거를 제시하고 있다. 또한 주민투표의 대상·발의자·발의요건 등 구체적인 투표절차 등에 관하여는 따로 법률로 정한다고 규정하고 있다. 이에 따라 주민투표법 제18조는 투표는 직접 또는 우편투표으로 하되 투표 및 개표사무를 전산화하여 실시할 수 있으며 이에 대하여 필요한 사항은 중앙선거관리위원회규칙을 준용한다고 규정하고 있다.

제5절 공직선거법

공직선거법은 2000년, 제278조를 추가하여 1항에서 '중앙선거관리위원회는 투표 및 개표 기타 선거사무의 정확하고 신속한 관리를 위하여 사무전산화를 추진하여야 한다'라고 규정하였다. 그러나 이 조항은

것이 투표 결과로 처리된다.
⑤ 투표시간 내 찬성(2번 버튼), 반대(3번 버튼), 기권(4번 버튼) 중 어느 것도 누르지 않으면 기권으로 된다.

전자투표제도의 도입을 위한 선언적인 정의를 두고 있을 뿐이라는 평가를 받고 있다.

한편, 공직선거법 제278조 제2항은 이러한 전산화에 있어서 일정한 원칙을 설정하고 있다. 즉 '투표사무관리의 전산화에 있어서는 투표의 비밀이 보장되고 선거인의 투표가 용이하여야 하며, 정당 또는 후보자의 참관이 보장되어야 하고, 기표착오의 시정, 무효표의 방지 기타 투표의 정확을 기할 수 있도록 하여야 한다'라고 규정하고 있다. 개표사무에 있어서도 제3항은 '개표사무관리의 전산화에 있어서는 정당 또는 후보자별 득표수의 계산이 정확하고, 투표결과를 검증할 수 있어야 하며, 정당 또는 후보자의 참관이 보장되어야 한다'라고 규정하여 개표의 원칙을 규정하고 있다.

또한 제4항 본문은 '중앙선거관리위원회는 투표 및 개표 사무관리를 전산화하여 실시하고자 하는 때에는 이를 선거인이 알 수 있도록 안내문 배부·언론매체를 이용한 광고 기타의 방법으로 홍보하여야 한다'라고 규정하여 전자투표에 대한 홍보를 의무화하고 있다.

한편, 도입시기와 관련하여 법 제278조 제4항의 후문은 '우선 선거구역이 작은 보궐선거 등에 적용하되 그 실시 여부에 대하여 국회에 교섭단체를 가지는 정당과 협의하여 결정하여야 한다'라고 하여 시행범위를 점차 확대해 나갈 것을 예정하고 있었다. 그러나, 2002년 이 중 '우선 선거구역이 작은 보궐선거 등에 적용하되'라는 문언을 삭제된 후, 현재는 그 부분 전체가 삭제되어 아직까지 전자투표제도의 도입에 관한 명확한 시기는 법에 규정되어 있지 않다.

한편, 공직선거법 제146조 제2항은 투표방법에 대해 '직접 또는 우편으로' 하도록 규정하고 있다. '직접 투표주의'란 대리투표에 대응하는 것으로써 선거인 본인이 직접 투표를 하는 것을 의미한다. 우편투표 역시 직접투표의 한 방식으로 보고 있다.

제6절 공직선거관리규칙

1. 개정연혁

공직선거법 제278조 제6항은 '투표 및 개표절차와 방법, 전산전문가의 투표 및 개표사무원의 위촉과 전산조직운영프로그램의 작성 · 검증 및 보관, 전자선거추진협의회의 구성 · 기능 및 운영 그 밖에 필요한 사항'은 중앙선거관리위원회규칙으로 정한다고 규정하여 세부사항에 대해서는 공직선거관리규칙에 위임되어 있다.

이로 인하여 2000년, 공직선거관리규칙은 제13장의2 '전자투표 및 개표에 관한 특례'라는 장을 추가[29]하여 전자투표제도에 관하여 규정하였다. 이후, 2005년 투표소 설치, 투표용지모형, 전자투표기 수령 및 기표절차, 전자투표기 등의 송부에 관한 특례의 내용이 일부 개정되었으며 2006년 3월 2일에는 전자투표기 수령에 관한 일부 규정이 개정되었다.

한편, 2011년 재외선거제도가 도입되어 조 순서가 일부 변경되어 전자투표 및 개표에 관한 특례는 제16장의2로 규정되었다.

2. 투표장소

공직선거법 제146조 제2항에 의하여 투표는 '직접 또는 우편으로' 하도록 규정하고 있고, 공직선거관리규칙 제148조는 '전자투표 및 개표'란 '전산조직에 의하여 투표(거소투표를 제외함) · 개표를 실시하는 것'이라고 규정하여 공공장소 외의 거소에서 전자투표를 실시하는

---

29) 김재광, 앞의 책, 26면.

경우를 인정하지 않고 있다. 따라서 현행 공직선거관리규칙에 의하면 전자투표의 단계 중 인터넷 PC, 휴대폰, 문자메세지, 디지털 TV, 휴대폰 등을 이용하여 투표하는 3단계 REV 전자투표제도의 도입은 어렵다. 한편 149조 투표소 설치 등에 관한 특례에서 구·시·군 위원회는 전자투표기를 읍·면·동 위원회로 송부하여야 한다고 규정하고 있다.

3. 투표방법

공직선거법 제159조는 기표방법에 대하여 일정한 표시 "( )"가 각인된 기표용구를 사용하여야 한다고 규정하면서 거소투표의 경우에는 "○"표를 할 수 있다고 규정하고 있다. 그러나 공직선거관리규칙 제153조는 법 본문의 규정에도 불구하고 전자투표기에 장치된 기표방법에 의하여야 한다고 규정하고 있다. 따라서 전자투표기에 장치된 기표방법이 어떠한 방법이 될지는 아직 확정되어 있지 않다.

기표의 방법은 전자투표의 범위가 어떻게 정해지는지에 따라 차이가 있을 수 있다. 우선, 전자적 방식이 개입되는 투표방식들은 모두 포함시켜 본다면 먼저 투표용지에 기재된 후보들 중 지지하는 후보의 란에 구멍을 뚫는 방식으로 천공카드 또는 펀치식 카드가 있다. 이때에는 투표의 과정은 전자적 방법이 동원되지 않을 것이나 천공에 대한 판별이 전자적 기기에 의해 이루어질 수 있다면 넓은 의미의 전자투표에 포함될 수도 있을 것이다.

또다른 방식으로는 투표용지를 OMR카드로 하여 투표인이 지지하는 후보에 표시를 하여 이를 입력하게 함으로써 자동으로 집계가 되는 방식, 지지하는 후보에 대해 버튼을 눌러 표시가 되면 그 결과가 자동으로 집계되도록 하는 방식이 있다. 그리고 전자기판에 부착된 투표지에 입후보자 모두가 기재되어 있는데 이들 중 투표인이 투표하고자 하는 후보자에 대하 손가락으로 누르면 투표기계에 자동으로 기록저장되어

집계가 되는 터치 방식이 있다.[30]

4. 공고 및 안내

1) 투표소 설치 공고

공직선거관리규칙 제150조는 '구·시·군위원회가 당해 선거일전 7일까지 당해 구·시·군위원회 게시판에 공고하여야 한다'고 하여 공고절차를 두고 있다.

또한 동 규칙 제149조는 투표소 설치 등에 관한 특례를 두고 있다. 즉 동조 제1항은 '구·시·군위원회는 전자투표를 위하여 화상에 의한 투표용지·기표방법·집계방법 기타 투표 및 개표의 전산처리방법이 장치된 전산조직(이하 '전자투표기'라 한다)을 투표구위원회에 송부하여야 한다'라고 규정하고 있고, 동조 제2항은 이러한 전자투표기의 송부에 있어서 정당추천위원이 참여·입회하도록 하는 제도를 두고 있다.

2) 투표안내

전자투표제도의 도입 초기에는 특히 전자투표기의 사용에 대한 안내, 홍보가 필요할 것이다. 동 규칙 제150조는 구·시·군 위원회가 전자투표기에 의한 투표절차안내도를 투표구마다 5매씩 첨부하도록 규정하고 있으며 동조 제2항은 구·시·군 위원회가 투표안내문을 작성하는 때에는 전자투표기에 의한 투표절차 기타 안내가 필요한 사항을 포함하여 작성하도록 규정하고 있다. 또한 규칙 제159조는 '선거구위원회는 전자투표 및 개표에 관하여 후보자등록마감 후 후보자 및 선거인에게 안내·홍보하여야 한다'라고 의무화하고 있다.

---

30) 정재황, "우리나라에서의 전자투표와 관련한 현행법제 연구," 앞의 책, 42면.

5. 투표함 확인 및 투표절차

1) 투표함 확인

동 규칙 제151조는 투표를 개시하는 때에는 투표구 선거관리위원회 위원은 전자투표기 및 기표소 내외의 이상유무에 관하여 검사하여야 하고, 이 검사에는 투표참관인이 참관하여야 한다. 다만 투표개시 시각까지 투표참관인이 참석하지 아니하는 때에는 공직선거법 제155조 제3항의 규정을 준용하여 최초로 투표하러 온 선거인으로 하여금 참관하게 하도록 한다.

2) 투표절차

현행 공직선거관리규칙은 거소투표를 제외한다고 명시하여 투표소 또는 공공장소에서의 전자투표제도를 전제하고 있다.

투표소 전자투표에 있어서는 우선 선거인은 투표소에서 선거인 본인인지에 대해 확인하는 '본인확인 절차'를 거치게 된다. 공직선거관리규칙 제148조 제2항은 전자투표 및 개표에 관하여 동 규칙의 제16장의2 전자투표 및 개표에 관한 특례에 규정된 경우를 제외하고는 공직선거법의 투표와 개표에 관한 규정을 준용한다고 규정하고 있다. 이 규정에 따르면 선거인이 투표하는 과정, 절차에 관하여 공직선거법의 규정을 준용할 것이고 따라서 확인절차도 기존의 종이투표의 경우와 같은 방식으로 이루어질 것이다.

공직선거법 제157조 제1항은 '선거인은 자신이 투표소에 가서 투표참관인의 참관하에 주민등록증(이하 '신분증명서'라 한다)을 제시하고 본인임을 확인받은 후 투표구선거관리위원회위원 앞에서 선거인 명부에 서명 또는 날인하고, 투표용지 1매를 받아야 한다'라고 규정하고 있는데, 전자투표에서는 투표용지의 교부는 없게 될 것이다. 공직선거관리규칙 제152조는 '투표관리관은 본인임이 확인되어 선거인명부에 서명 또는 날인한 선거인에게 선거인명부등재번호표를 교부하여 투표하게 할 수 있다'라고 규정하고 있다.

이러한 확인절차 이후 선거인은 기표소로 들어가 설치되어 있는 전자투표기에서 투표를 하게 된다. 터치스크린 방식의 전자투표기를 사용하는 방식이라면 화면에 나타난 기호, 후보자 사진, 정당명, 성명 등 후보에 관한 사항들 중에 지지하는 후보자의 것을 선택하여 손가락으로 눌러 표시를 하게 될 것이다. 정정할 수 있는 기회를 부여하여야 할 것이고 정정을 하지 않거나 정정이 끝나 최종확인이 된 후 화면의 확인부분을 눌러 입력을 하게 할 것이다.

전자투표에서는 선거인이 자신의 투표내용을 확인할 수 있는 절차가 마련되어 있어야 한다. 이 확인절차에서 투표의 무기명성, 익명성이 훼손되지 않도록 하는 것이 필요하다.

6. 투표함 봉쇄 및 송부

종이투표의 경우 투표용지를 직접 개표소로 이송하여야 하나, 전자투표의 경우 디스켓 등의 외부저장장치에 담아 이송하게 된다. 공직선거관리규칙 제154조에 의하면 법 제168조의 투표함 봉쇄 및 봉인조항을 준용하여 봉쇄하되, '투표함의 투표구와 그 자물쇠'를 '전자투표기 안에 있는 투표집계저장디스켓과 기록지보관함 및 전자투표기'로 한다고 본다. 그리고 공직선거관리규칙 제155조에 의하면 투표관리관은 투표가 끝난후 지체없이 전자투표기와 투표집계저장디스켓 및 기록지보관함을 관할구·시·군위원회에 송부하여야 한다. 이처럼 공직선거관리규칙은 전자투표의 개표를 전송하지 않고 디스켓 등을 관할 구·시·군 위원회에 송부하여 개표에 들어간다. 투표집계 저장 디스켓을 송부하도록 한 것은 네트워크상의 송부에 대한 신뢰가 아직 완전하지 않다고 보았기 때문이다.

7. 개표

투표결과가 개표장소로 이송되면 구·시·군 위원회 위원장은 공직선거관리규칙 제156조에 의하여 기록지보관함을 개함하고 전자투표기 및 투표집계저장디스켓과 기록지보관함의 봉쇄와 봉인을 검사한 후 이를 열어야 한다. 다만, 제157조에 의하여 투표집계저장디스켓의 불량으로 판독이 불가능할 경우에는 전자투표기에 저장된 자료에 의하고, 전자투표기의 불량으로 판독이 불가능할 경우에는 기록지보관함에 보관된 투표기록지에 의하여 개표한다.

그 밖에 전자투표의 개표에 관하여 규칙에 규정된 경우를 제외하고는 공직선거관리규칙 제148조에 의하여 공직선거법의 개표에 관한 규정을 준용하도록 하고 있다.

제7절 전산조직에 의한 투표 및 개표에 관한 규칙

공직선거법과 시행령이 2005년에 개정됨에 따라 2006년에는 전자투표 사무의 처리에 관한 통일적인 기준과 지침을 제시하여 공정하고 효율적인 투·개표 사무관리가 되도록 하기 위하여 '전산조직에 의한 투표 및 개표에 관한 규칙'이 제정되었으며, 2010년에 일부 개정되었다.

이 규칙은 선거관리위원회법 제3조 제1항 제4·5호의 위탁선거, 기타 법령으로 정하는 선거, 주민투표 및 주민소환투표, 그리고 읍·면·동 위원회를 제외한 그 밖의 각급위원회가 지원 또는 관리하기로 결정한 정당 및 단체 등을 대상선거로 정하였다. 이들 선거에는 농·수·축협 및 산림조합의 조합장선거, 대학의 장 후보자 추천선거, 주민투표 및 주민소환투표, 정당이 위탁관리 신청한 공직선거 후보자 당내경선이 포함되어 있으며 공직선거는 포함되지 않았다.

이 규칙은 적용범위를 ①전산 선거인 명부 작성과 조회·확인 및 그 시행절차에 관한 사무, ②전자투표용지 표출·투표·저장 및 그 시행절차에 관한 사무, ③전산조직에 의한 개표 및 그 시행절차에 관한 사무, ④그 밖에 전자투·개표 시행에 필요한 사무로 한정하며 이 편람에 제시되지 않은 전자 투·개표 관련 사무에 관하여는 해당 위탁선거의 사무편람 및 중앙위원회의 지침에 의한다고 규정되었다.

전자투표의 원칙은 규칙 제4조에서 ①용이성과 편리성, ②비밀투표의 원칙, ③공정성 확보를 위하여 참관인 참관보장, ④결과검증 가능성을 들고 있다. 또한, 이 규칙은 터치스크린을 통한 투표시스템을 기준으로 작성되었는데 투표의 4대 원칙의 준수를 가장 중요한 원칙으로 삼았다. 터치스크린 투표시스템의 물품등록을 의무사항으로 규정하였으며, 장비의 철저한 정기정검 및 결과보고를 통하여 투표시 나타날 수 있는 기계적 오류의 발생을 최소화하도록 제도적으로 보완하였다. 또한 ①명부단말기(통합선거인 명부서버에 접속하거나 기기 자체에 저장된 선거인 명부 등 전산자료 복사본을 이용하여 선거인이 정당한 선거권자 또는 투표권자인지 여부를 확인하여 투표권카드를 발급하는 기기), ②투표기(선거인이 투표권카드를 투입하여 터치스크린 화면에 해당 선거구의 후보자 또는 찬성·반대 등의 선택사항이 게재된 전자투표용지를 표출시키고, 투표할 경우 그 결과를 투표기록매체와 투표기록지에 실시간으로 저장·인쇄하는 기기), ③투표시스템(투표기록매체에 저장 기록된 투표결과를 전자개표시스템을 이용하여 후보자별 또는 찬성·반대별로 득표수를 판독하여 집계하는 시스템), ④검표시스템(터치스크린 투표기가 인쇄한 투표기록지를 판독하여 검표할 수 있는 시스템)으로 각각 시스템을 나누어 관리하도록 제도화하였다.

또한 사건·사고의 처리와 보고를 철저히 하기 위하여 투표시스템에 대한 사전 점검·확인 철저, 사건·사고 처리 및 보고의 신속 정확화와 장애발생 내역 등 은폐·누락 및 허위·축소보고 금지를 명시화하였다.

한편, 2010년에는 통합선거인명부확인시스템을 구축 운영함에 따라 투표수 및 후보자별 득표수는 통합선거인명부확인시스템 운영단위로 계산한다고 규정하여 투표시 본인확인의 방법 외에 개표시에도 이를 활용하도록 제도화하였다.

제8절 전자선거추진협의회의 설치 및 운영에 관한 규칙

2005년에 공직선거법 제278조의 규정에 의하여 설치된 전자선거추진협의회는 국회 교섭단체 구성정당이 추천하는 소속 국회의원 각 1인을 포함하여 중앙선거관리위원회 위원장이 위촉하는 15인으로 구성[31] 되어 4년간 설치된 조직이다.

협의회는 규칙 제2조에 의하여 ①사업의 추진방향 및 추진전략에 관한 사항 ②사업시행을 위한 정치적 · 사회적 기반 조성에 관한 사항 ③사업추진 부처간 역할 설정 및 업무분담 · 시행에 관한 사항 ④기타 사업의 효과적 추진을 위하여 협의가 필요한 사항을 검토하도록 구성되었다.

---

31) 전자선거추진협의회의 설치 및 운영에 관한 규칙 제3조 참조.

제9절 정당의 예비경선 관련법제

공직선거법 제47조 제1항은 '정당은 선거에 있어 선거구별로 선거할 정수범위안에서 그 소속당원을 후보자로 추천할 수 있다'라고 규정하면서 제2항에서 '정당이 제1항의 규정에 따라 후보자를 추천하는 때에는 민주적인 절차에 따라야 한다'라고 규정하고 있다.

또한 공직선거법 제57조의4조는 '당내경선의 투표 및 개표에 관한 사무를 관할선거구 선거관리위원회에 위탁할 수 있다'고 규정하면서 '위탁하는 경우 그 구체적인 절차 및 필요한 사항은 중앙선거관리위원회규칙으로 정한다'라고 규정되어 있다. 이에 따라 제정된 당내경선 위탁사무 관리규칙 제22조는 전산조직에 의한 투·개표에 관하여 '사용할 전산조직과 이용방법 등은 해당 정당과 협의하여 정한다'고 규정하고 있다.

한편 정당법 제28조 제2항은 '공직선거후보자 선출에 관한 사항'은 당헌에 기재되어야 할 사항으로 규정되어 있으며 개별 정당의 당헌에서는 '전산조직의 투개표사무'를 행할 수 있다고[32] 규정하고 있다.

위 법조항을 해석할 때, 정당은 당헌에 의하여 민주적인 절차로 후보자를 선정할 수 있으나, 이 경우 선거관리위원회에 위탁할 수 있게 되며, 위탁시에는 선거관리위원회가 정당과 협의하여 전산조직과 이용방법 등을 정하게 된다.

---

32) 새천년민주당의 경우 당헌 제97조 제4항은 '대통령후보 등록, 선거운동, 투개표 등 대통령후보 선출에 필요한 사항은 당규로 정한다'라고 규정하고 있고, 한나라당의 경우 당규인 대통령후보자선출규정 제42조 제1항은 '투개표의 원활한 업무수행을 위하여 전산조직에 의한 투개표사무를 행할 수 있다'라고 규정하고 있다.

제10절 위탁선거관리규칙

선거관리위원회법 제3조는 위원회의 직무로서 '선거관리위원회가 관리하는 공공단체의 선거에 관한 사무'를 규정하면서 '관리에 필요한 사항은 중앙선거관리위원회규칙으로 정한다'고 하여 위임하고 있다.

위임에 따라 대학의 장 후보자 추천 위탁선거관리 규칙 제24조는 '관할위원회는 추천위원회와 협의하여 전자투표·개표를 실시할 수 있다'라고 규정하였으며, 조합장 위탁선거관리 규칙 제11조는 '당해 조합의 의견을 들어 중앙위원회가 정하는 바에 따라 전자투표·개표를 실시할 수 있다'라고 규정하고 있다.

이에 따르면 각 대학, 조합 등은 개별적으로 선거를 실시할 수 있으나, 투표관리의 편의를 위하여 선거관리위원회에 위탁선거를 요청할 수 있고 선거관리위원회는 해당 요청기관과 협의하여 전자투표의 방식을 결정하도록 규정되어 있다.

| 제3장 |
우리나라의 전자투표제도 추진현황

제1절 국회

우리나라의 국회는 1973년에 개원한 제9대 국회에서 각 의석 투표 스위치와 의원들의 투표내용이 표시되는 전자투표장치를 도입, 설치하였고, 1977년에 국회법을 개정하여 설비를 정비하였다. 하지만 이 투표장치는 유신정권에 의해 투표결과가 조작될 수 있다는 의심과 의원들이 전자투표장치 사용에 미숙하여 표결에 중대한 문제가 발생할 수 있다는 우려로 인하여 단 한 차례도 사용되지 못하였다. 또한 전자투표의 용량은 231석 규모인데 반하여 13·14대 국회에서 의석이 299석으로 증가하여 용량이 부족해지자 시스템 개선이 필요하게 되어 유명무실했던 전자투표 장치는 1990년 12월에 철거되었다.

1994년 6월 전자투표가 기명투표의 한 방법으로 국회법에 명기되었

고, 1997년 5월에 본회의장에 전자투표장치가 설치되었다. 이후, 1999
년에 3월에 처음으로 약사법 중 개정법률안이 전자투표로 가결되었다.
그러나 한동안 전자투표는 일반적인 투표방법으로 정착되지 못하여,
15대 국회에서 9회, 16대 국회에서 3회의 전자투표가 시행되었을 뿐이
었다.[1]

2000년 선거법 개정안 표결 시 국회의원들은 전자투표를 할 것인가
를 두고 표결을 하였는데, 찬성 155표, 반대 125표, 기권 2표로 전자투표
방법이 선택되었다. 그러나 2000년 정부조직법 개정안을 처리하는 과
정에서 재석의원 247명 중 4명이 누락되는 사태가 발생하였다. 투표집
계장치의 잦은 이상으로 이듬해 3월부터 8월까지 수리와 업그레이드
작업에 들어가면서 6개월동안 전자투표는 실시되지 못하였다.

2005년 9월 1일에는 디지털 본회의장이 완료되어 버튼식 전자투표장
치에 터치스크린 투표가 병용되었다. 2005년 대리투표 의혹이 제기된
한나라당에서 홍채, 지문인식장치를 포함하는 '본인 확인장치 부착 의
무화'를 추진하였으나 법 개정에는 실패하였다.[2] 그 후, 전자투표제도
는 국회에서의 표결의 일반적인 원칙으로 적용되어 통상적인 표결방법
으로 이용되고 있다.

한편, 2010년 4월에는 신문·방송법 개정시에는 표결과정에서 대리
투표가 논란이 되었다. 양당 의원들의 충돌이 발생하는 중에 법안 표결
이 이루어져, 일부 의원들의 경우 본인이 아닌 다른 의원들이 대신 표
결을 해주는 상황이 발생하였기 때문이다. 이에 대한 보완을 위하여 국

---

1) 3회에 그친 이유에 대해 국회사무처는 '2000년도 10월 이후 전자투표장치가 불
   안정하여 전자투표장치의 투표장치개선, 운영체제 향상을 위한 전자투표장치
   보완작업이 8월까지 진행중'이었기 때문이라고 설명한다. 이에 대한 자세한 내
   용은 국회사무처 의사과, "우리나라 국회 및 주요국의회의 표결제도," 『입법연
   구논문집』(2001), 39면.
2) 오마이뉴스, "세계의 모범이라고 자랑하더니… 기립표결보다 못한 전자투
   표시스템," 2009. 7. 29, http://www.ohmynews.com/NWS_Web/view/at_
   pg.aspx?CNTN_CD=A0001185975 (검색일:2011.8.21) 참조.

회에서는 본인확인을 위한 비밀번호 설정 등의 방안이 검토되었으나 입법은 되지 못하였다.[3]

제2절 국민투표와 주민투표

국민투표는 1987년에 국민투표법이 제정된 이래 한 차례도 실시되지 않았다. 주민투표는 실시사례가 제주도 행정구조개편, 청주·청원의 통합, 중저준위방사선 폐기물 처분시설 유치, 서울시 무상급식 도입 문제와 관련한 사례 등[4]에 불과하며 전자투표제도를 도입하고자 직접 추진된 사례는 없다. 다만 주민투표제도에 대해서는 공직선거 규정을 준용하여 전자투표를 추진할 수 있음이 규정되어 있을 뿐이다.

국민투표와 주민투표의 경우, 정책에 대해 국민들에게 의견을 묻는 자문적 성격을 가지므로 전자투표제도의 도입에 있어서 오히려 저항이 적을 수 있다. 특히 주민투표제도의 경우 시험적으로 전자투표제도가 도입된다면 좁은 범위에서 적은 이슈로 투표할 수 있으므로 국민들에게 미치는 충격이 적으면서 전자투표에 대한 신뢰성을 높일 수 있는 좋은 기회가 될 수 있을 것이다. 반대로, 전자투표제도가 널리 활용되어 국민 또는 주민들의 의견을 수렴하여 선거를 치르는 것에 대한 부담이 적어진다면 국민투표와 주민투표가 활발하게 운영될 수 있을 것이다.

---

3) 동아일보, "국회 대리투표 못하게 한다," 2010.1.14, http://news.donga.com/3/all/20100114/2 5406341/1 (검색일:2011.8.15) 참조.

4) 주민투표 실시현황: 제주도 행정구조 개편(05년), 청주시 청원군 통합(05년), 중저준위방사성 폐기물 처분시설 유치(05년). 자세한 내용은 행정안전부, 『행정안전통계연보 2008』(2008), 321면 참조.

제3절 정당경선

1987년에 현재 한나라당의 전신인 신한국당이 내부적으로 대통령 후보를 선출하는 경선과정에서 대의원들이 OMR카드를 이용하여 전자투표를 한 사례가 있다. 이 방식은 대의원들이 기호순대로 후보들의 이름이 인쇄된 OMR카드에 기표하면 컴퓨터로 자동집계한 후, 발표하는 방식이었다.[5]

한편, 2000년 8월 30일, 민주당 최고위원 경선에서 전자투표가 실시되었다. 이는 우리 정당 정치사상 처음으로 실시된 전자투표로 8710명 투표에 대의원 1인이 4표를 행사하는 4인 연기명식 투표를 실시하여 후보 15명의 총 득표 수는 34,840표였다.

전자투표의 방식은 터치스크린 방식, 즉 컴퓨터가 마련된 기표소에 들어가서 전자투표권인 마그네틱카드를 넣고 화면에 후보들의 사진이 나타나면 뽑을 사람을 클릭하는 방법으로, 대의원들은 PC모니터에 나타난 15명의 후보자 중 4명의 사진을 손가락으로 누르기만 하면 되는 방식이었다. 투표는 50개 단말기 기표소에서 3시7분부터 시작해 2시간여 동안 진행되었다.

전자투표의 진행과정은 ①대의원 신원확인, ②전자투표권 발급, ③투표, ④개표 및 집계, ⑤결과발표 등의 다섯 단계를 거치게 되었다.[6] 신원확인은 기존의 방법과 같이 신분증을 확인하는 방식으로 진행되었고 투표와 개표만 새로운 방식으로 시행되었으나 전자투표의 초기 도입사례로 중요한 의미가 있다.

투표에 걸린 시간은 대의원 1인당 20초에서 1분 가량이었고, 투표 종

---

5) 임지봉, "전자투표제도의 발달과 그 법적 문제점,"『JURIST』제382권 (2002), 26-28면.
6) 김재광,『전자투표의 도입에 따른 관련법제 정비방안』(한국법제연구원, 2002), 18면.

료 후 컴퓨터에 의한 개표 집계에 걸린 시간도 단 6분이었다. 민주당 선거관리위원회는 매시각 투표상황을 집계하고 이를 전광판을 통해 공개했다.

전자투표시스템은 선거비밀의 방지를 위해 두 가지 안전장치를 마련했다. 첫째, 전자투표권이 채택되었다. 전자투표권을 전날 무작위로 섞은 뒤 이를 200개씩 묶어 밀봉했다가 투표 직전에 개봉해서 신분이 확인된 대의원들에게 배포했다. 둘째는 대의원들의 기표결과를 해당 후보의 데이터에 자동입력하고 이를 저장했다가 투표마감이 선언된 직후 일률적으로 통계를 산출하는 방식이 채택했다. 즉 대의원의 기표결과가 해당후보의 데이터에만 남을 뿐 대의원별 기록은 남지 않도록 한 것이다. 한국전산원에서도 전자투표시스템 점검과 운용과정의 감리 감독을 위해 2명의 감독관을 파견했고, 전자투표시스템 도입을 추진중인 중앙선거관리위원회에서도 이날 투표과정을 참관하고 진행과정을 관찰했다.[7]

이 전자투표는 좋은 평가를 받았다. 첫째, 전자투표로 인해 투표절차가 빠르고 간편해져, 지방 거주 대의원들이 당일의 행사를 마치고 당일에 돌아 갈 수 있게 되어 상당한 시간과 비용의 절약하였다. 종이용지가 마그네틱카드로 바뀐 정도에 불과하지만 종래 3시간씩 걸리던 개표의 번거로움을 없애고 투명성을 제고시켰다는 점에서 의미가 있다는 평가도 있다. 둘째, 투표 막판 혼탁의 대표적 온상이었던 지방 대의원들의 숙박을 최대한 억제함으로써 투표의 부정과 혼탁을 막을 수 있었던 것 또한 중요한 의미를 가졌다.

하지만 부정적인 면도 있었다. 첫째, 일부 대의원들은 터치스크린방식에 의해 4명의 후보를 고른 뒤 '확인 또는 수정'버튼을 누르는 것을

---

7) 매일경제신문, 민주 최고위원 투표에 국내 첫 전자투표시스템 도입, 2000.8.30, http://news.mk.co.kr/newsRead.php?year=2000&no=109356 (검색일:2011.7.19) 참조.

잊어 버려 도우미들이 기표소에 함께 들어가 작동법을 알려주는 등 일부 혼선을 빚기도 했다. 또한 둘째, 주최측에서 각 지역별로 투표소를 배정함으로써, 대의원들이 일일이 투표소를 찾아다니느라 혼잡을 빚기도 했다. 그러나 이는 처음 치러지는 전자투표로 인한 일시적인 혼란일 뿐 전자투표방식에 대한 대의원들에 대한 사전교육이나 진행상의 기술적인 문제들에 대한 보완만 있으면 극복될 수 있는 문제점이었다.

2002년 민주당 대통령후보 선출에서도 전자투표가 이용되었다. 2000년 최고위원 경선에서와 마찬가지로 민주당은 주로 폐쇄회로를 이용한 전자투표방식을 사용해 국민경선을 실시하였다. 각 지역별로 국민경선이 실시될 때마다 투표자들은 자신의 마그네틱카드를 사용해 신원을 인증받은 후 터치스크린을 통해 전자적 방식으로 투표에 참여한 것이다. 국민경선에서는 부분적으로나마 폐쇄회로가 아니라 인터넷을 이용한 인터넷 투표를 도입했다는 사실에 큰 의미를 부여할 수 있다. 특히 전국적 단위의 선거에서는 세계에서 최초로 인터넷 투표를 실시한 나라로 기록되게 되었다.[8]

당초 '인터넷 투표 검토 소위원회'가 결정한 인터넷 투표안은 몇 명이 참여하든 간에 전체결과에 2.5%의 비율로 반영된다는 것으로, 전체 선거인단의 50%인 일반국민 공모단원 선거인단의 신청자 중 탈락한 사람을 대상으로 실시되었다. 이에 따라 민주당 대선후보 경선에 선거인단으로 신청한 사람들은 선거인단으로 뽑히지 않아도, 표의 등가성은 다르지만 모두 투표권을 행사할 수 있게 되었다.

인터넷 투표는 본인인증 여부, 해킹의 위험성, 공정성 시비 등 여러

---

8) 민주당은 선거인단 7만명 가운데 추첨으로 선정된 일반국민 3만5천명의 5% 범위(1천7백50명, 전체 대의원으로 보면 2.5%) 내에서 인터넷 투표 결과를 반영하였다. 이는 전국 단위에서는 최초로 인터넷 투표를 사용한 것이다. 미국은 더 일찍 대통령 예비선거 등에 인터넷 투표를 사용하고 있었지만 그것은 주 단위나 지방자치단체 단위에서였을 뿐이었다. 이에 대한 자세한 내용은 김재광, 앞의 책, 20면 참조.

가지 문제들도 동시에 지적되어 왔기 때문에 민주당은 이런 문제점을 '2.5% 반영'과 '부제소 서약'이라는 두 가지로 극복하고자 하였다. 당초 5% 반영하자는 주장이 있었으나 2.5%로 반영 비율을 축소했다. '부제소 서약'은 혹시나 발생할지도 모를 인터넷 투표의 돌출 사고에 대해 모든 후보와 투표자들로부터 제소하지 않는다는 서약을 받은 것이다. 2.5%라는 비율은 미미할 수도 있지만, 16개 권역 중 맨 마지막에 실시되면서 약 21.4%를 차지하는 서울지역 경선 전까지 1~3% 차이의 박빙의 승부가 진행될 경우 인터넷 투표가 중요한 영향을 미칠 가능성이 있었다.

인터넷 투표 실시 결정으로 민주당 대선후보 경선 선거인단의 숫자에 약간 변화가 오게 됐다. 당초 7만 선거인단 중 대의원 선거인단:당원(비 대의원) 선거인단:일반(공모당원) 선거인단의 비율은 2:3:5였다. 이에 따라 국민참여 경선제로서 주목을 받고 있는 일반 국민의 참여 숫자는 50%인 3만 5000명이었으며 인터넷 투표는 일반 선거인단 3만 5000명의 일부분이었다. 민주당 인터넷 투표의 기본 개념은 일반 선거인단의 5%를 인터넷 투표의 표심으로 반영함으로써 결국 전체에서 2.5%를 반영하게 된다. 따라서 일반 선거인단으로 뽑히는 사람들은 기존 3만 5000명에서 5%인 1750명을 제외한 3만3250명이 된다. 그리고 일반 선거인단 공모에서 탈락한 모든 사람들이 인터넷 투표를 실시해 각 후보가 득표한 비율에 1750을 곱하면 그 후보가 인터넷 투표를 통해 얻은 표가 된다.[9] 이런 방식을 거치면 일반 선거인단에 응모한 모든 사람들은 투표권을 행사할 수 있다. 하지만 표의 등가성은 달라진다. 일반 선거인단에 뽑힌 사람들은 1인 1표의 가치를 지니지만, 뽑히지 않아 인터넷 투표를 하면 응모한 숫자가 많을수록 현저히 낮아진다. 10만 명이 응모할

---

9) 예를 들어 10만 명이 일반 선거인단에 응모하면, 그중 일반 선거인단으로 뽑힌 3만 3,250명을 제외한 6만 6,750명은 인터넷 투표를 실시할 수 있으며, 이후 각 후보의 인터넷 투표 득표 수가 아닌 비율에 1,750을 곱하게 된다.

경우에 탈락한 사람들이 모두 인터넷 투표를 할 때 네트워크의 55표가 오프라인 선거인단 1표의 가치를 지니며, 100만 명이 응모할 경우 네트워크 550표가 오프라인 1표의 가치를 지니게 되었다.[10]

2000년과 2002년에 처음으로 정당경선에서 전자투표제도가 시행된 이후, 각 정당에서는 전자투표를 일반적으로 시행하게 되었다.

한편, 중앙선거관리위원회에서는 2006년 이후 터치스크린 시스템을 도입한 이후, 각 정당경선에 약 10차례 정도 지원해 왔다. 2006년에는 2월의 열린우리당 당대표 경선을 비롯하여 5월의 열린우리당 서울시장후보 경선, 6월에는 한나라당 제주지사후보 경선, 7월에는 한나라당 당대표 경선을 지원하였다. 또한 2007년에는 대통합민주신당 대통령후보 경선과 민주당 대통령후보 경선을 지원하였다. 특히 2007년 이루어진 대통합민주신당의 대통령 후보 경선에서는 일반선거인단 지역투표의 평균 투표율은 16.2%에 불과했던 반면, 모바일 투표율은 75%[11]에 이르러 전자투표제도에 대한 높은 관심을 나타냈다.[12] 한편 2008년에도 3차례, 2009년에도 한 차례 정당경선에서 전자투표제도가 시행되어 정당경선에서 약 10회 정도 선거관리위원회의 지원하에 전자투표가 실시되었다.[13]

정당의 당내경선 외에 농협·수협·축협 등의 조합장 선거, 대학총장 및 학생회장 선거 등의 위탁선거, 민간선거 등에서도 전자투표제도를 도입하고 있다. 특히 조합장 선거의 경우 투표참여자 중 평균적으로 50대가 3,045명(25.2%), 60대 이상이 6,489(53.7%)로서 노령유권자의 터치스크린 투표편의성을 검증하고 미비사항을 보완하는 계기가 되었

---

10) 김재광, 앞의 책, 26면.
11) 디지털타임즈, "모바일투표가 남긴 것," 2007.10.23, http://min.kr/414 (검색일:2011.7.21) 참조.
12) 중앙선거관리위원회, 「전자투표시스템 개발 및 공직선거 전자투표 도입기반 조성」, (2007), 13면.
13) 중앙선거관리위원회, 「터치스크린 투표 지원 실적」(2009), 1면.

다. 특히 투·개표방식이 복잡한 국립대 총장선거에 대한 신속 정확한 전자투표를 통하여 투표시스템의 신뢰성이 제고되었으며 교수·학생 등에게 전자투표의 장점을 홍보할 수 있는 계기가 되고 있다.[14]

2006년 이후 위탁선거 등의 선거에서 선거관리업무를 지원하였던 중앙선거관리위원회는 2006년부터 2009년 말까지 대학장추천 29회, 조합장선거 354회, 학생민간선거 2,245회를 지원하는 등의 방법으로 전자투표에 대한 신뢰도를 높여가고 있다.

제4절 공직선거

I. 2005년 이전

전자투표 실시계획은 1995년에 시행된 제1회 전국동시지방선거에 적용하기 위하여 1993년에 처음 시작되었다. 계획 추진 과정에서 기표식과 천공식의 2가지 종류의 OMR방식 투표기를 개발하여 투표카드 판독기에 의한 모의투표를 실시하였으나 OMR방식에 의한 카드판독기는 개함·점검 부분에서 판독 불가능한 투표카드의 보정 작업에 시간이 많이 소요되고, 카드판독기의 빈번한 정지로 개표가 지연되며, 무효표에 대한 판정시비에 대한 우려 및 OMR카드 인쇄의 어려움 등 기계의 안정성이 문제가 되었다. 이에 따라 직접 선거에 활용되지 못하였고 투표용지를 사용하지 않는 전자투표방식으로 개발방향을 변경하게 되었다.

---

14) 중앙선거관리위원회, 「전자선거추진단, 위탁선거 등 지원 및 홍보현황」(2008), 8-10면.

1998년 11월, 선거관리위원회는 브라질에서 2년 이상 연구·개발하여 공직선거 도입에 성공한 것으로 인정된 버튼(Button)식 전자투표기를 다시 개발하였으며, 이후 전자투표기를 선거연수원에 비치하고 연수교육생을 대상으로 1999년 3월부터 2000년 9월까지 총 23회 모의투표를 실시하였다. 그러나 시험운영 결과, 보다 간편하게 모니터에 직접 투표하는 터치스크린 방식의 전자투표기를 개발하는 것이 좋겠다는 의견이 많아 터치스크린 방식의 개발이 이루어지게 되었다.

2001년에는 국민이 신뢰할 수 있고 투·개표의 비밀이 보장되며 모든 연령층이 손쉽게 투표할 수 있도록 터치스크린 방식의 전자투표기를 개발하여 시험 운영하였다. 이는 검증 후 정당과 협의하여 선거구역이 작은 지방자치단체의 재·보궐 선거나 2002년에 실시되는 교육감 선거 등에 시험적으로 도입할 예정이었다. 이를 위해 2002년 공직선거 및 선거부정 방지법 제278조(전산조직에 의한 투표·개표)가 규정되었다.

2001년의 터치스크린 방식은 모니터에 후보자 사진, 성명, 기호, 소속정당명이 나타나고 시각장애인의 경우에는 투표 진행 상태를 알려주는 음성장치를 설비하여 장애인의 투표편의를 돕고 있으며, 투표 중에 선택사항의 정정도 가능하고 투표내용을 본인이 확인할 수 있으며, 투표결과는 기록물로 출력·보관되어 사후에 검증이 가능한 시스템이었다. 1993년과 1998년에는 시범적 연구단계 정도여서 사회적으로 큰 논의가 있지 않았고, 2001년의 터치스크린 방식의 경우에는 시스템에 대한 불신과 초기 비용의 과다투입 가능성, 국민적 합의 미흡 때문에 전자투표의 도입이 유보되었다.

2. 2005년 이후

2005년 중앙선거관리위원회는 전자투표 로드맵을 발표하였다. 이

로드맵은 2008년 총선에서 터치스크린 전자투표방식을 도입하고 2012
년부터는 전체 공직선거에 전자투표를 전면 도입한다는 내용을 중심
으로 구성되어 있다.

 로드맵이 발표된 후, 사회적으로 전자투표에 대한 많은 논란이 제기
되었는데, 주요 내용은 과거 1993년, 1998년, 2001년에 도입을 추진했
으나 실천되지 못했던 때에 비하여 상당히 구체화되었다. 즉, 로드맵
발표 후 전자투표 논의는 시스템 안정성에 대한 우려, 기술수준을 고
려한 단계적 도입에 대한 합의, 투표율에 미칠 수 있는 효과 분석 필요,
법ㆍ제도 정비 및 해외 사례 연구의 발전적인 벤치마킹 등 각 분야에
걸쳐 다양하게 제기되었으며, 전자투표제도를 공직선거에 도입하는
것에 대해 과거에 비해 긍정적 의견이 증가하였다.[15]

 이후 공직선거법이 개정 및 보완되고 공직선거관리규칙, 전산조직
에 의한 투표 및 개표에 관한 규칙, 전자선거추진협의회의 설치 및 운
영에 관한 규칙이 보완되었다. 또한 각 정당의 경선제도, 조합장 선거
등의 위탁선거, 대학장 선거, 학생회장선거 등 위탁선거에서 전자투표
제도의 도입이 확대되고 있다.

제5절 검토

 우리나라의 전자투표제도는 투표의 대상에 따른 유형에 따라 추진
현황에 조금씩 차이를 보이고 있다.

 국회의 의결에서는 회의장 현장에서 투표를 실시하고, 투표결과를

---

15) 이에 대한 자세한 내용은 고선규, "전자투표 제도의 효과와 문제점,"「제3차
 NCA 정책포럼 자료집」(2005), 7면.

공개함으로써 국민들에게 책임정치를 실현할 수 있으므로 2005년 이후 전자투표가 일반적인 표결 방식으로 선택되어 왔다. 그러나 국민투표와 주민투표의 경우, 주민투표법에서 전자투표에 관한 공직선거법의 규정을 준용할 수 있다고 규정하고 있을 뿐 실제 투표의 시행사례도 많지 않아 전자투표의 도입이 실질적으로 추진된 사례는 없다.

한편, 정당의 예비경선을 비롯하여 대학장추천, 조합장선거, 학생민간선거 등과 같은 기타 위탁선거에서는 터치스크린을 이용한 전자투표제도가 도입되어 여러차례 시행된 바 있다. 특히 정당의 예비경선에서는 직접 현장에 오지 않더라도 투표에 참여할 수 있는 인터넷 또는 문자메세지를 이용한 모바일 투표 등이 실시되었다.

마지막으로 공직선거에서의 전자투표제도의 도입을 위하여 1993년 이후 몇차례의 시도가 있었으나 아직까지 시행되지 못하였다. 특히 공직선거는 공정성과 신뢰성, 보안성이 중요한 가치를 지니므로 신중하게 단계적인 도입을 검토하고 있다.

| 제4장 |

외국의 전자투표제도

제1절 도입개요

1. 도입배경

1) 개요

전자투표제도의 도입여부, 도입방법 등은 각 나라의 정치적 상황과 선거환경을 의미하는 민주화 수준과 기술력의 발전 정도를 나타내는 정보화 수준에 따라 차이가 나타난다.

우선, 투표제도의 발전 역사와 환경에 영향을 받은 국민들의 민주화 수준에 따라 전자투표제도를 도입하였을 때 국민들이 신뢰를 받을 수 있는지가 결정된다. 또한 전자투표제도가 기술적 발전을 바탕으로 하기 때문에 전자투표기 자체의 기술적 수준을 기초로 하되, 국민들의 전자기술 접근 능력 등을 포함하는 정보화 수준은 중요한 의미를 갖는다.

2) 배경요인

(1) 민주화 수준

민주화 수준은 국가의 정치적 발전수준을 보여주는 수치로서 전체적으로 보았을 때에는 적어도 30위권 이내의 국가들이 전자투표제도를 추진한 경우가 많은 것으로 나타났다. 이것은 전자투표제도의 도입을 위해서는 투표제도에 대한 최소한의 국민들의 신뢰와 성숙한 인식이 전제되어야 하기 때문이다.

그러나 구체적으로 보았을 때에는 각 국가의 전자투표에 대한 입장에 따라 차이가 나타났다. 전체적으로 민주화 수준이 높은 국가들이 전자투표 추진을 실시한 바는 있으나 이후 발전과정에서는 차이가 나타난다. 미국의 경우 국회의 표결과 공직선거에서 1단계의 전자투표, 정당경선 등 기타 선거에서는 3단계의 전자투표를 적극적으로 도입하고 있다. 그러나 독일 등 유럽 국가들의 경우 공직선거에서 전자투표 도입을 시도한 바는 있으나 신뢰성, 안전성 등에서 문제점이 제기되어 추가적인 도입에 대해서는 신중한 입장을 취하고 있다. 기타 선거에 있어서도 전자투표를 도입하였으나 투표의 편의성보다는 투표의 안전성, 검증가능성에 중점을 두고 있으므로 도입에 신중한 편이다.

경제수행력(Economic Performance), 정부효율성(Government Efficiency), 산업효율성(Business Efficiency), 하부구조(Infrastructure) 등을 기준으로 평가한 스위스 국제경영개발원(IMD)[1]의 2009년 국가경쟁력 지수(World Competitiveness Index)[2]에 따르면 대부분의 전자투표 추진국가는 전체 국가들 가운데 30위 이내로 나타났다.[3] 평균 수명,

---

1) IMD: International Institute for Management Development, IMD 홈페이지, http://www.imd.ch/index.cfm (검색일:2011.7.20) 참조.

2) 2009년 IMD 국가경쟁력지수, http://www.imd.ch/research/publications/wcy/upload/scoreboard.pdf (검색일:2011.7.20) 참조.

3) 다만, 아르헨티나(55위), 브라질(52위), 프랑스(35위), 스페인(36위), 베네수엘라

문맹률, 학력, GDP를 기준으로 평가하는 국제연합개발계획(UNDP)[4]의 2009년 인간개발지수(Human Development Index)[5][6]에 따르면 전자투표 추진국가 대부분이 177개국 중 상위 40위 이내에 포함되었다.[7]

그러나 구체적인 수치에 있어서는 차이가 나타났다. 브라질과 인도의 경우 민주화 수준이 낮은 편인데 전국적 단위에서 1단계 PSEV 방식을 도입하여 전자투표의 발전단계는 높게 나타났으며 독일 등 유럽의 경우 민주화 수준은 높지만 전자투표 도입을 축소하고 있는 것으로 나타났다.

(2) 정보화 수준

전자투표제도를 도입하기 위해서는 전자투표 설비마련 및 기술에 대한 국민들의 인식도 등을 포함한 정보화 수준이 고려되어야 한다. 국가의 정보화 수준이 높을수록 전자투표기의 제작과 관리기술이 높아 투표기기의 기술적 안전성이 높이 보장되며, 국민들의 정보화 수준이 높

(61위)의 5개국만이 30위 밖의 경쟁력 평가를 받았으며, 이들 국가는 모두 PSEV 방식을 채택하고 있다는 공통점을 가지고 있다. 이에 대한 자세한 내용은 조희정, "해외의 전자투표 추진 현황 연구,"『사회연구』제13호(2007), 59면 참조.

4) 국제 연합 개발 계획은 세계의 개발과 그에 대한 원조를 위한 국제 연합 총회의 하부조직으로 영어의 정식명칭은 "United Nations Development Programme"이다. 머리 글자를 따서 UNDP라고도 부른다.

5) UN개발프로그램 통계 홈페이지, http://hdr.undp.org/en/statistics (검색일:2011.7.20) 참조.

6) 위키피디아 백과사전(검색어: 인간개발지수), http://ko.wikipedia.org/wiki/%EC%9D%B8%EA%B0%84%EA%B0%9C%EB%B0%9C%EC%A7%80%EC%88%98 (검색일:2011.7.20) 참조. 글에서 인간개발지수의 정의는 다음과 같다. "인간개발지수(Human Development Index, HDI)는 유엔개발계획(UNDP)이 각국가의 실질 국민소득, 교육수준, 문맹률, 평균수명등을 여러 가지 인간의 삶과 관련된 지표를 조사해 각국의 인간 발전 정도와 선진화 정도를 평가한 지수이다. 일반적으로 HDI가 0.900점 이상인 국가를 선진국으로 본다."

7) IMD의 지수와 같이 브라질(63위), 베네수엘라(75위), 인도(127위)의 경우 낮은 평가를 받았는데 이들 국가 역시 모두 PSEV 방식을 채택하고 있다는 공통점이 있다. 이에 대한 자세한 내용은 조희정, "해외의 전자투표 추진 현황 연구," 앞의 책, 59면.

을수록 전자투표제도의 적용에 있어서 국민들의 저항이 적을 것이기 때문이다.

정보화 수준은 UN의 전자정부 준비 지수,[8)9)] 세계경제포럼(World Economic Forum)[10)]의 네트워크 준비도 평가[11)]를 기준으로 평가할 수 있다. 우선, UN의 평가는 가장 보편적인 전 세계 전자정부 준비도에 대한 평가로서, 각국의 웹 구축도, 인프라, 인적 자원을 중심으로 전자정부 수준을 평가한 것이다. 전 세계 179개국 가운데 우리나라가 2011년 1위[12)]를 차지한 이 평가에서 대부분의 전자투표제도 도입 국가는 30위 이내의 높은 수준을 보였다.[13)]

또한, 세계경제포럼(WEF)[14)]의 네트워크 준비도 평가는 정보통신기

---

8) UN홈페이지, http://www.un.org (검색일:2011.7.20)

9) 위키피디아 백과사전(검색어: E-Government), http://en.wikipedia.org/wiki/ E-Government (검색일:2011.7.20) 참조. 글에서 전자정부지수의 정의는 다음과 같다. "전자정부지수(E-Gove rnment Readiness Index)란, UN이 매년 조사하는 수치로 국가의 전자정부 준비도와 전자정부참여, 디지털 서비스의 측정모델 등을 기초로 평가하고 있다."

10) 위키피디아 백과사전(검색어: World Economic Forum), http://en.wikipedia. org/wiki/World_economic_forum (검색일:2011.7.20) 참조. 글에서 세계경제포럼의 정의는 다음과 같다. "세계경제포럼(World Economic Forum)은 세계적으로 유명한 경제전문가, 국제 정치가, 유명 학자 등이 당면한 건강과 환경에 관한 과제에 대해 토론하는 비영리단체다."

11) 세계경제포럼 홈페이지, http://www.weforum.org (검색일:2011.7.20) 참조.

12) 서울신문, 한국 전자정부시스템 UN평가 첫 세계1위, 2010.1.15, http://www. seoul.co.kr/news/newsView.php?id=20100115002012 (검색일:2011.7.20) 참조.

13) 30위내 국가간에는 편차가 크지 않고 대동소이하게 나타났지만, 아르헨티나(34위), 브라질(33위), 인도(87위), 스페인(39위), 베네수엘라(55위)의 5개국은 30위 밖의 상대적 하위 수준을 보였다. 이들 국가 역시 PSEV 전자투표방식을 적용하고 있는 대표적인 국가들이며, 스페인과 아르헨티나를 제외하고는 전국적 수준에서 PSEV 방식의 전자투표를 실시하고 있다는 공통점을 보이고 있다. 이에 대한 자세한 내용은 조희정, "해외의 전자투표 추진 현황 연구," 앞의 책, 60면.

14) 세계경제포럼(World Economic Forum): 전 세계적, 지역적인 경제의 발전에 관하여 논의하는 독립 회의체이며, 1971년에 설립되어 주요 경제 지표들을 발표하고 있다. 이에 대한 자세한 내용은 세계경제포럼 홈페이지 http://www. weforum.org/en/about/index.htm (검색일:2011.7.20) 참조.

술(Information and Communication Technology)[15] 환경 및 이용도를 중심으로 이루어졌는데, 전체 115개국에 대한 평가 가운데, 대부분의 국가들이 30위 이내의 높은 수준을 보였다.[16]

그러나 전자투표제도를 도입한 국가들이 대부분 정보화 수준이 높다고 해서 정보화 수준이 높은 국가들이 모두 전자투표제도를 도입하고 있는 것은 아니다. 우리나라의 경우에도 정보화 수준은 세계에서 손꼽히지만 아직까지 전자투표제도를 도입하지 않고 있으며 독일, 프랑스 등도 높은 정보화 수준에 비하여 전자투표제도의 도입은 신중한 입장을 취하고 있다.

3) 소결

민주화 수준과 정보화 수준을 평가해 볼 때, 오늘날 적어도 전자투표제도를 도입하기 시작한 국가들은 민주화와 정보화가 30위권 이내 또는 어느 정도의 범위 내에서 존재한다는 점을 알 수 있다. 이것은 전자투표제도의 도입이 민주성과 정치성에 있어서 최소한의 기반은 존재하여야 한다는 점을 전제하기 때문이다.

그러나 한편 자세히 살펴보면, 민주화와 정보화의 수준이 뛰어나다고 모두 전자투표제도를 도입하고 있는 것은 아니며, 각 나라의 국민적 성향에 따라서 차이가 나타난다. 또한 도입하였다 하더라도 전자투

---

15) 위키피디아 백과사전(검색어: 정보통신기술), http://ko.wikipedia.org/wiki/%EC%A0%95%EB%B3%B4_%ED%86%B5%EC%8B%A0_%EA%B8%B0%EC%88%A0 (검색일:2011.4.2) 참조. 글에서 정보통신기술의 정의는 다음과 같다. "정보통신기술(ICT, Information and Communication Technology)은 전기 통신, 방송, 컴퓨팅(정보처리, 컴퓨터 네트워크, 컴퓨터 하드웨어, 컴퓨터 소프트웨어, 멀티미디어), 통신망 등 사회 기반을 형성하는 유형 무형의 기술 분야이다. 넓은 의미의 정보통신 기술이란 정보의 수집, 가공, 저장, 검색, 송신, 수신 등 정보 유통의 모든 과정에 사용되는 기술 수단을 총체적으로 표현하는 개념이다."

16) 30위 밖의 국가로는 아르헨티나(71위), 브라질(52위), 인도(40위), 스페인(31위), 베네수엘라(81위)가 선정되었다. 이에 대한 자세한 내용은 조희정, "해외의 전자투표 추진 현황 연구," 앞의 책, 60면.

표에 대한 국민적 신뢰가 확보되지 않아 사실상 추진이 중단된 사례도 있다.

이러한 면을 고려할 때, 전자투표제도의 도입에 있어서 일정 수준 이상의 민주화와 기술적 수준은 갖추어져야 하지만, 안전성과 신뢰성에 대한 국민들의 신뢰가 없다면 발전하기 어렵다. 따라서 전자투표제도는 국민들의 신뢰를 바탕으로 하여 단계적으로 추진되어야 할 것이다.

2. 도입현황

1) 도입목적

(1) 일반적 도입목적

각 국가의 상황에 따라 전자투표제도의 도입목적은 여러 가지로 나타난다. 그러나 새로운 제도의 시행은 하나의 목적을 위해서가 이루어지는 것이 아니라 여러 가지 측면에서의 목적이 있기 마련이다. 따라서 세계의 전자투표제도 또한 다양한 측면에서의 도입의의를 찾아볼 수 있다.

전자투표제도의 도입목적은 첫째, 국가적 차원에서는 공공영역에 정보통신기술을 도입하는 국가정보화 전략의 한 단계로 볼 수 있다. 오늘날 정보화 시대의 도래 이후, 국가는 서비스의 수용자로서의 시민에게 전자정부와 같은 새로운 정보통신기술을 제공함으로써 국민들의 정보화 수준을 향상시킬 수 있게 된다.

둘째, 경제적 차원에서 전자투표제도는 정보통신 기술시장뿐만 아니라 전자정부 사업 등 공공영역에서도 의미를 가진다. 전자투표제도는 투표의 대상에 따른 유형구분에서 논의된 선거 유형에서 도입될 뿐만 아니라, 한번 도입되면 어느 선거에서나 적용이 가능하므로 기술적·선거관리적 측면에서 시장가치가 높다. 민간영역과 공공영역을 포함하며, 수출 등 대외적 차원의 의미도 있을 것이다.

셋째, 정치적 차원에서 전자투표제도는 투표 과정의 편리성을 증진하여 투표율을 향상시켜 직접 민주주의의 요소를 증진시킴으로써 대의민주주의를 보완하는 역할을 한다. 앞서 살펴본 바와 같이, 전자투표제도는 선거관리가 편리해지고 비용을 절감하게 하여 비효율성의 문제를 극복하게 해주며 국민들의 투표에 대한 관심을 증진시켜 주어 그동안 실질적으로 기능하지 못했던 국민투표·주민투표를 손쉽게 시행하게 하며, 투표율을 향상시킨다. 이에 따라서 주권자인 국민들은 의사를 직접 표현하거나 투표를 통하여 대표자에게 압력을 가하는 방식으로 대표성을 강화시킨다. 그러나 이 과정에서 시민은 전자투표를 통하여 직접 민주주의를 확장하고 투표의 활성화를 통하여 대의민주주의를 강화시켜 더 나은 시민권을 구현할 수 있는 기회라고 볼 수 있게 된다.

넷째, 시민 영역에서 전자투표제도는 시민의 참여를 촉진하여 직접 민주주의의 요소를 강화하고 대의 민주주의를 보완하는 효과적인 장치로서의 역할을 할 수 있다. 정치적 차원에서와 유사한 논리로 국민들의 입장에서는 더 나은 시민권을 구현하는 수단으로서 의미를 가진다.

(2) 전자투표 도입목적

각 영역별로 살펴볼 때, 국회 및 지방의회의 표결에서의 전자투표제도의 도입은 국민적 차원과 정치적 차원에서 중요한 의미를 가진다. 전자투표제도의 도입으로 인하여 국가적으로는 표결을 정확하고 효율적으로 수행할 수 있게 된다. 또한 국민들은 의원들의 투표 참여여부 및 투표결과를 즉시 확인할 수 있어 정보의 활용도를 높일 수 있으며 국회의원들은 책임감을 갖고 표결에 신중하게 참여할 수 있게 된다.

정당의 후보자 선출, 기타 위탁선거 등의 대표자 선출에 있어서는 경제적 측면과 시민적 측면에서 의미가 있다. 특히 이들 선거에서는 인터넷, 문자 메세지 등을 이용하는 3단계 전자투표제도가 도입되어 회의장에 모여서 투표하고 이를 개표하는 과정에서 발생하는 경제적 비용

측면을 해소하면서 투표율을 높일 수 있는 방법으로 인정받고 있다.

국민투표와 주민투표, 공직선거에 있어서의 전자투표제도는 국가적, 정치적, 경제적, 시민적 네 가지 차원에서 모두 중요한 의미를 갖는다. 전자투표를 도입하고 있는 국가들이 제시하고 있는 실질적인 도입목적은 국가적 차원에서는 국가 정보화 전략 및 정부 효율성 증진, 정치적 차원에서는 선거부정 해소 및 투표율 제고, 경제적 차원에서는 선거관리비용 증진 및 효율성 증진, 시민적 차원에서는 투표환경 개선 및 투표율 제고[17]로 나타난다. 이러한 도입목적은 선거에서의 전자투표제도 도입의 필요성을 나타냄과 동시에 민주주의의 실현, 효율성의 증진 등을 위하여 전자투표 도입의 불가피성을 나타낸다고 볼 수 있다.

2) 투표방식

전자투표를 채택한 국가 중 대부분의 국가에서는 기명투표로 이루어지는 의회의 표결에서는 회의장 내의 전자투표제도인 1단계 PSEV 방식을, 정당의 후보자 선출, 기타 위탁선거 등에 있어서는 3단계 REV 방식을 적극적으로 도입하고 있다.

그러나 국민투표와 주민투표, 공직선거와 같은 국민들의 의사를 정책에 반영하거나 대표자를 선출하는 과정에서는 원칙적으로 1단계 전자투표인 PSEV 방식 채택하고 있으며, 3단계 REV 방식을 부수적으로 사용하고 있다. 3단계 REV 방식이 투표의 편의성을 증진시키고 투표관리의 효율성을 높여 투표율 향상을 통한 민주주의의 실천효과가 가장

---

17) 각 나라별 전자투표 도입목적은 각각 다음과 같다.
- 투표환경 개선(15개국): 아르헨티나, 호주, 벨기에, 브라질, 캐나다, 에스토니아, 독일, 일본, 네덜란드, 스페인, 스웨덴, 스위스, 영국, 미국, 베네수엘라
- 투표율 제고(11개국): 캐나다, 에스토니아, 핀란드, 프랑스, 독일, 아일랜드, 일본, 네덜란드, 스위스, 영국, 미국
- 선거관리 비용절약(6개국): 아르헨티나, 핀란드, 인도, 아일랜드, 일본, 스위스
- 국가전략 및 공공효율성 증진(4개국): 에스토니아, 일본, 스페인, 영국
- 선거부정 해소(4개국): 에스토니아, 일본, 스페인, 영국

크게 나타남에도 불구하고 투표의 안전성과 신뢰성에 대한 위험으로 인하여 초기부터 REV 방식을 사용하지 못하고 있는 것이다.

한편, 추진사례가 많아질수록 미처 추진하지 않았던 국가들이 추진 국가의 사례를 보고 전자투표 도입 시에 PSEV 방식의 단점을 미리 보완하고 단기간의 병행단계를 거친 후 REV 방식으로 전환할 것이다. 즉, 새로이 전자투표를 준비하는 국가들은 초기 구축 비용상의 문제로 PSEV 방식의 채택 또는 PSEV 방식과 REV 방식을 병행하는 단계를 생략할 가능성이 높다. 또한 각국의 준비시기가 평균 7년으로 나타난 것을 감안할 때, 최종적으로 안정적인 REV 방식 적용까지 소요되는 기간은 기술발전 속도와 사회적 적응 속도[18]를 감안할 경우 앞으로 4~5년 이상 더 소요될 것으로 보인다.

3) 적용범위

국회 및 지방의회의 표결, 정당의 후보자 경선, 기타 위탁선거에서는 투표에 참여하는 대상이 국회의원 또는 지방의원, 정당 당원, 조합원 등으로 처음부터 정해져 있으므로 적용범위는 특별히 논의되지 않는다. 그러나 공직선거에 있어서는 전자투표의 적용범위는 각 나라별로 지방선거에서 전국선거로, 1단계 전자투표에서 2, 3단계로 변천하면서 각각 변화되고 있음을 알 수 있다.

에스토니아와 같은 소규모의 국가[19]와 스위스, 스웨덴과 같이 지방선거에만 적용한 국가들은 이미 REV 방식 등을 적극적으로 도입하고 있지만 유권자의 수가 많고 적용 규모가 커질수록 REV 방식보다는

---

18) 기술 장치(Technology Devices)와 사회적 적응 속도는 어떤 장치인가에 따라 매우 차이가 나며 디지털 기술은 사회적 적응기간이 매우 빠르다는 조사 결과도 있다. 이 조사에서 미국 인구의 50% 정도가 전화를 받아들이는 데는 71년이 걸렸지만 TV는 18년, 인터넷을 받아들이는 데에는 단 10여 년 정도가 걸렸다. 이에 대한 자세한 내용은 김용철·윤성이, 『전자 민주주의: 새로운 정치 패러다임의 모색』(오름, 2005), 263면.

19) 에스토니아 전체 유권자 수는 1백만 명 내외이다.

PSEV 방식을, PSEV 방식 중에서는 비지정인 키오스크 방식보다는 선거관리자가 직접 감독·관리가 가능한 투표소에서의 터치스크린 방식의 전자투표를 지방선거 차원에서 주로 도입하고 있다. 이는 제한된 지역에서의 시범투표를 충분히 실시하여 시스템의 안전성과 국민들의 신뢰성을 확보한 후[20] 그 범위를 확대해 나가고자 하는 각 나라의 정책적 의사가 반영된 것으로 볼 수 있다.

4) 도입지역 격차

전자투표 추진국가의 지역 분포를 볼 때 북미와 유럽의 비중이 높은 것으로 나타났다. 이는 정보화만을 변수로 보았을 때 여전히 전 세계적인 정보격차(Global Digital Divide)가 높은 현실을 반영하는 것이라고 볼 수 있다. 특히 지역적으로 정보통신기술 선진국인 서구 국가들과 중동 및 아프리카 지역 등 후진국들간의 정보격차 문제는 심각한 것으로 나타났다.

그러나 추진국가들 중에서 지역별 격차를 비교했을 때 정책적인 차원에서는 북미 등에서는 적극적인 도입정책을 추진하고 있는데 반하여 유럽 등 일부지역에서는 기술적 안전성과 신뢰성 확보 이후에 단계적인 도입을 추진하고 있는 것으로 나타났다.

---

20) 조희정, "해외의 전자투표 추진 현황 연구," 앞의 책, 64면.

제2절 미국

1. 국회

1) 도입배경

미국 하원 본회의에서는 대부분의 법안·결의안 등을 호명표결(Roll Call Vote)로 의결하였으나, 지나치게 많은 시간이 걸려 문제되었다. 이러한 시간을 절약하고 투표의 효율성을 높이기 위하여 국회법에서는 1970년 의회 재조직법이 승인되어 1973년부터 전자투표제도를 도입, 시행하고 있다.

2) 주요내용

미국에서는 헌법개정, 대통령의 거부권행사에 대한 법률안의 재의결, 상원에 있어서의 조약비준 동의, 상원에 있어서의 탄핵재판의 판결 등에는 특별의결정족수를 요하지만 그 이외의 모든 문제는 단순다수로 의결한다.

미국 의회의 안건 심의시에 사용하는 표결방법 중 비기록 표결에는 ①전원승인(Unanimous Content), ②구두표결(Voice Vote), ③거수(Show of Hand), ④기립표결(Division or Standing Vote) 등이 있다. 기록표결에는 ①호명투표(Roll Call Vote), ②가부지명표결(the Yeas and Nays Vote), ③기록감표 위원투표(Recorded Teller Votes or Teller with Clerks), ④전자투표(Electronic Vote) 등이 있다.[21]

미국 하원은 정식으로 세 가지의 주요한 투표양식을 사용하지만 종종 하원은 같은 제안에 대해 몇 개의 투표를 하기도 한다. 결정이 이루

---

21) 김재광, 『전자투표의 도입에 따른 관련법제 정비방안』(한국법제연구원, 2002), 55면.

어지기까지 처음에는 단순한 것에서 나중에 갈수록 보다 복잡한 투표
방식을 사용하며 투표의 대다수는 전원위원회에서 법안을 수정하는 경
우에 이루어진다.

3) 투표방법

(1) 실시요건

하원의 기록표결은 거의 대부분 전자투표로 이루어진다. 기립을 통
하여 투표방법을 결정하는 가부지명표결, 의장의 선언 또는 개인 의원
의 요청으로 채택되는 자동호명표결, 투표결과를 녹색(찬성), 적색(반
대), 황색(출석)의 카드에 기록하여 제출하는 기록투표의 세 가지 표결
방식을 채택하면 그에 따라 전자투표장치를 이용한 표결을 하게 된다.

따라서 의장이 의결정족수가 부족하다고 선언하거나, 의원이 의결정
족수가 부족하여 표결실시를 반대하거나 의결정족수가 부족하여 의원
이 가부지명표결을 요구하여 출석의원 5분의 1 이상의 찬성이 있을 경
우, 의결정족수가 충족된 상태에서 의결정족수의 5분의 1 이상이 기록
표결을 요구할 때에는 전자투표에 의한 기록표결이 이루어진다.[22]

(2) 실시방식

전자투표의 본인확인 및 투표방식은 아이디 카드를 이용한다. 즉, 의
원들이 의자의 등받이 위에 설치된 40개의 전자투표장치에 자신의 성
명을 각인한 아이디 카드를 넣는다. 의원이 의제에 대한 자신의 의사표
시를 하기 위하여 버튼을 누르면 의장 책상 뒤의 전광판에는 각 의원의
이름 옆에 찬성을 의미하는 초록색 또는 반대를 의미하는 빨간색의 빛
이 나타난다. 의원들은 또한 전광판에 황색으로 나타나는 '출석'에 투

---

22) 김재광, 『디지털경제의 기반구축을 위한 법제제원사업 세미나 자료집』(한국법
　　제연구원, 2002), 58면.

표할 수도 있다.

의원이 표결의사를 변경하고자 하는 경우 투표개시 후 10분 내에는 아이디 카드를 다시 삽입하여 의사를 변경할 수 있고, 아이디 카드를 가지고 오지 않았거나 투표종료 전 5분 안에 표결의사를 변경하고자 할 경우에는 녹색 또는 적색 투표용지를 배부받아 직원에 제출함으로써 의사를 변경할 수 있다.

4) 효과

전자표결시스템의 설치 이전에는 기부지명 표결은 호명을 통하여 이루어졌으며, 435명의 하원의원을 호명하기 위해서는 30분가량의 시간이 소요되었다. 그러나 전자투표를 실시함으로써 표결시간이 절반 이상 단축되었다.

특히 의사규칙은 의장에게 투표의 연기 등의 문제에 관해 표결을 한꺼번에 모아서 할 수 있도록 시간을 조정하고 있으며 의장은 각 투표를 위해 허용된 시간을 5분까지 줄일 수 있게 되었다. 이에 따라 미국 국회의 의사결정의 효율성이 높으면서 안정적으로 사용되고 있다.

2. 정당경선

1) 도입배경

애리조나주 선거관리위원회는 알래스카 산림지대에 거주하는 사람들을 위해 2000년 1월에 공화당 대통령 예비선거에서 부분적인 인터넷 투표를 사용하였으며,[23] 같은해 3월 민주당 대통령 예비선거에서는 주 전역에서 본격적으로 실시하였다. 이후 텍사스(Texas), 네바다(Nevada), 하와이(Hawaii), 루이지애나(Louisiana)주 내의 많은 지역들

---

23) 임지봉, "미국의 전자투표와 관련한 법제 및 정책 동향," 앞의 책, 17-18면.

이 투표에서 점증적으로 인터넷 투표방식을 채택하게 되었다. 이로 인하여 정당경선에서는 투표방식 중 3단계에 해당하는 인터넷 투표방식이 일반적으로 활용되고 있다고 볼 수 있다.

이 중 최초의 전자투표방식을 인터넷 투표로 채택한 애리조나주의 사례를 살펴본다. 애리조나주에서는 미국에서 최초로 인터넷 투표를 광범위하게 도입하였다. 일반 대중들까지 참여할 수 있었던 선거에서는 모든 등록된 투표자들이 이메일(E-mail)을 통하여 자신의 고유번호(PIN)를 부여받았고 이 고유번호는 투표자의 신원확인을 위하여 다른 개인적 정보들의 조합에 의하여 만들어졌다. 인터넷 투표와 출석투표가 병행되었는데, 인터넷 투표는 4일 동안, 출석투표는 통상적인 관습에 따라서 12시간 동안 진행되었다.

투표는 투표참가율이 기존의 예비선거에 비하여 60%가 증가되었고 투표자들의 80%가 인터넷으로 투표를 하여 상당한 성공을 거두었다고 평가되었다. 특히 이 예비경선에서는 유럽에 주둔해 있던 미군병사들도 이메일로 투표할 수 있게 되어 있었으며 당시 러시아 우주정거장 미르에 머물러있던 미국 우주비행사인 데이브 울프(Dave Wolf)도 우주에서 투표에 참여하였다.

이 선거는 최초의 전국적 규모의 인터넷 선거로서 당시로서는 신생기업이었던 일렉션닷컴(Election.com) 등에 의해 수행되어 전체 77,000의 투표 중 71,952개의 투표가 인터넷을 통하여 이루어졌다.

2) 애리조나주 지방법원의 투표유효판결

그러나 2000년 선거실시 당시 인터넷이 아메리칸 인디언 보호구역에는 잘 보급되어 있지 않아, 컴퓨터에 접근할 수 없는 아프리카-아메리칸, 라틴계 등 소수민족들과 컴퓨터에 자유롭게 접근할 수 있는 투표자들 사이에 불평등을 초래함이 지적되었다. 유권자들은 전자투표가 투표권법(Voting Right Act)에 반하여 소수 유권자들의 투표권을 박탈하였다는 이유로 투표를 중단할 것을 요구하는 소송을 제기하였다.[24]

민주당은 즉시 우편투표, 전화투표도 동시에 시행하며, 기존의 방식대로 출석하여 종이에 투표할 수 있는 장소를 확대하였다고 주장하였으나 비영리기구인 투표자 연합(Voting Integrity Project) 등 원고는 투표장소를 찾기도 어려웠고 전화투표도 복잡하였다고 주장하였다.

이에 대하여 애리조나주 지방법원[25]의 로스네브랏(P.G. Rosneblatt) 판사는 다음과 같은 이유로 투표의 합헌성을 인정하였다. 먼저, 이 투표는 주정부나 국가정부에서 시행한 것이 아니라 민주당 자체에서 시행되었으므로 투표권법이 적용될 수 없다는 것이다. 또한 법원은 원고의 주장대로 이 선거가 대중선거(Public Election)임을 인정하더라도 우편투표와 일정한 장소에의 출석투표를 인정하기 때문에 투표의 중단을 요구할 수는 없다고 판단하여 투표의 중단요구를 거부하였다.[26][27]

3) 평가

애리조나주의 인터넷 투표는 대체로 긍정적인 평가를 받았지만 문제점도 지적되었다. 우선, 일정시간대에 투표자들이 몰리는 경우 문제가 나타났다. 투표가 진행됨에 따라 더 많은 투표자들이 투표를 주관하는 Election.com에 접속하여 예비선거에 표를 던지게 되자, 어떤 경우에는 로그인 하는데 너무 많은 시간이 걸려 시간초과로 로그인이 안되기도 했고 이에 당황한 투표자들이 전화(Help Line)를 걸었고 그 전화도 전화량의 폭주로 통화불능이 되었다.

---

24) Kevin Coleman, "Internet Voting, CRS Report for Congress"(2003), http://www.infousa.ru/information/rs20639.pdf (검색일:2011.8.15) 참조.

25) 사건명: Voting Integrity Project, Lucious Bain et al. vs. Mark Fleisher and the Arizona Democratic Party, US District Court, District of Arizona.

26) 미국정부정보, http://usgovinfo.about.com/newsissues/usgovinfo/library/weekly/aa121899a.htm (검색일:2011.8.15) 참조.

27) 위키피디아 백과사전(검색어: Electronic voting examples), http://en.wikipedia.org/wiki/Electronic_voting_examples#2000_Arizona_Democratic_presidential_primary_Internet_election (검색일:2011.8.15) 참조.

또한 지방법원에 의하여 투표절차가 중단되지는 않았지만 일부 소수민족 등 전자투표에 참여하기 어려운 유권자들은 투표에 불편을 호소하였다. 그러나 서버의 과부하로 인한 문제점들에도 불구하고, 문제는 곧 기술적 복구로 해결되었으며 기록적으로 많은 수의 투표자들이 인터넷 투표로 참여하였다. 이러한 인터넷 투표에의 애리조나 유권자들의 많은 참여는 인터넷 투표의 도입을 고려하고 있던 다른 주들에게 영향을 끼쳐[28] 인터넷 투표제도의 도입에 중요한 역할을 하였다.

3. 학생회장 선거 등

애리조나주의 정당경선에서 인터넷 투표가 무난하게 도입된 이후, 다른 주요 선거에서는 대부분 인터넷 투표제도를 도입하여 활발하게 운영하게 되었다. 특히 미국에서는 www.election.com, www.voteherehere.net 등과 같은 인터넷 투표 사이트들이 정당 내 선거, 협회 회장 선거, 학생회장 선거 등에서 각종 선거와 투표를 대행하고 있다.[29]

4. 공직선거

1) 도입배경

미국에서 전자투표가 도입된 것은 2000년 플로리다 선거에서의 펀치카드 방식의 문제가 전 세계적으로 이슈화되면서 기존에 미국에서 사

---

28) Lynn Burk, Vote Early, Try Often in Arizona, http://wired-vig.wired.com/politics/law/news/2000/03/34830 (검색일:2011.8.15) 참조.

29) 중앙선거관리위원회 전자선거추진협의회, http://www.nec.go.kr/evoting/htm/download/site.html (검색일:2011.8.15) 참조.

용되어 온 방식에 대한 재검토가 필요해졌기 때문이다.[30] 특히 2002년
에는 투표관리시스템 지원을 위한 HAVA(Help America Vote Act)법이
제정되면서 중앙정부뿐만 아니라 각 주정부에서는 적극적으로 전자투
표제도를 도입하기 위하여 노력하였다. 전자투표제도는 투표율 저하
를 해결하기 위하여 그간 높은 비율로 발생한 무효표를 방지하여 유효
투표율 제고로 유도하려는 정책적 의지 또한 작용하였다.

(1) 기존 투표방식에 대한 비판

2000년 대선 당시 민주당의 고어(Al Gore) 후보와 공화당의 부시
(George Bush) 후보가 경쟁을 하고 있는 상황에서 가장 많은 유권자를
보유하고 있는 플로리다 주에서 펀치카드 시스템의 문제가 발생하였다.
1964년에 최초로 사용되면서 1960년대에는 가장 보편적인 방식이기도
했던 펀치카드 시스템은 2000년 당시까지 미국에서 40여 년 동안 사용
된 방식이며, 시스템의 부정확성 등의 문제가 있어왔지만 다른 방식들
에 비해 상대적으로 경제적이라는 이유로 많은 주에서 채택하여 왔다.

구체적으로 1996년 대선에서는 미국 전체의 37.3%가 펀치카드 방식
을 사용하여 당시 가장 많은 유권자가 사용하였는데, 2004년에는 18%로
약 50% 가까이 사용률이 급격히 감소하였다. 1980년대에는 레버머신 방
식과 펀치카드 방식이 다수였지만, 20년이 지난 2004년에는 DRE 방식
과 옵티컬 스캔 방식이 주로 사용되었다. 이는 미국의 투표방식이 전자
투표방식으로 상당히 변화했음을 의미하는 것이기도 하였다.

펀치카드 방식은 보트매틱(Votematic)방식과 데이터 보트(Datavote)
방식으로 구분되어 운영되어 왔는데, 2000년 대선 당시 플로리다 주에서
문제가 된 방식은 보다 많이 사용되었던 보트매틱 방식이었다.

투표과정에서 보트매틱 방식에 의하여 유권자가 투표용지에 지지후
보 부분에 펀칭(Punching)을 하는 과정에서 투표용지가 복잡하여 후보

---

30) 정연정 · 조희정, 『미국 전자투표』(배재대학교 출판부, 2008), 7-12면.

자 이름의 배열의 규칙이 정확하지 않는 등 혼란이 야기되어 유권자는 잘못 펀칭을 하였고, 펀칭한 부스러기도 제대로 처리되지 않아서 결과적으로 유권자의 투표결과를 정확히 산출할 수 없게 되었다. 그 결과, 당시 대선 재검표 과정에서 기존 펀치카드 방식의[31] 종이 부스러기 때문에 약 18만 표가 공식적으로 집계되지 않는 등의 오류가 발생하였다.

2000년 11월 7일, 당시 25개 선거구가 있는 플로리다주를 제외한 투표결과는 전체 538개 선거구에서 고어 267표, 부시 246표로 21표 차로 부시가 지고 있는 상황이었다. 그러나 승자가 해당 주의 모든 표를 가질 수 있는(Winners take it all) 미국 선거제도의 특성상 공화당이 플로리다 주에서 승리하여 25표가 모두 부시에게 간다면 부시는 271표로 승리할 수 있는 상황이었다.

결국 재검표 결과 형식적으로는 부시가 승리함으로써 사태가 종결되었지만, 국민이 아닌 대법원이 대통령을 선택하게 했다는 비판을 받으며[32] 미국 역사상 최악의 선거문제로 평가를 받게 되었다. 또한 이는 펀치카드 시스템의 문제가 제기되면서 동시에 펀치카드 시스템을 교체하는 것에 대한 각 주의 법적 소송이 늘어나는 계기가 되었다. 더구나 플

---

31) 플로리다주는 20년 전인 1980년대에 레버머신 기기를 펀치카드 방식으로 교체하였으며, 그 방식은 보트매틱(Votematic)방식으로서 후보자의 이름이 수직으로 나열된 항목에 펀칭을 하는 방식이었다. 원래는 좌측 정렬로 후보자의 이름을 나열하여 우측에 펀칭을 하는 방식이었지만, 간혹 후보자의 이름이 나열된 페이지가 좌우측 정렬을 함께 사용하는 경우도 있어서 유권자의 혼란을 야기하였다. 2000년 당시 플로리다 주 전체 인구의 61.5%에 해당하는 1천6백만 명이 보트매틱 시스템을 사용하는 15개 카운티에 거주하고 있었다.(Saltman, 2006: 8), 정연정·조희정, 위의 책, 9면에서 재인용.

32) Rick Hasen, "A Critical Guide to Bush v. Gore Scholarship," Loyola law school Public law and legal theory, *Research Paper,* No.2004-2(2004), p. 13 참조. 원문은 다음과 같다. "Three justices issued a concurring opinion, which stated that the recount order issued by the Florida Supreme Court violated Article II of the United States Constitution. The concurrence's theory was that the Florida Supreme Court's recount standards constituted new law, in derogation of the exclusive power of the state legislature to choose the rules for selecting presidential electors."

로리다주 내 전자투표기를 사용한 카운티는 즉시 재검표가 가능했지만 펀치카드 투표기를 사용한 곳에서는 한 달 동안 수작업으로 재검표를 실시해야 하는 등 기존 투표방식의 문제점이 크게 부각되었다.[33] 이와 같은 문제는 플로리다주뿐만 아니라 캘리포니아 주에서도 나타났다.

문제 발생 후 다수가 사용해온 펀치카드 시스템이 문제가 많다는 여론이 형성되었고, 정부에서는 투표방법을 더욱 효율적으로 개선하는 것에 논의를 집중하여 정확하고 신속한 전자투표방식을 대안으로 제시하게 되었다.[34]

이후 2000년부터 2001년까지 2년 동안 의회에는 민주당과 공화당의 의원들이 많은 선거관련 법안들을 제출하였다. 주로 다룬 선거개혁 관련 법안들은 포괄적인 의미에서의 선거제도 관련 문제뿐만 아니라 펀치 카드기를 전자투표기로 교체하는데 연방정부에서 각 주 정부에 지원금을 주어야 한다는 내용이 주를 이루고 있으며, 또한 국방부 등의 특정 부처에서도 전자투표 시험을 해야 한다는 내용 등이 제기되었다.[35]

(2) 무효표 감소

미국에서는 전자투표제도의 도입으로 투표과정상의 오류로 인한 무효표를 줄임으로써 궁극적으로 유효 투표율 상승효과를 기대하였다.

실제로 기존의 투표방식은 3% 정도의 무효표율을 보였었는데 전자투표제도를 도입한 이후 1.6%로 급감하였다. 이렇게 무효표율이 감소한 것은 전자투표제도를 선택하면서 기표의 오류 등으로 인하여 무효

---

33) 미국에서는 우리나라의 경우와 같이 단일적으로 한 개의 전자투표시스템이 사용되는 것이 아니라 각 주 내에서도 카운티별로 상이한 전자투표기를 채택하고 있다.

34) L.D. Norden, Brennan Center for Justice, and Eric Lazarus, *The Machinery of Democracy—Protecting Elections in Electronic World* (Chicago: Academy Chicago Publishers, 2007), p. 19.

35) 조희정, 「미국의 전자투표와 기술 수용 정치: 브라질·에스토니아와 비교를 중심으로」, 서강대학교 정치외교학과 박사학위논문(2006), 130면.

표로 처리되는 경우가 거의 없어졌기 때문이다.

(3) 절차적 정당성 확보

플로리다주 재검표 사건이 계기가 되어 선거제도의 개혁에 관한 문제, 특히 투표방식에 관한 문제가 중요한 의제로 다루어지게 되었다. 특히, 절차적 민주주의에서 안정적인 투표권의 확보 실패는 당파적 이해관계를 뛰어넘어 거시적 차원에서 해결해야 할 중요한 문제로 인식되었다.[36]

기술적인 측면에서 기존 방식의 문제점은 오래전부터 알려진 것이므로 기존의 투표방식을 옵티컬 스캔 방식이나 터치스크린 방식 등으로 교체하여 민주주의 시스템을 회복해야 한다는 의견이 제안되었다.[37] 또한 연방정부도 모든 공직선거를 주정부가 관할하고 있는 현재의 상태를 방임할 것이 아니라 문제 해결에 적극적인 지원과 역할을 할 것이 요구되었다. 투표시스템을 교체하고 선거관리자의 유권자 교육 프로그램에 대한 예산의 지원도 요구되었다.

(4) 투표표준 제정

투표표준이 마련되어야 한다는 요구와 근거는 각 주의 개별적인 시스템으로 인해 활성화되는 것이 아니라 유권자의 혼란이 야기되었기 때문이었다. 이러한 주장에 대해서는 국가표준기술이 지방의 자율성을 감소시키고, 지역별 편차를 모두 반영할 수 없다는 비판이 있었으나, 대체적으로 의회에서 투표표준이 필요하다는 주장이 증가해 투표시스템의 내용, 전자투표의 도입에 관한 논의가 활발해졌다.

---

36) 정연정 · 조희정, 앞의 책, 7-12면.

37) 미국의 찰스 슈머(C.E. Schumer) 상원의원은 이와 관련하여 "미국이 세계에서 가장 오래된 민주주의 국가라고 해서 세계에서 가장 오래된 투표기를 가지고 있어도 된다는 의미는 아니다"고 지적한 바 있다. 이에 대한 자세한 내용은 미국 상원 통상위원회, http://commerce.senate.gov/public (검색일:2011.8.20) 참조.

(5) 유권자 등록제도 개선

선거분야 개혁은 1993년 유권자등록법(National Voter Registration Act of 1993, 이하 NVRA)에 대한 문제에서도 나타났다.[38] NVRA에 의해 실제 등록 유권자는 많이 증가하였지만, 유권자명부 분산 관리로 인해 문제[39]가 발생하였기 때문에 이에 대한 철저한 관리가 필요하였다.

한편 유권자명부의 관리 문제는 특히 소수인종 계층에서 주로 논의되었다. 유권자명부의 등록과정에서 신분확인이 어렵고 유권자가 이주할 경우 정부에서 우편방법으로 이주사실에 대한 본인확인과정을 거쳐 유권자명부를 갱신하게 된다. 이때 주선거위원회의 예산으로는 시행하기 어려워지므로 이를 간소화하여 투표일에도 유권자등록을 할 수 있도록[40] 하거나 유권자 등록마감시간을 연장하는 것이 바람직하다는 논의가 있었다. 1990년대 초반에는 메인주, 미네소타주, 위스콘신주 3곳에서만 주 차원에서 투표일에 유권자 등록을 시작하였으며[41] 2006년에는 9개주, 2009년에는 코네티컷 등 12개 주에서 대통령 선거에 한하여 투표일 유권자 등록을 시행하였다.

---

38) 조희정(2006), 앞의 책, 137면.

39) 유권자 이름이 명부에서 누락되는 경우, 사망한 유권자 및 범죄자로 선거권이 없는 유권자가 등록되어 있는 경우, 두 번이나 세 번 중복되어 유권자명부에 기재되는 경우, 실제 주 전체의 유권자 수보다 등록 유권자 수가 많은 경우 등의 문제를 발생하였으며, 그와 동시에 소극적 등록유권자도 증가되었다. 이에 대한 자세한 내용은 Caltech & MIT Joint Research, *Residual Vote Attributable to Technology: An Assessment of the Reliability of Existing Voting Technologies* (2001), pp. 26-28 참조.

40) 위키피디아 백과사전(검색어: Election Day voter registration), http://en.wikipedia.org/wiki/E lection_Day_voter_registration (검색일:2011.8.20) 참조. 글에서 투표일유권자 등록제도의 정의는 다음과 같다. "미국에서는 유권자가 투표 당일에 유권자등록을 할 수 있도록 하고 있다. 일반적으로는 투표일로부터 15~30일 전에 유권자등록을 하도록 요구하고 있으나, 등록하지 못한 경우에는 투표당일등록은 유효한 신분증을 제시함으로써 즉시 본인을 확인할 수 있게 된다."

41) R. Michael Alvarez and S. Ansolabehere, *California Votes: The Promise of Election Day Registration* (New York: Demos, 2002), p. 8.

(6) 해외주둔 군인과 재외국민 투표권 보장

전자투표의 도입으로 해외주둔 군인과 재외국민의 투표권 보장에 기여한다는 논의가 제시되었다. 이들의 경우, 지역적으로 떨어져 있으므로 직접 투표소에서 투표하기가 거의 불가능하였기 때문이었다.

1986년의 재외국민부재자 투표법에 의해 당시 해외주둔군인을 포함하여 총 6백만 명의 재외국민의 투표권이 허용되었는데, 이 법에서의 핵심 역할은 국방부와 해당 주정부가 담당하였다. 국방부는 재외군인의 투표에 대한 연방투표지원프로그램(Federal Voting Assistance Program, 이하 FVAP)에 의해 재외 군인의 부재자 투표교육을 담당하여 해외거주자에게 투표권을 알리고 투표참여를 독려하며, 주 정부와 함께 등록절차를 간소화하고 부재자 투표를 진행하였다.

FVAP가 정하고 있는 투표 절차에 따르면 우선 유권자 등록을 하고 부재자 투표를 요청하면 지방의 투표담당 사법기관에서 투표용지를 우편으로 받아서 투표한 후 보낸다. 송부된 투표용지는 주와 지방의 투표함에 저장되는 방식으로 진행된다. 해외주둔 군인의 경우는 선거기간 전에 보내지며, 재외국민의 경우는 미국 내 국민보다 시간을 좀 더 주기도 하는데 원거리에 거주하는 경우가 많고 해외의 우편시스템이 다양하기 때문에 운영상의 자율성이 허용되었다.[42]

2000년 대선 이후 부재자 투표 관련법의 변화가 요구되었고, 의회에 제출된 2001년 GAO 보고서[43]에 의하면 군인부재자 투표법(Armed Services Absentee Ballot Act)안과 군인투표개선법(Armed Services Voting Improvement Act)안에서는 국방부에서 전자투표를 연구하여

---

42) 김용철 · 윤성이, 『전자민주주의: 새로운 정치 패러다임의 모색』(오름, 2005), 182면.

43) United States General Accountability Office, Elections: Voting Assistance to Military and Overseas Citizens Should Be Improved, *Report to Congressional Requesters*(2001), http:// www.gao.gov/products/GAO-01-1026 (검색일:2011.8.10)

전자투표시스템을 개발하도록 하고, 이 시스템을 각 주가 채택하도록
하는 방안을 제시하였다.[44]

2) 법적 근거

(1) 투표자지원법

① 제정배경

미국은 각 주에서 선거관리가 독자적으로 이루어지는 분산적인 선거
관리체계를 구성하고 있으므로 선거관리에 대한 연방의 통일적인 법률
은 존재하지 않았다. 다만 연방수준에서 거시적인 차원의 개요를 제시
하면 주 정부에서 이를 대부분 감안하여 자체 법률로 수용하고 있는 상
황이다.

투표자지원법(HAVA, Help America Vote Act)은 2000년 플로리다주
재검사건 이후 의회에서의 논의를 거쳐 2001년에 제정된 법으로 투표
율 하락 및 기존 방식의 문제를 해결하기 위한 제도적 방안으로 제정된
전자투표 도입의 가장 결정적인 근거가 되는 법이다.

전자투표의 도입과 관련하여 각 주에서 기존의 펀치카드 투표시스
템 대신에 DRE나 옵티컬 스캔의 투표시스템을 구입하는 경우 연방정
부 차원에서 지원금을 제공한다는 것이다.

또한 연방 선거의 정보와 평가를 위한 선거지원위원회(EAC: Election

---

44) 독립적인 군인투표법이 아닌 일반적인 선거개혁법인 연방선거개혁법(Federal
Elections Reform Act), 연방선거현대화법(Federal Elections Modernization Act),
투표법(Mark Every Vote Count Act)에서도 재외군인의 투표권 보장을 강조하
였는데, 이와 같은 해외 주둔 군인의 투표권 문제는 이후 국방성에서 추진하는
SERVE(Secure Electronic Registration and Voting Experiment) 프로젝트에 의해
구체화되었다. 이에 대한 자세한 내용은 조희정(2006), 앞의 책, 140면.

Assistance Commission)을 설립하여 보다 신속한 전자투표로의 전환을 시행하도록 하였다. 선거관리의 발전을 위해 각 주에서 일정 정도의 기금을 모금하여 선거기금을 조성하는 것을 제시하고 있는데, 이 기금은 유권자 명부 작성, 유권자의 투표 의욕 고취를 위한 캠페인, 기기 교체, 유권자 확인 과정 개선, 투표관리인 교육, 장애인의 투표편의성 증진, 유권자의 권리와 책임을 위한 교육 등에 사용하는 것이라고 제시하였다.[45]

한편, 연방정부는 법을 통해 각 주에서 선거시스템을 운용하기 위한 최소한의 표준을 마련해야 한다고 하고 이러한 표준의 시행상황을 FEC 와 법무부가 감독하도록 하였다.

② 주요내용

첫째, 투표자지원법은 제101조~106조[46]는 전자투표제도의 도입을 장려하기 위해서 투표기 교체 지원금을 지원한다고 규정하고 있다. 이 지원금은 법안 발효 후 6개월 이내 주지사가 지원하면 표준 이행여부를 검토하여 최소 5백만 달러부터 지불하여 총액은 최대 3억 2,500만 달러의 예산이 책정된다. 주지사는 지원받은 기금으로 법의 요구사항을 이행하고, 선거관리소 개선, 선거관리자 교육, 투표시스템 개선, 유권자 참여 촉진, 장애인의 접근성 향상, 선거부정 감소 등의 사업에 사용해야만 한다. 한편 펀치카드나 레버머신의 교체 비용으로 3억 2,500

---

45) 정연정 · 조희정, 앞의 책, 12-20면.
46) 미국 연방선거위원회 홈페이지 투표자지원법, http://www.fec.gov/hava/law_ext.txt (검색일:2011.8.10) 참조. 원문 제목은 다음과 같다. "Title I-Payments to States for Election administration improvements and replacement of punch card and lever voting machines. Sec. 101. Payments to States for Activities to improve Administration of Elections. / Sec. 102. Replacement of punch card or lever voting machines. / Sec. 103. Guaranteed minimum payment amount. / Sec. 104. Authorization of appropriations. / Sec. 105. Administration of programs. / Sec. 106. Effective date."

만 달러도 지불한다.

둘째, 법 제201조~210조[47]는 대통령과 상원의회의 승인을 얻어 선거지원위원회(EAC)를 설립하고 EAC 표준위원회와 감독기구를 설립한다. 또한 새로운 시스템에서의 보안 문제를 해결하기 위해 기술가이드라인 선정위원회[48]를 설립한다.

셋째, 법 제251조~252조[49]는 선거지원기금으로 2003년에 14억, 2004년에 10억, 2005년에 6억 달러를 조성하여 각 주의 인구대비 비율로 배분하도록 규정되어 있다.

넷째, 법 제261조~265조[50]는 몸이 불편한 장애인의 투표에의 접근을 높이기 위해 필요한 지원을 하도록 규정하고 있다. 각 주의 상황에 따라 2003년에 5천만 달러, 2004년에 2천5백만 달러, 2005년에 2천5백만 달러를 지원한다.

---

47) 미국 연방선거위원회 홈페이지 투표자지원법, http://www.fec.gov/hava/law_ext.txt (검색일:2011.8.10) 참조. 원문 제목은 다음과 같다. "Part 1-Election Assistance Commission. Sec. 201. Establishment. / Sec. 202. Duties. / Sec. 203. Membership and appointment. / Sec. 204. Staff. / Sec. 205. Powers. / Sec. 206. Dissemination of information. / Sec. 207. Annual report. / Sec. 208. Requiring majority approval for actions. / Sec. 209. Limitation on rulemaking authority. / Sec. 210. Authorization of appropriations."

48) 미국 기술가이드라인 선정위원회: Technical Guidelines Development Committee, TGDC

49) 미국 연방선거위원회 홈페이지 투표자지원법, http://www.fec.gov/hava/law_ext.txt (검색일:2011.8.10) 참조. 원문 제목은 다음과 같다. "Subtitle D-Election Assistance / Part 1-Requirements Payments. Sec. 251. Requirements payments. / Sec. 252. Allocation of funds."

50) 미국 연방선거위원회 홈페이지 투표자지원법, http://www.fec.gov/hava/law_ext.txt (검색일:2011.8.10) 참조. 원문 제목은 다음과 같다. "Part 2-Payments to States and Units of Local Government To Assure Access for Individuals With Disabilities. Sec. 261. Payments to States and units of local government to assure access for individuals with disabilities. / Sec. 262. Amount of payment. / Sec. 263. Requirements for eligibility. / Sec. 264. Authorization of appropriations. / Sec. 265. Reports."

다섯째, 법 제271조~273조[51] 및 법 제281조~283조[52]는 지원 프로그램으로서 EAC의 감독으로 투표기술 발전에 2003년에 2천만 달러, 기술 테스트 및 파일럿 프로그램 시행을 위해 2003년에 1천만 달러, 학교 지원금으로 2십만 달러를 지원한다.

여섯째, 법 제303조[53]는 선거부정 방지를 위해 우편을 통한 유권자 등록관리(National Mail Voter Registration Form)를 하도록 규정하고 있다.

일곱째, 법 제701조~705[54]에서는 해외 주둔군인 및 국민의 투표권 확립을 위해 각 주 안에서 동일한 등록양식을 사용한다. 또한 모든 카운티의 투표소에 2006년까지 적어도 1대의 전자투표기를 설치하도록 의무화한다.

---

51) 미국 연방선거위원회 홈페이지 투표자지원법, http://www.fec.gov/hava/law_ext.txt (검색일:2011.8.10) 참조. 원문 제목은 다음과 같다. "Part 3-Grants for Research on Voting Technology Improvements. Sec. 271. Grants for research on voting technology improvements. / Sec. 272. Report. / Sec. 273. Authorization of appropriations."

52) 미국 연방선거위원회 홈페이지 투표자지원법, http://www.fec.gov/hava/law_ext.txt (검색일:2011.8.10) 참조. 원문 제목은 다음과 같다. "Part 4-Pilot Program for Testing of Equipment and Technology. Sec. 281. Pilot program. / Sec. 282. Report. / Sec. 283. Authorization of appropriations."

53) 미국 연방선거위원회 홈페이지 투표자지원법, http://www.fec.gov/hava/law_ext.txt (검색일:2011.8.10) 참조. 원문 제목은 다음과 같다. "Sec. 303. Computerized statewide voter registration list requirements and requirements for voters who register by mail."

54) 미국 연방선거위원회 홈페이지 투표자지원법, http://www.fec.gov/hava/law_ext.txt (검색일:2011.8.10) 참조. 원문 제목은 다음과 같다. "Title VII- Voting Rights of Military Members and Overseas Citizens. Sec. 701. Voting assistance programs. / Sec. 702. Designation of single State office to provide information on registration and absentee ballots for all voters in State. / Sec. 703. Report on absentee ballots transmitted and received after general elections. / Sec. 704. Extension of period covered by single absentee ballot application. / Sec. 705. Additional duties of Presidential designee under Uniformed and Overseas Citizens Absentee Voting Act."

(2) 투표시스템 표준

① 제정배경

투표표준은 1984년 제정된 후, 2002년까지 수정을 거쳐 현재의 표준이 완성되었다. 표준안 작성과 관련하여, 각 주에서 개별 표준을 사용하고 있는데 통일된 국가표준이 필요한가의 문제가 논란의 대상이 되었다. 도입 필요성을 주장하는 입장에서는 각 주가 자율적으로 운영하던 투표표준에 대하여 유권자가 혼란스럽고 개표상의 공정성이 훼손될 수 있으므로 이를 극복하기 위한 방안이라고 설명하였다. 그러나 도입을 반대하는 입장에서는 표준안은 지방의 자율성을 감소시키며 지역별 편차를 모두 반영하여 만들어지기도 어렵고,[55] 또 비용이 많이 들며, 전자투표시스템 관련 시장의 축소 효과가 있다고 주장하였다.[56]

결과적으로 선거의 공정성을 유지하고자 하는 노력으로 전체적으로 의회의 지원을 받은 투표자지원법은 투표표준을 제안하였다. FEC는 표준과 테스트 및 다양한 투표방법에 대한 규약(Protocol)을 발표하였으며, 이 표준과 테스트(Qualification), 확인(Certification), 인증

---

55) 빌 브래드버리 오레곤 전 국무장관은 국가표준의 작성에는 찬성하지만 지역별 차이가 반드시 반영되어야 한다고 주장하였다. 오레곤 주의 경우는 우편투표를 통한 선거가 오랜시간 잘 작동해왔기 때문에 일괄적인 전자투표 적용이 적합하지 않을 수도 있다는 것이 그 근거였다. 그는 오레곤 주에서 다수의 시민이 애용하는 방법이 우편투표방법이지만 전자투표방식을 사용하는 지역도 있기 때문에 국가표준은 그런 측면에서는 도입할 필요가 있다고 주장하였다 이에 대한 자세한 내용은 상원의 통상 · 과학 · 교통 위원회(Committee on Commerce, Science and Transportation)의 107차 의회 청문회(2001년 3월 7일)에서의 빌 브래드버리(Bill Bradbury) 국무장관의 발표, http://www.access.gpo.gov/congress/senate/pdf/107hrg/88291.pdf (검색일:2011.8.12) 참조.

56) 반대설의 논거로는 캐나다 투표시스템이 제시되었는데, 캐나다 선거법은 총선 등 전국단위의 선거에서는 단일의 시스템을 사용하도록 규정하고 있어서 새로운 투표시스템을 채택할 필요는 없지만 전국단위의 선거에만 국한되기 때문에 2000년 11월 27일 선거 전에 시행된 지방선거에서는 2주 동안 마크센스, 터치스크린 DRE 등의 다양한 방식을 수행하였다는 것이다. 이에 대한 자세한 내용은 정연정 · 조희정, 앞의 책, 15면.

(Acceptance)으로 이루어진 테스트 절차는 32개 주에서 채택되었고, 전국 주선거감독관협의회(National Association of State Election Director: NASED)라는 독립적인 테스트 기관에 의해 투표시스템의 발전이 이루어졌다.[57]

그러나 국방성과 전국기술자기구(Institute of Electrical and Electronics Engineers)가 제시한 투표기 기준으로서 보안과 프라이버시 보호, 부재자도 편하게 투표할 수 있는 용이한 시스템, 기록이 허용되는 시스템, 인증관리, 품질확인이 이루어지는 시스템이라는 요건을 완전히 충족시키지 못한다고 판단되어 1997년 FEC는 1990년의 표준을 평가하여 업데이트하였고, 2002년에는 현재의 전자투표시스템의 표준 권고안이 되는 투표시스템 표준이 개정 완료되어 전자투표도입의 조건이 더욱 구체화되었다.

② 주요내용

현재의 표준안은 2002년 4월에 제출된 최종적인 투표표준으로 투표시스템의 기능, 하드웨어의 요건, 소프트웨어의 요건, 원거리통신, 보안사항, 품질관리사항, 사전테스트와 실제 투표 테스트 절차, 사후관리단계의 관리내용 및 투표기 업체들이 제출한 정보와 개별 테스트에서의 유의사항을 포함하고 있다.

(3) 부재자 투표법

미국은 1986년에 거주지에서 투표에 참여할 수 없는 군인과 재외국민을 위하여 '군인 및 외국거주 시민을 위한 부재자 투표법(The

---

57) 연방 표준을 어긴 투표기를 테스트하는 연방의 기구는 없고 독립기관으로서 NASED가 자체투표시스템 위원회(Voting Systems Committee)를 통해 표준에 적합한지 여부를 테스트하도록 되어 있다. 이에 대한 자세한 내용은 정연정·조희정, 앞의 책, 16면.

Uniformed and Overseas Citizen Absentee Voting Act: UOCAVA)'[58]을 제정하여 연방공직자들의 선거에서 각 주와 부속령의 미국 국민이 선거인 등록을 한 후 부재자 투표를 할 수 있도록 하였다. 또한 각 주에서는 주와 지방선거에서 부재자 투표법의 대상이 되는 국민들도 부재자 투표를 인정하는 연방투표지원지침(Voting Assistance Guide)을 제정하였다.[59]

부재자 투표법은 미국 군인 및 상선원(Merchant Marine)과 가족, 미국 이외의 지역에 거주하는 미국 국민들을 대상으로 하며, 주 또는 부속령으로부터 투표용지를 수령할 수 없는 국민들의 투표방법인 '연방기명부재자 투표(Federal Write-In Absentee Ballot: FWAB)'[60]를 규정하고 있다. 연방기명부재자 투표는 ①외국에 위치하여야 하고,[61] ②정기적으로 투표용지를 신청하되 선거일 전 30일까지 지방선거공무원에 의하여 그 신청이 접수되어야 하며, ③신청한 정기적 부재자 투표용지

---

58) 미국 법무부, http://www.justice.gov/crt/voting/misc/activ_uoc.php (검색일:2011.8.12) 참조. 원문은 다음과 같다. "The Uniformed and Overseas Citizens Absentee Voting Act ("UOCAVA") was enacted by Congress in 1986. The UOCAVA requires that the states and territories allow certain groups of citizens to register and vote absentee in elections for Federal offices. In addition, most states and territories have their own laws allowing citizens covered by the UOCAVA to register and vote absentee in state and local elections as well."

59) 미국 연방투표지원 프로그램, http://www.fvap.gov/vao/guide.html (검색일:2011.8.12) 참조.

60) 미국 해외선거재단, https://vhd.overseasvotefoundation.org/ovf/index.php?_m=knowledge base&_a=viewarticle&kbart icleid=23&nav=0,7 (검색일:2011.9.1) 참조. 원문은 다음과 같다. "The Federal Write-In Absentee Ballot(FWAB) is an alternative, downloadable ballot which you can use to vote in General Elections for the offices of President/Vice President, U.S. Representative, and U.S. Senator-as well as the non-voting congressional representatives from the District of Columbia, Puerto Rico, etc. It is accepted by all states and territories. The FWAB is used by overseas voters and active duty uniformed services voters and their families and dependents who have requested, but not received their official absentee ballot in a timely manner."

61) '외국'은 공군우편국(Air Force Post Office: APO) 및 해군우편국(Fleet Post Office: FPO) 주소를 포함한다.

를 받을 수 없는 경우에 한한다.[62]

　부재자 투표법은 '연방정부의 투표지원프로그램(Federal Voting Assistance Program: FVAP)'에 의하여 관리되는데, 프로그램은 ① 전 세계 미국 국민들에게 투표권에 관한 정보의 제공 및 교육, ② 투표참여의 촉진, ③ 연방, 주, 지방에서 행하여지는 선거과정의 무결성을 보장·증진함을 그 목적으로 하고 있다.[63]

　2000년 11월의 미국의 대통령 선거에서는 인터넷을 통한 투표는 원칙적으로는 이루어지지 않았다. 예외적으로 국방성의 '연방투표지원프로그램'에서는 미국 밖에서 근무하는 국방 관련 요원들을 위하여 인터넷 투표를 개발하였다.[64]

3) 실시사례

　플로리다주의 재검표 사태 이후, 공직선거에서 전자투표제도의 도입이 활발하게 추진되었다. 우선 전자투표와 종이투표를 병행하면서 전자투표제도를 발전시킨 후, 차츰 그 범위를 넓혀가 2008년 대통령 선거에서는 전체 유권자의 90% 이상이 전자투표시스템으로 투표를 실시하였다.[65]

(1) 부재자 투표제도

① 개관
부재자 투표법은 '연방정부의 투표지원프로그램'에 의하여 관리되

---

62) 미국 선거사이트 http://www.uselections.com/select_fed.htm (검색일:2011.9.1) 참조.
63) 미국 연방투표지원 프로그램, http://www.fvap.gov/index.html (검색일:2011.9.1) 참조.
64) 김재광, 앞의 책, 55면.
65) 중앙선거관리위원회, 「미국의 전자투표 추진사례 조사결과」(2009), 1면.

는데, 해외에 거주하는 미국 국민들이 인터넷을 이용하여 투표할 수 있
도록 하여, 2000년에 실시된 미국 총선거에서 처음으로 시행되었다.[66]
인터넷 투표는 텍사스주, 플로리다주, 유타주의 소수 카운티와 사우스
캐롤라이나주 전역에 등록된 해외거주 시민들을 대상으로 이루어졌다.
참여한 투표인 모두는 지원자였으며, 신분이 확인된 127명의 유권자
중 104명이 군인, 19명이 그 배우자, 그리고 4명이 민간인이었다. 127명
중 91명만이 시스템을 이용하여 부재자 투표인 등록을 하였으며, 그중
84명이 인터넷 투표를 하였다.[67] 이것이 연방차원에서 인터넷을 이용
한 최초의 선거였다.[68]

② 해외주둔 군인들의 인터넷 투표

2000년 11월 선거 시, 해외주둔 350부대 장병들에게 인터넷 투표권
이 주어진 후, 텍사스와 플로리다 등으로 인터넷 투표는 점차 확대되어
가고 있다. 이 프로그램은 국방부 투표지원프로그램(FVAP)에 의해 운
영되며 부재자나 우편을 통한 투표자를 위한 것이었다. 해외주둔 군인
들은 컴퓨터에 삽입되는 증명서를 플로피 디스크상으로 받는다. 그 정
보는 장병들의 고향에 있는 증명서와 일치하는지 확인된 후, 시스템에
로그온하고 투표를 할 수 있게 한다.

인터넷 투표의 도입 이전에는 해외주둔 군인들의 부재자 투표는 운
반과정에서의 배달 지연 등의 문제발생으로 개표시한 이후에 전달되
어 개표되지 못하는 등 문제점이 많이 발생하였다. 특히 2000년 대통령
선거에서 문제가 되었던 플로리다 주의 경우, 1,500표 이상의 이러한
부재자 투표가 산입될 수 있는지에 대하여 산입될 수 없다는 법원의 판

---

66) Department of Defence, *Voting Over the Internet Pilot Project Assessment Report*
    (2001). p. 1 참조.
67) Department of Defence, *Voting Over the Internet Pilot Project Assessment Report*
    (2001). pp. 1-14.
68) 임지봉, "미국의 전자투표와 관련한 법제 및 정책 동향," 앞의 책, 100면.

결을 받았다. 이에 따라 연방의회는 2002년의 중간선거 때에는 해외 주둔 장병들에게 인터넷 투표가 실시되어 개표에 쉽게 산입될 수 있게 될 법적 토대를 마련하였다. 군인들의 해외 주둔이 그들의 선거권을 박탈하는 결과를 가져올 수는 없기 때문이다.

미 국방성(DOD)의 연방투표지원프로그램(Federal Voting Assistance Program)은 2000년 대통령선거에서 제한적인 인터넷 투표 실험을 한 바 있다. 미국 내외에 주둔하는 일부 장병들의 표가 인터넷을 통해 플로리다주(Florida), 유타주(Utah), 텍사스주(Texas), 사우스 캐롤라이나주(South Carolina)의 개표공무원들에게 안전하게 보내져서 데스크탑 컴퓨터나 전자적 간이 투표장치들(Electronic Kiosks)이 해외에서의 투표소의 역할을 한 것이다. 그리고 군대의 광범위한 연락체계로 전자투표의 결과는 세계 어디에서든지 선거본부에 바로 전달이 될 수 있었다.

이러한 도입 이후 2004년, 2008년 대통령 선거에서도 해외주둔 군인들의 부재자 투표는 성공적으로 시행되어[69] 수천 명의 유권자들이 직접 투표를 하였고 이 중 처음으로 투표를 하는 사람이 26%였다. 인터넷을 이용한 군인들의 부재자 투표 경험은 미래의 그들의 투표성향에도 영향을 미칠 수 있는 중요한 계기가 되고 있다.[70]

---

69) 『동아일보』, "해외주둔 미군 부재자 투표 순조," 2008.10.16; http://www.donga.com/fbin/out put?f=dH_&n=200810160263 (검색일:2011.9.1) 참조.

70) 미국 선거재단, http://www.votetrustusa.org/index.php?option=com_content&task=blogcategory&id=151& Itemid=1221 (검색일:2011.9.1) 참조. 원문 내용은 다음과 같다. "Over 2 million visitors have come to the OVF website, or an OVF hosted website in 2008. The month of September averaged 25,000 visits per day to the combined total of 17 OVF hosted websites. Of the tens of thousands of voters that OVF has helped to register, 26% are first-time voters, for 70% this is the first time they will vote from overseas, and 35% are under 30 years of age. The voting experience of these new and young voters is significant as it may affect their inclination to vote again in the future."

(2) 캘리포니아주

① 경과

캘리포니아주에서는 2000년 시범적으로 인터넷 투표가 실시되었다. 새크라 멘토(Sacramentro), 산 만테오(San Mateo), 샌디에고(San Diego), 콘트라 코스타(Contra Costa) 카운티의 유권자들은 전통적인 투표방식으로 투표를 하면서 공식적으로 집계되지 않는 인터넷 투표를 실시하였다. 이후 리버사이드(Riverside)카운티는 처음으로 종이없는 인터넷 투표를 실시했고 거의 오류없이 개표절차까지 완료되었다. 투표자들은 715개의 투표소에서 ATM과 같은 투표장치에 터치스크린 방식으로 투표를 했으며, 투표결과를 기록하기 위해 컴퓨터에 의해 읽혀지는 카트리지를 사용했다.

이후인 2005년 캘리포니아주에서 시행되는 모든 선거에서 DRE(Direct Recording Electronic)에서 발급된 투표자 확인종이를 필수적으로 요구한다고 규정한 SB370[71] 법률안이 채택됨으로써 전자선거에 대한 안전성 보장기준이 마련되었고 전자투표는 보다 보편적으로 시행되기 시작하였다. 2010년 캘리포니아 상원의원 선거 등에 있어서도 전자투표기준에 따라 검증이 가능한 범위 내에서 전자투표는 안정적으로 시행될 예정임을 밝힌 바 있다.[72]

② 평가

캘리포니아의 경우 다른 주에 비하여 주민들의 참여와 관심도가 높았으며 안전성에 관한 기준, 장애인을 위한 투표시스템의 마련, 소수

---

71) 미국 신뢰선거재단, http://www.verifiedvotingfoundation.org/article.php?id=6304 (검색일:2011.9.1) 참조.
72) 캘리포니아 전자투표기준, http://www.sos.ca.gov/elections/elections_vs.htm (검색일:2011.9.1) 참조.

언어사용자들을 위한 접근권 확대, 선거관리자들의 투표참여율 확대[73] 등의 측면에서 연구와 개발이 계속되고 있다. 캘리포니아 주법에서와 같이 검수가능성이라는 안정성 기준을 확립한 이후의 전자투표제도의 활성화는 전자투표에 대한 심리적 저항감을 줄이고 신뢰도를 높일 수 있게 되었다.

(3) 플로리다주

① 경과

플로리다 주는 1988년 해외거주 부재자 편의를 위해 인터넷 투표를 도입한 후, 1989년 주법으로 플로리다 투표시스템 표준(Florida Voting System Standards)[74]을 제시하고 주정부는 오직 표준안에 부합하는 시스템만을 구입하여야 한다고 규정하였다. 이 규정은 2001년 11월과 2004년 5월에 각각 수정되었다.

2000년 11월 대선과정에서는 펀치 카드 방식의 문제를 수정하여 투표를 시행하였고 2002년 9월 10일 예비선거에서는 유권자의 약 60%가 새로운 장비를 통해 투표하였다. 약 10만 명이 새로운 시스템을 사용하였지만 투표장비로 인해 안전성 등의 많은 문제가 제기되었다.

또한 2004년 1월 시행된 플로리다 하원의원 특별선거에서는 전자장비를 활용하였지만 당선자가 단지 12표 차이로 승리했기 때문에 134명의 투표결과가 기록되지 않아서 문제가 발생하였다.[75] 이에 따라 2004년 주 정부에서는 11월 대선에 보안성과 신뢰성을 이유로 전자투표기

---

73) Derra Bowen, Top-to-bottom review of electronic voting systems certified for use in California elections(2007), pp. 2-6, http://www.sos.ca.gov/elections/voting_systems/draft _top_to_bottom_review.pdf (검색일:2011.9.1) 참조.
74) 플로리다 투표시스템 표준, http://election.dos.state.fl.us/voting-systems/pdf/dsde101Form.pdf (검색일:2011.9.1) 참조.
75) 정연정 · 조희정, 앞의 책, 25면.

사용을 금하거나 엄격한 요건을 붙여 제한하기로 결정하였다.

　2006년 11월 예비선거에서는 브로워드 마이애미 데이드 카운티에서 스크린상에 후보자를 제대로 보여주지 못하는 오류가 발생하였다. 그러나 주지사는 2시간정도 더 연장한다고 해서 선거결과에 변화는 없을 것이라고 잠정적으로 결론내리고 지연 시간을 충당하기 위해 투표시간을 연장하지 않기로 결정했다. 이러한 문제로 인해 일부 지역에서는 다시 종이투표를 사용하는 상황이 발생하기도 하였다.[76)

　한편 2008년 7월 주법의 개정에 따라 대다수 카운티(67개)가 옵티컬 스캔 방식을 채택하여 2008년 시행된 대통령 선거에서는 옵티컬 스캔 방식이 주로 시행되었다. 옵티컬 스캔의 가장 큰 문제점은 투표용지 걸림현상(Paper Jam)이나, 이 선거에서 그 발생빈도가 미약했으며, 사용 시 문제가 발생하면 제조사와 협력하여 즉시 해결함으로써 문제가 거의 발생하지 않았다. 특히 옵티컬 스캔이 투표용지를 제대로 인식하지 못하여 유무효를 판정할 수 없는 경우, 주에서 규정한 유무효기준에 의해 판정함으로써 문제발생에도 즉각 대응할 수 있었다.

　각 카운티 선거위원회는 독자적으로 옵티컬 스캔을 구매하고 투표용지를 제작하며, 옵티컬 스캔에 필요한 선거환경 마련은 각 카운티 선거위원회에서 담당함으로써, 업무를 분담하였다. 유권자 1인당 평균 투표 소요시간은 5분이며, AutoMark는 시각장애인 등을 위한 것이나, 일반 유권자가 희망하면 사용할 수 있었다. 특히 기술자들은 지정된 지역에 상주하며 투표소에 문제가 발생하면 문제의 난이도에 따라 수리 또는 기계의 교체여부를 결정하였다.[77)

---

76) 『헤럴드경제신문』, "전자투표기 한때 오류-마감시간 연장도," 2006.11.8, http://news.naver.com/main/read.nhn?mode=LSD&mid=sec&sid1=101&oid=016&aid=0000225033 (검색일:2011.9.1) 참조.

77) 중앙선거관리위원회, 「미국의 전자투표 추진사례 조사결과」(2009), 2-3면.

② 법원의 입장

(a) 2000년 연방대법원 판결의 의미

지난 2000년 미국 대통령 선거에서의 후반부까지의 집계에서, 고어는 총 득표수에서 부시를 앞섰으며 선거인단 수에서도 267 대 246으로 앞서고 있었다. 그러나 최종적으로 25명의 선거인단이 걸려있는 플로리다주에서 투표결과에 대한 문제가 발생하였다.

플로리다주의 최초 개표결과는 부시가 고어를 1674표 차이로 앞섰다. 그러나 격차가 0.5% 이내인 경우 기계로 재검표를 하여야 한다는 주법에 따라 재검표를 실시한 결과 격차는 327표로 줄었다. 이에 고어는 다시 수작업 재검표를 청구하였는데 재검표가 7일 이내에 종료되어야 한다는 주법을 지키기 어려운 상황이었다. 이에 주법원은 한 차례 연장해준 시한이 끝나도 재검표가 마무리되지 않자 주 국무장관은 537표차로 부시의 승리를 선언하였다.

그러나 주 대법원은 고어의 이의를 수용하여 주 전체에 걸쳐 전면적인 재검표를 실시할 것을 명령하였다. 이에 부시가 연방대법원에 상고하여 주법원이 개표시한을 임의로 연장할 수 없으며, 각 개표소마다 수작업 개표에 관한 통일적인 기준이 없는 상태에서 수작업 개표를 전면 실시할 경우 개인의 투표결과가 불평등하게 처리되는 위헌적인 상황이므로 수작업 개표가 중단되어야 한다고 주장하였다. 연방대법원은 플로리다 주법원의 개표시한 연장조치가 위법이며 전면적 재검표는 평등의 원칙에 반한다는 판결을 선언하여 부시의 손을 들어주었다.[78]

이 판결로 인하여 플로리다주는 펀치카드 투표시스템에 대한 개선이 필요하다는 공감대를 가지게 되었고 전자투표의 도입에 가장 적극적인 입장을 취하게 되었다. 따라서 2002년 선거 이후부터는 전자투표제도

---

78) George W. Bush v. Albert Gore, http://laws.findlaw.com/us/000/00-949.html (검색일:2011.9.1) 참조.

의 도입에 적극적인 입장을 취하게 되었다.

(b) 2004년 전자투표 결과 기록누락에 대한 법원의 판단

2004년 실시된 플로리다 하원의원 선거에서는 모두 1만 1천여 명의 유권자가 투표를 실시했으나 불과 12표 차이로 당선자가 가려지게 되었다. 그러나 무효표는 137표가 나왔다. 이렇게 근소한 표 차이가 나면 주 선거법상 자동으로 재검표를 실시하여야 하나, 전자투표제도를 실시하였으므로 재검표할 투표용지가 없어서 문제가 되었다.

이후 플로리다 주정부에서 전자투표기의 사용을 엄격히 금지하기로 한 것에 대하여 미국 장애인협회에서 전자투표기의 사용이 장애인들의 투표편의성을 증가시킨다는 이유로 지방법원에 소송을 제기하였다. 법원은 투표용지에 대한 재검표가 필요하나 이러한 유형의 전자투표에서는 재검표가 불가능하므로 전자투표기의 사용을 금지하거나 엄격히 제한하는 주정부의 결정에 대해 적법하다고 판단하였다.

③ 평가

플로리다주의 경우 2000년 대통령 선거에서 최악의 재검표 사태를 경험한 투표제도의 개선을 위하여 많은 노력을 기울여왔다. 이러한 노력의 결과로 전자투표제도의 도입은 적극적으로 검토되었다. 그러나 터치스크린 방식이 도입된 2004년 1월 하원의원 선거에서는 134명의 투표결과가 기록되지 않았으며, 2006년 예비선거에서는 투표기기의 오류가 발생하는 등 문제점이 나타났다.

이에 따라 주정부는 터치스크린 방식 대신 옵티컬 스캔 방식을 채택함으로써 기존 펀치카드 시스템에 비하여 무효표가 감소하면서 문제 발생에도 대응할 수 있도록 대비하였다.

(4) 조지아주

① 경과

조지아주는 2002년 HAVA 제정 이후, 여러 주 가운데 맨 처음으로 구형 투표기를 새로운 전자투표기인 터치스크린 방식으로 교체하였다. 미국 선거 역사에서 조지아주는 특별한 평가를 받고 있는데, 1964년 당시 조지아주 내의 디캘브(Dekalb) 카운티와 풀턴(Fulton) 카운티가 선거에서 컴퓨터를 사용한 미국 최초의 지역이었기 때문이다. 즉, 미국 최초로 법적으로 허용된 펀치카드 투표시스템을 사용한 지역이다.

2001년 시민단체인 ACLU(American Civil Liberties Union)[79]는 조지아주의 유권자를 대표하여 투표에서 소수자 차별을 근거로 주정부를 고소하였다. 이에 대해 2001년 조지아주 의회는 21세기 투표위원회(21st Century Voting Commission)를 설립하는 상원법안 213을 통과시켰고, 이 위원회는 모든 투표시스템들을 고찰하고 의견서를 제출하는 임무를 부여받았다.[80] 2001년 11월 조지아주의 13개 도시들이 6개의 서로 다른 NASED가 인증하고, 주에서 인증한 DER 시스템을 이용하는 파일럿 프로젝트에 참가하였고, 1년여에 걸친 연구와 평가작업 끝에 2002년 1월에 21세기 투표위원회에 전자투표시스템을 만장일치로 추천하였다.[81]

---

79) 위키피디아 백과사전(검색어: American Civil Liberties Union), http://en.wikipedia.org/wiki/American_Civil_Liberties_Union (검색일:2011.9.1) 참조. 글에서 ACLU의 정의는 다음과 같다. "The American Civil Liberties Union (ACLU) consists of two separate non-profit organizations: the ACLU Foundation, a 501(c)(3) organization which focuses on litigation and communication efforts, and the American Civil Liberties Union, a 501(c)(4) organization which focuses on legislative lobbying. The ACLU's stated mission is "to defend and preserve the individual rights and liberties guaranteed to every person in this country by the Constitution and laws of the United States."

80) 박해영,「전자투표를 통한 국민주권의 실현방안 연구」, 창원대학교 대학원 박사학위논문(2007), 129면.

81) 정연정 · 조희정, 앞의 책, 25면.

2002년 11월 2일의 총선에서는 터치스크린 방식으로 새롭게 투표기 교체 후 전국에서 기권율이 높은 주에 속하던 조지아주의 투표 기권율이 급격히 하락하여 성공적으로 전자투표를 실시한 주로 평가된다.[82] 이 선거에서 대부분의 노인이나 장애인들도 새로운 터치스크린 방식의 전자투표시스템에 만족감을 나타냈으며, 이전의 기권율은 5분의1 정도로 급감하였다.[83]

2006년 현재 주 전체가 터치스크린으로 전자투표기를 교체하였다. 이때 주 선거위원회 및 대학 연구기관 등이 159개 카운티 시스템에 대해 기술 지원하였으며, 특히 케네소(Kennesaw) 주립대에서 2002년 세운 선거시스템센터(The Center for Election Systems)는 조지아주의 159개 카운티의 전자투표시스템을 검사하여 2002년 선거에 사용된 터치스크린, 인코더, 옵티컬 스캔 리더, 서버 등을 검사하였다. 또한 연구소에서는 테스트뿐만 아니라 선거관리 과정, 새로운 투표관리인 교육 코스 등을 통해 투표관련 스탭들의 교육도 담당하고 있는데 2003년 조지아주는 64시간 교육 코스를 개발했다. 이 코스는 선거법, 윤리, 선거과정, DRE 기술 등에 대한 학습과정을 포함하고 있다.[84]

② 평가

조지아주는 시민단체인 ACLU의 제소로 인하여 모든 투표시스템을 전문가 집단이 평가하여 안전성이 가장 높은 시스템으로 전자투표를

---

82) 2000년 Caltech의 보고서에 의하면 전국 평균 기권율은 1.9%였는데 조지아주는 3.5%로서 전국에서 기권율 순위 3위에 랭크되고 있었다. A Wake-Up Call for Election Reform and Change 라는 보고서는 조지아주 내의 159개 카운티별로 기권율이 상당히 상이함을 지적하였는데, 똑같은 투표시스템(펀치카드, 옵티컬 스캔, 종이투표 등)을 사용하는 카운티 내의 각 선거구들에서조차 기권율이 상이하게 나타나고 있었다. 이에 대한 자세한 내용은 정연정·조희정, 앞의 책, 27면 참조.

83) 1996년 기권율은 4.8%였는데 2002년에는 0.8%로 나타났다. 이에 대한 자세한 내용은 정연정·조희정, 앞의 책, 27면 참조.

84) 박해영, 앞의 책, 130면.

선택하였다. 특히 선거위원회 및 대학 연구기관 등이 선거에 사용된 터치스크린, 인코더, 옵티컬 스캔 리더, 서버 등을 검사하면서 투표 관련자들의 교육도 담당하여 선거에 관한 교육코스를 개발하는 등 유권자들의 인식을 확산시킨 점도 본받을 만하다.

제3절 독일

1. 공직선거

1) 도입배경

독일의 전자투표제도는 1990년대 중반 이후 국가전략과 정책적 차원에서 전자투표의 필요성과 도입을 주장하는 논의가 시작된 이후, 1998년 연방하원 조사위원회에서 '새로운 기술의 활용과 도입시에 국가행위의 목적은 시민들이 정치적 의사결정과정에 적절히 참여할 수 있게 하는 것'이라는 목적하에[85] 전통적인 투표소 투표와 우편투표 이외에 인터넷을 통한 전자투표 실시를 권고하면서 논의가 시작되었다.

독일은 모든 선거가 동시에 실시되지 않기 때문에 각 주별로 연방의회 선거 및 유럽의회 선거에서 전자투표 제도를 시범 적용한 후 기초자치단체선거에 단계적으로 도입하는 점차적인 확대방식을 취하였다. 구체적으로는 1999년 5월 네덜란드의 네답[86]사가 ESD1형 전자투표기 사용에 관하여 허가를 신청하여 연방내무부의 허가를 받았다. 그 허가

---

85) 중앙선거관리위원회, 『해외 전자투표사례 비교연구』(대종문화사, 2007), 156면.

86) Nedap사 투표기기 설명, http://www.election-systems.eu/verkiezings-systemen (검색일:2011.9.1) 참조.

에 따라 1999년 6월의 유럽의회 선거 때부터 전자투표기가 사용되었으며, 이후 기초자치단체의 선거에 전자투표기가 사용되었다.

2002년 연방의회선거에서는 29개의 기초자치단체의 1400여 개 투표구에서 전자투표가 이루어졌는데 그중 65개의 시와 구가 포함되었으며, 2002년 이래 전자투표기로 대체된 투표구에서 전체 6190만 유권자의 5%가 전자투표방식으로 투표하였다. 또한 2005년 연방의회 선거에서는 전체 80,000여 개의 투표소 중 1,800여 개의 투표소에서 약 250만 유권자의 투표가 전자투표방식으로 이루어졌다.

그러나 2007년, 독일의 정치학자 요아힘 비스너는 전자투표가 헌법에 위반된다고 헌법소원을 청구하였으며, 헌법재판소는 2009년 일반대중이나 선거기구에서 전자적으로 기록된 투표나 투표결과에 대해 검사할 수 없는 전자투표제도는 위헌이라고 판시하여 전자투표제도의 도입에 신중한 입장을 보였다.

2) 법적 근거

(1) 연방선거법

독일은 1998년, 독일연방선거법(BWG) 제5장 선거행위(Wahlhandlung)에서 투표용지에 의한 투표(제34조), 우편투표(제36조) 외에 제35조[87]에서 투표기기(Wahlgeräte)를 활용해 투표를 할 수 있도록 규정하였다.

법은 투표와 득표수의 계산 편의를 위해 투표기를 사용할 수 있다고 하여 투표기 사용의 원칙을 규정하면서, 투표기기에 대해서는 비밀이 보장되어야 하며, 공식적인 승인을 필요로 한다고 규정하였다. 기타 투표

---

87) 독일 연방선거법 규정은 다음과 같다. 중앙선거관리위원회, 독일 연방선거법, 2004, 81-82면 참조.
  연방선거법 제35조(투표기에 의한 투표) ① 투표와 득표수의 계산 편의를 위하여 투표용지, 투표함 대신에 투표기(Wahlgeräte)를 사용할 수 있다.

기기의 인증 및 사용승인, 절차 등은 연방내무부장관의 법규명령으로 규정하도록 하였으며, 한편으로 대리투표도 인정하도록 규정하였다.[88]

(2) 연방투표기규칙

연방내무부는 연방선거법 제35조 제3항에 따라 1999년 유럽의회 선거에 앞서 연방의회 선거와 유럽의회 선거를 위한 전자투표기 도입에 관한 규칙(BWahlGV)[89]을 개정해 전자투표가 가능하도록 하였다. 연방

---

88) 독일 연방선거법 규정은 다음과 같다. 중앙선거관리위원회, 독일 연방선거법, 2004, 81-82면 참조.
   연방선거법 제35조(투표기에 의한 투표) ② 제1항의 투표기는 투표의 비밀이 보장될 수 있는 것이어야 한다. 투표기는 연방하원의원선거에서의 사용을 위해 개개의 선거 또는 전체 선거에 대하여 공식적으로 승인되어야 한다. 연방내무장관은 투표기 제작자의 신청에 따라 그 승인여부를 결정한다. 공식적으로 승인된 투표기의 사용에 대하여는 연방내무장관의 허가를 필요로 한다. 허가는 개개의 선거 또는 전체 선거에 대하여 내려질 수 있다.
   ③ 연방내무장관은 연방상원의 동의없이 법규명령으로 다음 사항을 상세히 규정할 수 있는 권한을 가진다. 1. 투표기 제작에 대한 공식적 허가 및 취소, 그 철회의 요건 / 2. 제작의 허가에 대한 절차 / 3. 허가한 기준에 부합하는지의 시험절차 / 4. 사용이전에 투표기의 공개실험 / 5. 공식적인 사용 허가 및 취소, 그 철회절차 / 6. 투표기의 사용을 통해 발생한 선거와 관련되는 특수성. 이 법규명령은 제1호와 제3호의 경우 연방경제노동장관의 동의에 의하여 발하여진다.
89) 독일 연방의회선거와 유럽의회 선거를 위한 전자투표기 도입에 관한 규칙(BwahlGV)은 다음과 같다. 중앙선거관리위원회, 「독일 연방선거법」(2004), 81-82면.
   ① 허가의무
   투표에 있어 투표용지의 교부 또는 투표수 계산을 위한 기계식 혹은 전자식으로 제작된 투표기기를 연방의회선거에 사용함에 있어서는 그의 제작방법에 관하여 사전에 허가를 받아야 하고, 또한 제작된 전자투표기의 실제 사용에 관하여 인가를 받아야 한다.
   ② 제작방법의 허가부여
   (1) 특정한 투표기의 제작방법에 대해서는 제작업자의 신청에 따라 연방내무부가 허가할 권한을 가진다. 허가를 함에 있어서는 연방의회 선거 및 기타 투표에 사용되기에 적합한 방법으로 투표기 제작방법이 특정되어야 한다. 투표기 제작방법의 허가와 제작된 투표기의 사용 인가는 별개로 취급한다.
   (2) 투표기 제작방법에 관한 허가를 위하여는 신청자의 비용으로 연방 과학기술원(PTB)의 물리적-기술적 시험을 통과하여야 한다.(후략)
   (5) 연방내무부는 투표기 제작허가에 관한 내용을 관보에 게재하여야 한다.

투표기규칙에서는 투표기의 사용에 관한 인가, 연방과학기술원(PTB: Physikalisch-Technische Bundesanstalt)의 시험통과 의무, 투표기 제작방법 허가의 무효 · 소멸 · 철회에 관하여 규정하고 있다.

① 투표기기 인증 및 사용승인

(a) 형식승인 신청 및 인증

투표기기 제작회사는 연방내무부장관에게 투표기기 형식승인을 신청하며, 신청시 투표기의 기종 설명서, 설계도, 투표기 견본 1대 등을 함께 제출하여야 한다. 연방과학기술원은 신청자의 부담으로 투표기기에 대한 테스트를 시행한다. 이때 주요평가항목은 득표수의 정확한 집계, 투표결과의 정확한 저장, 투표비밀의 보장, 투표기의 편의성, 긴급상황 혹은 돌발상황 발생시의 시스템의 안정성, 투표소 환경에 구애받지 않는 기술적 · 전자기적 안정성 등이다.[90] 연방내무부장관은 연방과학기술원의 기술적 · 기능적 사항에 대한 검토결과를 바탕으로 투표기의 인증여부를 결정하므로 연방과학기술원의 결정은 투표기 인증에

---

③ 투표기 제작 허가의 무효, 소멸, 철회
 (1) 전조 2항 1문의 시험을 거치지 않은 허가는 무효로 한다.
 (2) 기기의 변경을 통하여 투표 교부 및 집계에 영향을 주었다면, 그 범위 내에서 당해 투표기 제작방법의 허가는 소멸한다.
 (3) 투표기 제작방법에 관한 허가가 연방의회선거법의 개정으로 그 선거방식에 적합하지 않게 될 때에는 연방내무부에서 당해 허가를 철회할 수 있다. 단, 철회는 사후보정으로 인하여 취소될 수 있다. (후략)

90) 위키피디아 백과사전(검색어: Certification of voting machines), http://en.wikipedia.org/wiki/Certification_of_voting_machines (검색일:2011.9.1) 참조. 자세한 시험목록은 업무상 비밀을 이유로 비공개되고 있으나 전자기유도 측정방식(EMV-Messung)이 시험의 주요한 부분을 차지하고 있는 것으로 알려지고 있다. 글의 설명은 다음과 같다. "In Germany the Physikalisch-Technische Bundesanstalt is responsible for certification of the voting machines for federal and European elections. The respective law is the Bundeswahlgeräteverordnung ("Federal voting machine edict"). The only machines certified so far are the Nedap ESD1 and ESD2."

중요한 역할을 한다.

(b) 투표기기 선정 및 사용공고

연방내무부는 형식승인을 받은 투표기를 대상으로 투표일을 결정한 후에 선거에 사용할 투표기를 선정한다.[91][92] 형식 승인이 이루어진 후 제작사 등이 투표기의 구조 및 기술상의 특성을 변경하는 경우에는 다시 연방과학기술원의 테스트를 거쳐야 하며 형식승인을 받은 모든 투표기에는 형식 동일표시를 첨부하여야 한다. 사용이 허가된 투표기는 재선거나 보궐선거 등에서도 사용될 수 있으며, 투표기 사용의 결정을 각 주의 내무부 장관에게 통지하고 연방관보에 공고하여야 한다.

② 장비의 구매, 보관, 유지·보수

전자투표시스템 구축방안으로서 구매 또는 대여 여부는 해당 지방자치단체의 권한으로 위임되어 있다.[93] 연방투표기규칙 제15조 제3항에 따라 시험검사를 마친 전자투표기는 봉인되며, 제16조 제2항에 따라 기초지방자치단체와 기초자치단체 선거관리위원회가 봉인된 투표기에 비권한자의 접근을 통제하는 조치를 취한다. 특히 투표기의 절도나 손괴행위는 일반법에 따라 처벌된다. 또한 선거기간 중 전자투표기

---

91) 현재 독일 연방내무부로부터 제작허가를 받은 유일한 방식은 Nedap/HSG 주식회사의 통합선거시스템 방식으로써, 전자투표를 실시하기 위한 하드 또는 소프트웨어뿐만 아니라, 하나의 선거의 준비와 기록보전을 위한 소프트웨어를 포함하고 있다. 한편 2005년 연방의회 총선거에서는 Nedap사의 ESD1 형 혹은 ESD2 형의 투표기가 사용되었다.

92) 위키피디아 백과사전(검색어: Certification of voting machines); http://en.wikipedia.org/wiki/Certification_of_voting_machines (검색일:2011.9.1) 참조. 글의 설명은 다음과 같다. "The only machines certified so far are the Nedap ESD1 and ESD2."

93) Cottbus시가 기존 임대사용하던 전자투표기 74대를 214,000유로에 구매하려던 계획에 따르면 투표기의 대당가격은 2,891유로로, 한화 약 361만 원 정도이다. 이에 대한 자세한 내용은 중앙선거관리위원회, 『해외 전자투표사례 비교연구』, 156면.

의 관리책임을 각 시나 자치단체가 부담한다.

3) 법적 쟁점

(1) 보안성 확보

독일 시민단체와 해커그룹인 CCC(Chaos Computer Club)[94]에 의해 독일에서 사용되는 네답(Nedap)사의 제품인 ESD1, ESD2와 유사한 모델인 ES3B가 해킹이 가능하다는 문제가 제기되면서 보안성 논란이 일어났다. 제기된 문제점은 전자투표기에 사용되는 열쇠가 쉽게 복제가 가능하며, 유권자의 선택, 모니터 출력내용, 기계에 저장되는 내용 간에 차이가 있다는 점 등이었다. 특히 보안과 관련하여 독일연방선거법은 전자투표시스템의 구성으로서 물리적 자물쇠(Physical Keys)를 요구하였고 이에 대하여 연방정부는 좌파연합(Die Linke) 원내교섭단체 등의 질의에 대한 답변을 담은 보고서에서 제기된 몇 가지 문제에 대하여는 형식승인 및 인증과정에서 연방과학기술원(PTB)의 테스트를 거쳤으며 안전성에는 문제가 없다고 결론지었다.[95]

한편, 2006년 코트부스(Cottbus)에서 실시된 지방선거에서는 투표기가 해커들에 의하여 공격을 받은 후, 저장기록과 원본을 비교하는 것과 전자투표기 봉인에 관한 보안장치가 추가되었다.[96]

---

94) 위키피디아 백과사전(검색어: Chaos Computer Club), http://en.wikipedia.org/wiki/Chaos_Computer_Club (검색일:2011.9.1) 참조. 글에서 CCC의 정의는 다음과 같다. "The Chaos Computer Club (CCC) is an organization of hackers. The CCC is based in Germany and other German-speaking countries and currently has over 4,000 members."

95) 중앙선거관리위원회, 『해외 전자투표사례 비교연구』, 165-166면.

96) 오스트리아 컴퓨터 학회, http://www.ocg.at/ak/edemocracy/wiki2/en/doku.php?id=projects:germany:e-government_and_e-voting_in_germany (검색일:2011.9.1) 원문의 내용은 다음과 같다. "The sole voting machines being allowed in Germany are ESD1 and ESD2, which are produced by the Dutch company Nedap. These were used among others in the parliamentary election

(2) 선거의 일반원칙

전자투표의 도입을 추진하는 과정에서 도입을 반대하는 입장에서는 전자투표제도의 도입이 선거의 일반원칙에 반할 수 있다는 주장을 제기하였다. 그러나 이러한 선거의 일반원칙 위반 논란은 3단계 투표제도를 도입하였을 때 문제되는 원칙으로 현재 1단계 전자투표제도를 도입하고 있는 독일에서는 이론적인 문제제기로 나타난 것이다.

구체적으로는 선거의 일반원칙인 보통 · 평등 · 직접 · 비밀 · 자유의 원칙 중 직접 · 비밀 · 자유의 원칙이 문제되었는데, 주로 우편투표제도의 타당성에 관한 논리로 극복되었다. 독일은 연방선거법시행령 제66조에 의하여 부재자 투표의 대부분은 우편투표방법으로 하고, 해외유권자들의 투표도 우편투표를 원칙으로 하고 있었다.[97] 기존의 우편투표제도 역시 직접 · 비밀 · 자유의 원칙이 논란이 되었으나 투표에 참여하기 어려운 사람들의 입장에서는 투표를 할 수 있는 권리를 보장함이 더 중요하다는 사회적 신뢰를 바탕으로 투표소 이외에서의 장소에서의 투표가 널리 인정되게 되었다.

따라서 찬성하는 입장에서는 필요한 경우 3단계 전자투표제도를 도입하여 투표소 이외의 장소에서 투표를 실시할 수 있도록 할 수 있으며, 투표의 원칙이 일부 침해된다고 하더라도 투표권의 보장을 위해서는 필요하다는 입장을 보였다.

(3) 검증가능성

전자투표기의 사용에 대해 투표내용에 대한 검증이 불가능하다는 이유로 몇몇 학자들에 의하여 연방헌법재판소에 전자투표기 사용금지 소

---

in 2005. On the verge of the election of the mayor in Cottbus in 2006, there was the so-called Nedap hack of a Dutch grouping. Thereupon, the authenticity of the software of the 74 used voting devices was checked and the machines were sealed subsequently."

97) 중앙선거관리위원회,『각국의 선거제도 비교연구』(2009), 514면.

송이 제기되었다. 주된 소송이유는 네답사의 투표기에 종이기록지가
부착되지 않아 선거결과의 저장이 투명하지 않다는 데 있었으며 이는
헌법재판소에서 중요하게 판단되어 위헌판단이 내려졌는데 헌법재판
소의 판단내용은 다음과 같다.

4) 연방헌법재판소의 판단

(1) 개요

2007년, 독일의 정치학자 요아힘 비스너와 그의 아들인 물리학자 울
리히 비스너는 전자투표가 헌법에 위반된다고 헌법심판을 청구하였
다. 2008년 청구인들의 대리인으로 공개변론에 참석한 볼프강 레버교
수는 전자투표결과에 대해 신뢰를 요구하는 법과 제도를 비판하였다.
이에 대해 유럽협회의 조른뮐러 크바데는 하드웨어 기계자체의 조작
은 쉽게 드러나지 않는다고 하였으며 전문가들도 소프트웨어의 조작
이 가능하다는 의견을 제시하였다. 한 단체는 투표기의 컴퓨터 조작이
가능함을 시연해 보이기도 하였다.[98]

이에 대해 연방헌법재판소는 2009년 3월 3일, 16대 하원선거에서 사
용된 전자투표기계는 일반시민이나 투표자들이 특별한 지식없이 기록
된 투표나 투표결과에 대해 신뢰할 수 있는 검증이 불가능하여 위헌이
며 앞으로 다가오는 선거에서는 이용할 수 없음을 명하였다. 그러나 동
시에 이것이 앞으로 컴퓨터 이용투표와 인터넷 이용투표를 항구적으로
금지하는 것은 아니라고 밝히고 있다.[99]

---

98) 중앙선거관리위원회, 「독일 헌법재판소 전자투표 위헌판결 보고서」(2009), 1-3
   면.
99) Leitsätze zum Urteil des Zweiten Senats vom 3. März 2009, 2BvC 3/07, 2BvC
   4/07; 중앙선거관리위원회, 「독일 헌법재판소 전자투표 위헌판결 보고서」, 1-3
   면에서 재인용.

(2) 결정요지

① 전자투표기 사용에 따른 선거 과정의 사후 검증 가능 여부

공직선거는 민주주의, 공화국, 법치국가에 관한 헌법 규정에 기초한 것으로 선거의 모든 과정은 헌법상 인정되는 특별한 예외 조건이 없는 한 공개적으로 심사되어야 한다. 특히 선거 과정과 선거 결과 집계를 제어할 수 있느냐가 중요한 의미를 갖는다. 유권자들의 기표와 투표 결과를 전산 방식으로 진행 · 집계하는 전자투표기의 사용은 그 과정들에 대한 신뢰가 선행되어야 하며, 동시에 특별한 전문지식이 없더라도 검증할 수 있을 때에만 가능하다.

종이투표의 경우, 관련 법규에 명시된 조작이나 위조는 분명하고도 가시적인 수단을 통해서만 가능하기 때문에 그 인지가 어렵지 않지만, 전자투표기 소프트웨어의 오류 또는 의도적 조작을 통한 선거 위조는 관련 전문가들 빼고는 인지하기 극히 어렵다. 이런 상황에서 일어날 수도 있는 선거 기계의 심각한 영향을 고려할 때 선거의 공공성 원칙을 지키기 위한 특별한 사전조치가 필요해진다.

먼저 유권자 자신이 별다른 전문지식이 없더라도 자신의 투표가 조작됨이 없이 그대로 산정되는지 어떤지를 스스로 검증할 수 있어야 한다. 단순히 컴퓨터 전산작업을 통해 선거 결과를 표시하거나 인쇄하는 것만으로 충분하지 않다.

그렇지만 입법부가 전자투표기를 선거에 사용하는 것에 대해서는 헌법상 하자가 없다면 거부하지 않는다. 다만 이 투표기의 사용을 위해선 유권자, 선거기관 또는 공공에 의한 보완적 제어가 가능토록 해야 하는데, 예를들면 전산에 의한 투표 기록 저장 외에도 종이 투표지와 같은 별도의 투표 기록이 함께 보관되어야 한다. 이처럼 선거 결과의 집계에서 중요한 것은 유권자들이 검증 가능성을 근거로 산정 과정의 정확성에 신뢰를 보낼 수 있고, 그럼으로써 독일 기본법 제38조에 규정되어 있는 선거의 공공성 원칙(The Principle of the Public Nature of

Elections)을 충족시킬 수 있기 때문이다.

선거 과정에서 유권자가 제어 가능성을 갖는다는 것은 단순한 사용
시범이나 시연 또는 선거 기계의 기술·규격·제작·안전 등의 기준
및 인·허가만으로 충족되는 것이 아니다. 또한 포괄적인 기술적, 조직
상의 보안 조치가 있다고 해서 해결되는 것도 아니다. 필요한 것은 유
권자들이 직접 선거의 핵심 과정들을 인지하고 제어할 수 있어야 한다
는 점이다. 왜냐하면 유권자들이 선거 과정을 제어할 수 있어야만 비로
소 추후에 선거의 합법성 여부를 검증할 수 있기 때문이다.[100]

② 전자투표기 사용에 의한 선거의 공공성 원칙 제한 여부

전자투표기를 사용한다고 해서 선거 관리 및 선거 결과 집계의 제어
가능성을 포함한 선거의 공공성 원칙을 제한해도 된다는 헌법상의 원
칙은 없다. 무의식적 기표 오류, 의도되지 않은 집계 오류, 개표 시 투
표자 의사의 부당한 해석 등을 집계로부터 제외한다고 해서 이들 선거
문서에 대한 검증가능성을 포기하라는 것은 아니다. 선거 비밀 유지의
원칙과 연방의회 의석 비율의 즉각적인 발표는 자칫 선거관리 및 결과
집계의 제어 가능성을 넓게 제한할 수 있는 근거로 삼을 수 있지만, 이
는 결코 헌법의 요구사항이 아니다. 특히 투표 마감 후 바로 선거 결과
를 제출해야 된다는 요구는 헌법 어디에도 찾아볼 수 없다. 더군다나
과거 연방의회 선거에서 보듯이 전자투표기의 사용 없이도 선거 결과
는 임시집계를 통해 불과 몇 시간 후에 나올 수 있었다.[101]

③ 연방전자투표기규칙(Bundeswahlger Teverordnung)의 위헌여부

연방선거법 제35조에 의해 제정된 전자투표기 규칙은 일반 시민의

---

100) 판례전문은 독일 연방헌법재판소 홈페이지, http://www.bundesverfassungsgericht.
　　de/entscheidungen/cs20090303_2bvc000307.html (검색일:2011.9.1) 참조.
101) 박병석, "전자투표기 사용에 대한 위헌판결—독일연방헌법재판소 2009년 3월
　　3일자 판결 분석,"「FES-Information-Series」(2009), 5-7면 참조.

어떤 검사절차도 규정하지 않았기 때문에 위헌이다. 입법상 앞으로 선거에서 전자투표기의 사용을 금지하는 것은 아니지만, 전자투표기를 사용하기 위해서는 신뢰할 수 있는 검사방법을 구현할 수 있어야 한다.

④ 제16대 연방의회 선거에서의 공공성 훼손 여부

다만 2005년 실시된 제16대 연방의원 선거에 전자투표기를 사용한 것도 선거의 공공성을 해친 경우다. 여기에 사용된 전자투표기는 선거관리의 효과적 제어를 가능케 하지 못했다. 왜냐하면 선거 결과의 집계가 오로지 전산으로 작동하는 단말기에만 의존하기 때문에 투표자를 비롯하여 투표소의 선거위원장이나 선거 참관인 중 어느 누구도 투표의 조작 · 위조 여부를 검증할 수 없기 때문이다. 선거결과도 빠른 속도로 집계되었지만, 역시 공공에 의해 검증될 수 없었다. 그렇다고 전자투표기의 전산 작업으로 집계한 선거 결과를 단순히 종이인쇄나 전자표시를 통해 공고했다고 해서 충분한 것은 아니다.[102]

⑤ 제16대 연방의회 선거의 재실시 여부

전자투표기 사용에 의한 선거의 공공성 훼손이 곧 해당 선거구 당선자의 무효나 연방의회 선거의 부분적 무효를 통한 재선거로 이어지지 않는다. 왜냐하면 연방선거법 전자투표기 규정의 합헌적 신뢰에 근거하여 선출된 국민대표를 유지하고자 하는 관심이 선거 오류보다 더 큰 의미를 갖기 때문이다. 또한 선거에서 전자투표를 실시한 5개주 200만명의 투표에 대해 전자투표기 사용에 따른 명백한 오류나 조작 가능성의 어떠한 흔적도 없는 상황에서 선거 오류가 제16대 연방의회 선출에 미친 영향을 측정하기에는 무리가 따른다. 또한 불명확한 법규정 때문에 위헌성이 있음을 인정하더라도 이미 선출된 국회를 유지하는 것이 더 큰 헌법적 이익이라고 판단해 선거결과를 무효화시키지 않는다.

---

102) 박병석, 앞의 책, 7면.

(3) 검토

독일 연방헌법재판소의 판결은 전자투표기의 사용 자체를 부인한 것이 아니라, 사용 이전에 일반 유권자들이 전자투표기 작동을 충분히 인지·제어·검증할 수 있어야 함을 전제로 시행하여야 한다는 판단을 내렸다. 즉, 선거의 공공성을 확보하기 위해서는 국민들이 전자투표에 대한 신뢰를 가져야 하며 이를 확인할 수 있는 제도적 체계를 갖추어야 하며, 의문이 있는 경우 사후재검표도 가능하도록 하여야 한다고 판단하였다.

선거의 공공성 확보는 국민의 신뢰를 받고 선거를 원활하게 수행하기 위해서 필수적인 전제조건이다. 독일 연방헌법재판소의 판결은 이러한 전자투표의 공공성 확보의 가장 중요한 기준으로서 전자투표기의 인지·제어·검증가능성을 제안했다는 점에서 중요한 의미가 있다. 또한 권리구제의 측면으로서 사후재검표 절차의 도입도 우리나라에서 도입 가능한 중요한 제도이다.

5) 실시 사례

1998년 쾰른시에서 최초로 네덜란드 네답(Nedap)사의 투표기가 시험적으로 사용되었으며 성공적인 시험결과를 바탕으로 1999년 6월 쾰른시의 유럽의회의원 선거에서 독일 최초로 전자투표가 실시되었다.

2002년 9월 연방하원선거(Bundestag)에서 29개 기초단체, 1,400개 투표구를 대상으로 전자투표를 실시하여, 전자투표 실시지역이 전체 6,190만 유권자의 5%가 되었다.

이후, 2005년 연방의회 선거에서 쾰른 선거구를 비롯한 84개 기초단체, 전체 80,000여 개 투표구 중 2,100개 투표구에서 약 250만 명의 유권자가 전자투표방식으로 투표하여 브란덴부르크, 헤센, 노드라인-베스트팔렌, 라인란트-팔츠 주의 총 1800여 개의 선거구에서 전자투표가 이루어졌다. 또한 2006년 헤센주의 기초자치단체선거에서 13개의 코뮨(Kommune)에서 306개의 전자투표기에 의해 전자투표가 실시되었다. 다만 헤센주 선거관리위원회에서는 전산작업에 보충하여 전체적인 종합집계 및 최종집계는 수작업으로 시행하였다.

2007년 4월 작센 안할트(Saxony-Anhalt) 지역 선거당시 8개 시에서 전자투표기 108대를 사용하였으며, 무효투표용지 비율을 1.03%로 전자투표 비실시지역의 무효투표용지 비율인 3.19%보다 2.15% 낮고, 유효표는 2.5% 증가하여 무효표 감소효과가 뚜렷하게 나타났다.

2. 검토

독일의 전자투표제도는 1990년대 중반 이후부터 적극적으로 논의되기 시작하여 2002년부터 공직선거에서 본격적으로 시행되었다. 특히 독일의 경우, 연방선거법과 연방투표기 규칙으로 전자투표제도에 관하여 제도적인 시스템을 완비한 후 전자투표 시행에 관한 준비를 시작하였다. 또한 연방투표기의 안정성을 시험하고 인가요건여부를 확인하기 위하여 연방과학기술원을 설립하여 투표기 선정에 있어서 기술적 안정성의 확보를 제도적으로 뒷받침하였다.

그러나 2009년, 독일 연방헌법재판소는 전자투표에 있어서 일반인이나 투표자들이 특별한 지식없이 신뢰할 수 있는 검증이 불가능하면 위헌이라고 판단하여 투표기의 사용 이전에 일반 유권자들이 전자투표기 작동을 충분히 인지·제어·검증할 수 있어야 함을 전제로 하여야 한다고 밝혔다. 그러나 이 판결은 앞으로 전자투표를 항구적으로 금지하는 것이 아님을 명시하고 있으므로 선거의 공공성 확보를 위하여 중요한 시사점을 가진다. 즉, 국민들이 전자투표에 대한 신뢰를 가져야 하며, 이를 확인할 수 있는 제도적 체계를 갖추어야 하고, 이에 대한 의문이 있는 경우 사후재검표도 가능하도록 제도적인 보완장치를 마련하여야 할 것이다.

제4절 일본

1. 의회

1) 관련 규정

일본 헌법 제56조 제2항에는 '양원의 의사는 이 헌법에 특별한 규정이 있는 경우를 제외하고는 출석의원의 과반수로 이를 결정하며 가부동수인 때에는 의장이 결정하는 바에 따른다'라고 규정하고 있다.[103] 일본 중의원과 참의원의 정식 표결방법은 기립표결이며 이외에 이의유무표결, 기명투표, 무기명투표 등이 있으나 참의원의 경우에는 전자투표로 표결할 수 있도록 참의원규칙에 규정하고 있다.

우선, 이의유무표결은 의장이 안건에 대하여 이의유무를 확인하는 방법으로 문제가 경미할 때에 사용되며 이의가 없다고 인정한 때에는 가결의 뜻을 선포한다. 다만 안건에 대하여 또는 의장의 가결 선포에 대하여 출석 의원 20인 이상으로부터 이의가 제기된 때에는 의장은 기립방법으로 표결하여야 한다.

기립표결은 일본 중의원의 일반적인 표결방법으로 의장이 표결을 취하고자 할 때에는 문제를 가(可)하다고 하는 자를 기립시켜, 기립자의 다소를 인정하여 가부의 결과를 선포한다. 의장이 기립자의 다소를 인정하기 어려울 때, 또는 의장의 선포에 대하여 출석의원 5분의1 이상으로부터 이의가 제기된 때에는 의장은 기명투표 방법을 선택하여야 한다.

---

103) 일반적인 의사는 출석의원의 과반수로 결정하지만 그 예외로 헌법에 특별의결정족수를 규정하고 있는데 그 예는 다음과 같다. ①헌법개정발의는 3분의 2 이상(헌법 제96조 제1항), ②의원의 실격(헌법 제55조), ③비밀회의의 결정(헌법 제57조 제1항), ④의원의 제명(헌법 제58조제2항), ⑤법률안의 재가결(헌법 제59조 제2항)은 출석의원의 3분의 2 이상의 찬성으로 의결한다.

한편, 기명표결은 의장이 필요하다고 인정한 때, 또는 출석의원 5분의1 이상의 요구가 있을 때에는 기명투표로 표결을 하는데, 의제에 대한 개별 의원의 찬반의사는 회의록에 게재된다.

기명투표를 행할 경우에는 회의장 입구를 폐쇄하고 문제를 가(可)하다고 하는 의원은 백색 투표용지를, 문제를 부(否)하다고 하는 의원은 청색 투표용지를 투표함에 투입하도록 하는데 각각의 표에는 의원 자신의 성명이 기재되어 있다. 투표가 끝나면 그 결과를 집계하여 결과를 선포한다. 기명투표를 행할 경우에 의장이 투표시간을 제한하는 경우도 있는데 이 경우 회의장 내에 출석한 상태에서 그 시간 내에 투표하지 아니한 자는 기권으로 볼 수 있다.

2) 의회의 전자표결방법

일본의회에서 전자투표제도를 채택하고 있는 곳은 참의원으로, 1997년 12월 참의원 규칙개정을 거쳐 1998년 1월에 소집된 제142회 국회에서 참의원 본회의의 표결에 누름버튼식 투표가 정식으로 채용, 실시하게 되었다.

전자투표방식은 지금까지의 본회의 표결방식인 기립표결, 이의유무표결, 목패에 의한 기명투표라는 3가지 방식에 더하여진 제4의 표결방식이며, 투표시간의 단축이라고 하는 효율성 측면과 개별 의원의 의안에 대한 찬반의사를 국민 앞에 명확히 함으로써 정보공개의 면에서 큰 의미를 가지고 있어 획기적인 방식이라고 할 수 있다.

전자투표의 실시요건은 '이의유무표결이나 기립표결 결과에 대한 의장의 선언에 대한 의원의 이의제기가 있거나 의장이 기립표결을 인정하기 어려울 때, 의장이 필요하다고 인정할 때'[104]라고 참의원규칙에

---

104) 참의원규칙 제140조의2 의장은 필요하다고 인정될 때는 누름보턴식 투표에 의하여 표결을 행할 수 있다. 참의원선례록324호 의안표결은 누름보턴식 투표에 의할 것을 예(例)로 한다. 의안표결은, 의장이 필요하다고 인정될 때 또는 출석의원 5분의1 이상의 요구가 있어 기명투표를 행하여야 할 경우를 제외하고는,

규정하고 있다. 뿐만 아니라 의원운영위원회이사회에서는 당분간 누름식 투표에 의한 안건표결은 법률안, 예산, 조약, 결산·예비비 등, 국회의 의결·승인안건, 결의안, 규칙안 및 국가공무원 등의 임명에 관한 건 등에 대하여 전자식투표를 행할 경우 의원운영위원회이사회의 협의에 의하여 행할 것을 결정하였고, 참의원 선례록에도 게재되어 있다.

또한 전자투표는 필요에 따라 정족수의 확인이나 각종의 요구, 이의신청시, 특히 필요가 있을 때, 소정의원수의 과부족여부 확인 때에도 사용이 가능하며 기타 필요시 의원운영위원회이사회에서 협의하여 결정한다.

장치에 고장이 생긴 경우는 의원운영위원회이사회의 협의에 기초하여 사후표결을 행하게 되지만, 원칙적으로 기립표결로 하고 기명투표의 요구가 있는 안건에 대하여는 협의에 따라 기명투표에 의한 표결을 행할 수 있도록 한다.

2. 공직선거

1) 도입배경

전자투표제도의 도입 전까지 일본의 공직선거법은 투표용지에 유권자가 후보자의 이름을 직접 기입하는 방식을 채택하였다. 그러나 유권자가 자신이 투표하는 후보자의 이름을 직접 기입하기 때문에 개표과정에서 여러 가지 문제가 발생하였다. 글씨체가 유권자마다 다르기 때

누름보턴식 투표에 의할 것을 예(例)로 한다. 국가공무원 등의 임명에 관한 건의 표결에 대하여도 같다. 제141회 국회 1997년 12월 12일 의원운영위원회이사회 결정 누름보턴식 투표에 의한 표결안건은 당분간 원칙적으로 법률안, 예산, 조약, 결산·예비비 등, 국회의 의결·승인안건, 결의안, 규칙안 및 국가공무원 등의 임명에 관한 건으로 하고, 기타안건에 대하여 누름보턴식 투표를 행할 경우는 의원운영위원회이사회의 협의에 의거하여 행하기로 한다.

문에 판단하기가 곤란하고 기계화가 불가능하여 개표과정에 많은 인원
이 동원되었다. 그러므로 국가선거는 물론 지방선거의 경우도 막대한
인원과 예산이 필요하였다. 그리고 개표가 확정될 때까지 많은 시간이
소요되어 최종결과가 나오는데 긴 시간이 소요되었다.[105] 이에따라 일
본은 지방선거에서 사회적 정보화에 따른 개표업무의 효율화를 위해서
전자투표제도의 도입이 검토되었다.[106]

따라서 2001년 6월, 일본정부의 IT전략본부는 E-Japan 2002 프로그
램[107]을 공표하였다. 그중 지방선거에 대한 투표과정을 정보화함으로
써 업무를 신속화, 간소화하고 의문표나 무효표를 없애 개표업무의 효
율화를 위하여 전자투표를 도입하기로 결정하였다. 정부의 방침에 의
하면 우선 제1단계로서 선거인이 지정된 투표소에서 전자투표기를 이
용하여 투표하는 단계의 채용을 추진하는 한편, 제2단계 지정된 투표
소 이외의 투표소에서도 투표할 수 있는 단계, 제3단계 투표소에서의
투표를 의무화하지 않고 개인이 소유한 컴퓨터 단말기를 이용하여 투
표하는 단계의 채택은 보안, 본인확인, 투표의 자유 확보 등의 관점에
서 시기상조라고 판단하였다. 이에 따라 투표소 상호 간 또는 유권자
자택과 투표소 등을 네트워크로 접속하지 않는다는 스탠드 어론(Stand-
Alone)을 전제로 한 전자투표의 도입이 추진되었다.[108]

이를 근거로 정부는 지방공공단체 의회의원 및 장 선거에 대해 조례
에 따라 전자투표기의 이용이 가능하도록 공직선거법의 특례를 제정

---

105) 일본 공직선거법 제65조는 개표는 모든 투표함을 받은 날 또는 그 다음날로
    규정하고 있어서 개표에 하루 또는 2~3일이 걸리는 경우도 존재한다. 이에 대
    한 자세한 내용은 중앙선거관리위원회,『각국의 선거제도 비교연구』(2009),
    617면.
106) 고선규, "일본의 전자투표와 정치정보화,"「한국일본어문학회 학술발표대회
    논문집」(2005), 551면.
107) 일본 총리관저 홈페이지, 2001.6.22, http://www.kantei.go.jp/jp/it/network/
    dai3/3siryou5.html (검색일:2011.8.11) 참조.
108) 湯淺墾道,『電子化社會の政治と制度』(石川: オブアワーズ, 2006), 124-125면.

하는 지방 공공단체 의회 의원 및 장 선거에 관련하는 전자적 투표기를 사용한 투표방법 등의 특례에 관한 규정, 즉 전자투표법을 국회에 제출하여 2001년 12월에 공포되었다.

그리고 전자투표의 특례에 관한 법률 시행령에서는 컴퓨터를 이용하여 개표과정에서 집계를 실시하는 경우, 투표소, 기록장치별로 각 후보자의 득표수를 표시하지 않을 것을 규정하였다. 그리고 총무성은 전자투표법과 동 시행령을 2002년 2월 1일부터 시행하기로 결정하고 관련 성령(省令)을 제정하였다.

2) 도입과정

(1) 전자투표 조례 제정 및 예산 확보

전자투표 특례법 제3조에 따르면 전자투표를 실시하기 위해서는 해당 자치단체가 조례를 제정하지 않으면 안된다고 규정하고 있다. 대부분의 자치단체는 '시장선거 등에 있어서 전자 기록식 투표기를 이용한 투표에 관한 조례'를 제정하고 관련 예산을 의회에 제출한다. 시 의회는 재정상황이 좋지 않은 상태에서 기존의 종이 방식의 투표보다도 비용이 많이 드는 전자투표에 대해서 반대의견을 제시하는 경우도 많았다.[109]

(2) 투표기기의 결정 · 계약

전자투표 조례가 제정되고 예산이 확보되면 자치단체는 전자투표기의 기종 선정에 들어간다. 전자투표기는 전자투표특례법 제4조에서 규정하고 있는 전자 기록식 투표기를 구비해야 하는 조건을 충족시켜야

---

109) 예를 들어 2004년 11월 28일 실시된 요카이치시(四日市)의 경우는 지난 번 선거보다 전자투표 예산이 2,500만 엔이 추가적으로 소용되었다. 이에 대한 자세한 내용은 고선규, "일본의 전자투표와 정치정보화," 「한국일본어문학회 학술발표대회논문집」(2005), 551면 참조.

한다.[110] 전자투표기 조달에 있어서는 렌트 방식으로 도입하도록 규정되어 있으며 기종 결정이 이루어지면 입찰에 의거하여 업체가 결정되고 계약이 이루어진다.

(3) 선거관리자에 대한 실무연수

전자투표기 개발업체와 계약이 체결된 다음 선거관리자에 대한 전자투표 관련 교육이 실시된다. 교육은 전자투표 관련 매뉴얼이 작성되고 그에 따라 조작에 관한 연수와 사전 홍보활동을 위한 조작기술 습득이 먼저 실시된다. 이때 전자투표 사무에 관련된 연수도 동시에 실시된다. 전자투표매뉴얼은 전자투표기의 설치, 기동, 점검사항 등이 설명되어 있다.

(4) 유권자 홍보

유권자에게 전자투표제도를 홍보하기 위하여 시 홍보지를 통해서 홍보하는 것은 물론 지역 축제, 운동회, 경로회, 자치회, 노인클럽, 복지단체 등에 홍보물을 배포하거나 설명회 등을 개최한다. 설명회에서는 전자투표를 사전에 체험해 보는 모의투표를 실시하여 투표방법에 대한 학습을 도모한다.

역, 버스터미널, 시청, 시민회관 등의 장소에 '전자투표 체험 코너'를 설치하고 시 홈페이지에도 모의투표 메뉴를 설정하여 체험기회를 확대한다. 전자투표에 대한 홍보와 사전 모의투표 활동을 전개하는 데 있어서 공명선거 단체인 '밝은 선거추진협회'와의 협력과 네트워크를 이용하고 있다.

---

110) 구비조건은 전자기기이용에 의한 선거시스템 연구회가 2002년 2월에 제시한 「전자투표시스템에 관한 기술적 조건 및 해설」조건을 만족시키고 있는 Stand Alone 방식이 조건이다. 이에 대한 자세한 내용은 고선규, "일본의 전자투표와 정치정보화," 위의 책, 551면 참조.

(5) 선거의 공시와 투표일 전 투표 실시

선거가 공시됨에 따라 본격적으로 전자투표 준비 및 실시가 이루어진다. 특히 2003년 12월 1일부터 '투표일 전 투표'에서 전자투표가 인정되면서 선거일 이전에도 전자투표가 실시된다. '투표일 전 투표'가 실시되면 투표소에서는 '제로 표' 확인이 첫날 이루어지고 기록장치는 매일 봉인되어 보관되는 방식으로 투표가 실시된다. 전자투표기 전원은 매일 OFF 상태로 하고 전원과 기록장치 삽입부분은 개폐하는 방식으로 관리된다. '투표일 전 투표' 마지막 날에 투표기록 저장장치를 빼내고 봉인하여 개표소로 가져간다.

(6) 투표 개시 전 준비

투표 개시 전에는 전자투표기, 투표카드 교부기 등의 점검이 이루어진다. 투표 당일 오전 7시 투표소 문이 열리면 유권자가 투표를 시작한다. 최초의 투표자는 투표관리자, 정당참관인 등과 함께 전자투표기가 '제로 표' 상태인가를 확인하고 투표한다.

(7) 유권자 명부확인과 투표카드 교부

유권자는 투표엽서와 선거인 명부 대조를 통하여 본인확인을 마치면 IC카드 형태인 투표자 카드가 발급된다. 유권자는 투표카드를 전자투표기에 넣고 투표한다. 투표카드는 이중투표 방지 기능 등이 부여되어 있다.

(8) 투표와 개표

현재 일본의 지방선거에서는 제1단계 방식을 이용하고 있다. 투표방법은 기존의 투표와 거의 동일하다. 사전에 각 가정으로 배달된 투표소 입장권을 소지하고 투표소에 가면 담당자가 본인 확인을 확인 후 투표카드를 1인당 1장씩 교부한다. 교부받은 투표카드를 은행에서 현금을 인출하는 방법과 동일하게 카드삽입구에 꽂고 투표를 시작한다.

실제 선거에서 시장선거를 먼저 투표하도록 설정하였다. 그래서 스크린에는 시장에 입후보한 후보자의 이름과 정당이 표시된다. 표시된 후보자 중에서 자신이 투표하고 싶은 후보자의 이름을 선택한다. 물론 투표하고 싶은 후보자가 없을 경우에는 기권하는 것도 가능하다. 기권할 경우에는 우측하단에 있는 '투표하지 않고 기권한다'를 선택하면 기권이 가능하다.

투표과정에서 유권자들의 불안을 해소하기 위하여 각 선거관리위원회에서는 전자투표 조작 보조원제도를 운영하고 있다. 전자투표 기기의 조작에 자신이 없거나 도중에 잘 모르는 경우 보조원에게 도움을 청하여 투표할 수 있다. 그리고 대리투표제도도 실시하여 조작이 전혀 불가능한 경우에는 대리투표도 인정한다.

전자투표에 대한 개표는 기록장치를 지정된 개표소로 가져와서 실시한다. 대체로 투표 당일 오후 9시 20분에 개표가 실시된다. 투표기록매체는 CF, MO 등의 저장장치가 사용된다. 개표시간은 최소 4분에서 최대 55분으로 유권자 수, 개표방식, 장애요인 발생 여부에 따라 달라진다.

실제로 전자투표의 도입으로 개표과정에서 절약된 인건비만 해도 매우 큰 것으로 평가되고 있다. 전자투표의 도입 성과는 투표와 개표과정에서 파생된 예산절약과 사회적 파급효과 등을 고려하면 그 효과는 상당히 크다고 하지 않을 수 없다.

3) 법적 근거

(1) 공직선거법

공직선거법은 제6장에서 투표에 대해 규정하고 있다. 그러나 전자투표에 대해서는 아무런 규정을 두고 있지 않다. 공직선거법은 선거방법에 대해 '선거는 투표에 의해 행한다'고 규정하고 있다. 그리고 투표방법으로 기호식 투표(제46조의2), 점자투표(제47조), 재외투표(제49조의2) 등을 규정하고 있다.

그리고 공직선거법은 투표소에서의 투표를 규정하여 투표소 외에서의 투표를 고려하지 않고 있다. 즉 '선거인은 선거당일, 스스로 투표소에 가서 선거인 명부 또는 초본의 대조를 거쳐 투표를 하지 않으면 안된다'고 하여 투표소에서의 투표를 규정하고 있는 것이다.

(2) 지방공공단체의 의원 및 장의 선거에 관한 전자적 기록

2001년 제정되어 2002년 시행중인 지방공공단체의 의원 및 장의 선거에 관한 전자적 기록 투표기를 사용하여 행하는 투표방법 등의 특례에 관한 법률은 전자투표에 대해 규율하고 있다.

이 법률은 정보화 사회의 진전에 비추어 선거의 공정·적정한 집행을 확보해 가면서 개표사무 등의 효율화 및 신속화를 도모하기 위한 잠정적인 조치로서, 지방공공단체 의회의 의원 및 장의 선거에 관한 전자적 기록식 투표기를 사용하여 행하는 투표방법 등에 공직선거법의 특례를 정하고 있다.

시(市)·정(町)·촌(村) 선거관리위원회는 전자식 투표기의 선택에 있어서 미리 도(都)·도(道)·부(府)·현(懸)의 선거관리위원회에 협의하여 동의를 받아야 하며 시·정·촌 선거관리위원회는 전자투표기를 지정하는 때에는 지정에 관계된 전자투표기의 형식, 구조, 기능 및 조작의 방법을 고시해야 한다.

또한 전자투표가 시행될 경우에는 전자적 기록식 투표기에는 공직의 후보자의 성명 및 당직을 표시하여야 하며 개표관리자는 개표입회인과 함께 전자적 기록매체에 저장된 투표내용을 집계하여 각 후보자의 득표수를 계산하도록 되어있다. 특히 투표의 효력에 대하여는 각 후보자의 득표수를 계산하는 때에 개표관리자가 개표입회인의 의견을 들어서 결정하여야 한다.

한편, 신체의 장애 또는 문명에 의해 스스로 투표기를 사용한 투표를 할 수 없을 때에는 선거인은 규정에 관계없이 투표관리자에게 신청하

여 전자투표기를 사용한 대리투표를 할 수 있다. 전자투표의 사용에 필
요한 부담에 대해서는 원칙적으로 지방공공단체의 부담으로 하며, 국
가는 지방공공단체에 대하여 조언 및 그 밖의 원조의 실시에 노력하여
야 한다.

4) 실시사례

일본에서는 지방선거에서 주로 전자투표가 실시되었으며, 전국 단위
의 선거에서는 2004년 7월에 실시된 참의원선거에서 비례대표구를 대
상으로 실시되었다. 일본의 전자투표에 대해서는 일부 선거무효소송
이 진행된 경우도 있어 있었으나 일본 정부는 전자투표제도를 지속적
으로 추진하고 있는 입장이다.[111]

(1) 니이미시(新見市)

니이미시에서 일본 최초의 전자투표가 2002년 6월 23일 실시되어 투
표당일 오후 8시에 전자투표가 마감되었다. 당일 개표를 위하여 오후 9
시 25분부터 마나비 광장의 니이미 대강당에서 개표작업이 행해졌다.
43개소의 모든 투표소에서 오후 8시에 투표 마감 후, 투표기로부터 투
표용지에 해당하는 카드식 기록매체가 직원으로부터 건네져 금고처
럼 생긴 운반상자에 담아 개표소로 운반하였다. 모아진 카드식 기록매
체는 113매였고, 개표집계 시스템을 탑재한 판독기에서 모든 것을 판
독·집계하였다. 개표작업에 있어서 이송상자부터 카드식 기록매체를
꺼내는 시간 등을 제하면 실제로 판독과 집계에 걸린 시간은 11분 정도
였다.

그러나 부재자 투표의 경우는 기존의 방식대로 행해져, 부재자 투표
분은 수작업으로 개표를 실시하였다. 이로서 모든 개표작업이 끝난 것
은 개표작업 개시로부터 2시간 후인 오후 11시 25분이었다. 기존 개표

---

111) 박해영, 「전자투표를 통한 국민주권의 실현방안 연구」(2007), 143-149면.

방식과 비교하면 시간이 절반 이하로 단축된 것이다. 투표시에는 3개의 투표소에서 4건의 문제가 발생했는데 그중 2건은 전자투표기의 고장, 나머지 2건은 직원의 실수였다.[112]

(2) 기니시(可兒市)

① 전자투표 실시

기니시 선거관리위원회는 2002년, 전자투표 도입을 결정하고 전자투표 도입 프로젝트팀을 구성하였다. 이후 기니시는 전자투표 도입을 위한 기술적인 지원요청과 모의투표 등을 실시하여 홍보활동을 전개하였다. 2003년, 시의회는 전자투표 조례를 통과시키고 예산을 확보하고, 전자투표기 도입을 위한 후지츠·무사시와 계약을 체결하였다. 이에 따라 전자투표기는 시내 29개 투표소에 160대가 설치되었다.

시의원 선출을 위한 전자투표는 7월 20일 실시되어 24명의 시의원을 선출하게 되었다. 입후보자는 29명이었다. 유권자 수는 총 68,612명으로 투표율은 65%로 집계되었다. 전자투표분은 약 4만 표 정도였는데 개표는 9분 만에 끝났다. 그 후 부재자 투표분인 5,600표의 개표가 이루어져 전자투표분과 부재자 투표분을 합하여 오후 10시가 조금 넘어서 개표가 종료되었다.

그러나 개표작업을 진행하는 중에, 전자투표자 수가 41,212명이었으나, 확정 투표수는 투표자 수보다 4표 많은 41,216표로 집계되었다. 4표가 더 많은 이유를 기니시 선거관리위원회는 다음과 같이 설명하였다. 4표 중 3표에 대해서는 가투표를 접수했기 때문이다. 가투표는 투표자격에 의문이 있을 때 임시로 투표를 접수하는 제도이고, 전자투표에서는 인정하고 있지 않다. 그러나 실제로 3건의 가투표는 접수되었기 때

---

112) 고선규, "일본의 지역 전자투표 추진현황," 「전자투표와 전자민주주의: 현재와 미래」(2005), 9면.

문에 3표가 확정표에 포함되었다. 4장의 표 중 3장은 원인이 알려졌지만, 남은 투표용지 한 장의 오차에 대해서는 정확한 원인이 알려지지 않았다. 부재자 투표분에 관하여서도 1표가 부족하였다. 최종적인 개표결과는 전자투표분의 확정표는 1표 많고, 부재자 투표분은 1표가 적은 결과를 낳았다.[113]

② 전자투표 장애발생

기니시에서의 전자투표 실시는 다른 시와는 달리 장애요소가 강하게 부각되었다. 개표시의 오차뿐만 아니라 투표당일 투표참여가 최고조에 달했을 때 전자투표기의 정지라는 장애가 발생했기 때문이다.

그 내용은 다음과 같다. 오전 7시55분경 제2투표소에 해당하는 시민회관에서 전자투표기 7대 중 2대에서 터치패널반응이 나빠졌다. 그 후 오후 9시경에는 투표기에 이상을 나타내는 빨간 램프가 점등해 모든 투표기가 투표를 접수하지 못하게 되었다.

기니시에서는 지금까지 전자투표를 실시한 4개의 자치단체가 도입했던 스탠드 어론 방식이 아닌 클라이언트 서버 방식을 도입했다. 스탠드 어론 방식은 각 투표기 내부에 기록매체가 들어 있어, 그것에 정보가 저장되기 때문에 투표가 마감되는 시점에서 저장매체를 떼어내 그것을 개표소로 운반하여 집계하는 방식이다.

하지만 기니시가 채택한 클라이언트 서버 방식의 경우에는 전자투표기가 LAN을 통해 투표소 서버와 연결되므로, LAN에 이상이 생기거나 작동하지 않는 경우 투표기가 투표 데이터를 저장하지 못하게 되는 문제점이 발생한다. 실제로 LAN이 작동하지 못하여 모든 투표기가 투표를 접수하지 못하는 상황이 발생한 것이다.

---

113) 고선규, "일본의 지역 전자투표 추진현황," 앞의 책, 12면.

③ 일본 최고재판소의 선거무효판결

(a) 법원의 판단

2003년 7월에 실시된 기니시의회 선거에서 발생한 전자투표 장애문제를 둘러싼 선거무효소송이 제기되었다. 선거에서 낙선한 후보자와 유권자 15인은 기니시 선거관리위원회를 상대로 소송을 제기하였다.

일본 최고재판소는 2005년, 이 소송에 대해서 '많은 대기자들 중, 접수를 하지 않고 돌아간 선거인이 접수를 끝낸 자들 중 투표를 하지 않고 돌아간 자의 비율(약 5.66%)보다도 높은 것이 추측 가능한 것, 또한 위와 같이 2곳의 투표소에 대해 합계 20인을 넘는 선거인이 일단 돌아간 것이 인정되는 경우를 고려하면, 그 수를 확정하는 일이 곤란하나, 29곳 투표소 전체로 보았을 경우 다수가 있었다고 인정할 수 있다.'고 판단하여 '해당 투표기가 전자투표법 제4조 제1항 제1호, 제4호, 제5호 및 제8호의 조건을 일시적으로 갖추지 않은 상태였던 점 및 기니시 선거관리위원회의 선거관리상의 과오에 의해 최하위 당선자의 득표총수와 당선자의 득표총수가 역전할 우려가 있었다는 점'을 들어 선거무효의 판결을 하였다.[114]

(b) 평가

판결은 전자투표기의 고장으로 일부 유권자가 투표하지 못하게 된 것으로 추정되고 선거결과에 영향을 미칠 우려가 있음을 인정하여 선거무효판결을 한 것이다. 일본에서 전자투표기의 장애로 법원에서 선거무효 판결이 내려진 최초의 사례로서 이 판결은 일본의 전자투표 보급에 큰 영향을 미쳤다. 더구나 2003년 1월에 실시된 에비나시 시장선거와 시의회의원선거, 2004년 10월에 실시된 시로이시 시장선거도 선거무효 소송이 제기되어 우려는 증폭되었다.

---

114) 湯淺墾道, 앞의 책, 134면.

전자투표법에는 투표결과의 백업의무를 규정하고 있다. 전자투표방식에서는 유권자의 선택표시를 전자투표기 내부의 메모리 또는 기록매체에 직접 기록하는 것을 전제로 하고 있다. 전자투표법이 규정하는 백업은, 한번 기록된 투표의 선택을 백업하는 것이며, 직접 기록할 시에 부정행위가 있었거나 장애발생으로 인해 진정한 투표방향과는 다른 기록이 남겨졌을 경우, 이러한 백업으로는 정확한 투표방향을 확인할 수 없다.

전자투표에 있어서 투표기에는 선거인이 투표기를 조작한 이력을 기록한 것이 전부로, 누구에게 투표했는지에 관한 정보는 기록되어 있지 않다. 기니시의 경우도 투표카드의 보유 정보를 검증하여 투표서버 및 투표단말기의 저장 내용을 대조 확인하는 것에 의해 정상적으로 투표가 완료되지 않은 표의 추계는 가능하였으나, 누구에게 투표했는지에 대한 판단은 없다.[115]

이러한 전자투표의 특성을 감안하면, 정상적으로 투표가 완료되지 않은 각종 무효표 발생이나, 원본과 복사본 사이의 기록의 불일치 등의 발생은 투표기록의 정확성을 의심하기에 충분하다고 할 수 있을 것이다. 정상적으로 투표가 완료되지 않은 표가 몇 표 또는 수십 표정도밖에 확인되지 않았다고 해서, 실제로 정확하게 기록되지 않은 표가 대량으로 존재했을 가능성은 완전히 부정할 수 없다.[116]

이러한 선거무효소송과 전자투표의 장애발생은 일본의 국정선거에 전자투표 도입을 저해하는 요인으로 작용하였다. 자민당 선거제도조사회는 '국정선거의 전자투표특례법'안을 2004년 2월에 마련하여 중의

---

115) A라는 유권자가 후보자 B에게 투표했는데 후보자 C에게 투표한 것으로 기록될 가능성을 완전히 배제할 수는 없다고 할 것이다. 결국 전자투표에서 전자투표기는 유권자의 투표를 직접 전자적으로 기록하기는 하지만, 정말 A라는 유권자의 B라는 후보자에 대한 투표가 직접 기록되었는지의 여부는 검증할 수 없는 시스템인 것이다. 이에 대한 자세한 내용은 박해영, 앞의 책, 147면 참조.
116) 湯淺墾道, 앞의 책, 135-136면.

원선거나 참의원선거에 전자투표를 실시하는 방안을 마련하였으나 유보되었다.

그러나 4년 뒤인 2008년에 자민당과 민주당이 국정선거에서 전자투표제도의 도입을 합의함으로써[117] 전자투표제도의 도입에 관한 논의는 지속되고 있다.

3. 소결

일본 참의원 회의에서는 미국, 독일과 유사하게 전자투표제도가 일반적인 투표의 원칙으로 활용되고 있다. 그러나 일본 중의원 내 투표에서는 여전히 기립표결 또는 각각 색깔이 다른 투표용지를 넣는 기명표결이 원칙적으로 활용되고 있어 의회에서의 전자표결제도의 도입에 대해서는 신중한 입장을 보이고 있다.

그러나 일본의 지방선거에서는 전자투표제도의 도입이 활발하게 이루어졌다. 2001년 일본정부는 E-Japan 프로그램을 공표하였으며, 이후 전자투표기 도입의 필요성을 강조한 공직선거법 특례를 제정하여 지방선거의 경우 전자투표기의 사용이 가능하도록 규정하였다.

특히 일본의 공직선거법은 반드시 직접 출석하여 투표하여야 한다고 투표소에서의 투표를 규정하고 있어서 PSEV 방식만 채택함을 명시하고 있다. 또한 지방공공단체의 의원 및 장의 선거에 관한 전자적 기록이라는 법률을 제정하여 지방의원 선거에서 시·정·촌 선거관리위원회는 전자투표기의 기준을 고시하고 미리 도·도·부·현 선거관리위원회의 동의를 받아야 하며 장애 등으로 인하여 투표기를 사용할 수 없는 유권자에 대하여는 대리투표도 허용하고 있다.

---

117) ET뉴스, 일본, 선거에 전자투표방식 도입, 2008.4.11, http://www.etnews.co.kr/news/detail.html?id= 200804100100 (검색일:2011.8.11) 참조.

실제로 일본에서는 2004년 참의원 선거에서 비례대표구를 대상으로 전자선거가 실시되었으며 주로 지방선거에서 10여 차례 전자투표가 실시되었다. 그중 기니시의 2002년 지방선거에서는 투표기 내부에서 직접 기록하는 스탠드 어론 방식이 아닌 전자투표기가 LAN을 통하여 투표소 서버와 연결되는 클라이언트 서버 방식을 채택하였다. 이 선거에서 LAN의 이상으로 선거무효소송이 제기되어 선거무효판결을 내리게 되었다. 이후 전자투표제도의 도입은 상당부분 유보되었으나 2008년, 자민당과 민주당은 국정선거에서의 전자투표제도의 도입에 합의한 바 있다.

제5절 브라질

1. 공직선거

1) 도입배경

브라질에서는 1985년 민주화 이후 유권자 명부의 전산화, 모든 지역의 선거관리위원회를 네트워크로 연결하는 등 선거제도 개선을 위한 검토를 실시한 이후, 1994년 대규모 선거부정 사건이 발생하면서 이에 대한 대응책으로 전자투표제도의 도입을 검토하게 되었다.[118] 그 결과, 1995년 전자투표를 도입하되, 종이확인증 없이 터치스크린 방식을 사

---

118) 1994년 선거부정 사건으로 선거과정의 현대화를 통한 정확한 선거관리를 목표로 하는 전자투표의 도입명분은 충분하였지만, 정부주도의 일방적인 추진으로 인해 전자투표 도입에 대한 정치권의 합의나 시민사회의 동의, 그리고 시장의 기술력에 대한 충분한 검토 등은 생략되었다. 이에 대한 자세한 내용은 박해영, 앞의 책, 134면 참조.

용할 수 있다는 법률안이 제정되었다.[119]

브라질의 선거관리기관의 중심은 브라질 최고선거법원(Tribunal Superior Electoral)[120]으로 전자투표의 도입에 중추적인 역할을 하였다. 특히 브라질 최고선거법원은 다른 국가의 선거관리위원회와는 달리 국제 · 행정 · 사법 권력을 모두 아우르는 포괄적 의미를 가진 중앙 집중적 법원으로서의 의미를 가진다.

브라질 전자투표제도의 특징은 전자투표기의 도입을 위한 정부의 교육 및 홍보 노력으로 문맹자들도 투표에 쉽게 참여할 수 있도록 되었다는 점이다. 특히 국토가 넓고 문맹률이 높은 브라질에서는 전자투표제도로 인하여 부수적인 효과도 누린 셈이다. 또한 브라질 정부는 전자투표기를 주변 국가의 요청에 의하여 유상으로 대여하고 있다. 2003년 파라과이에 전자투표장비를 기증했으며, 멕시코, 아르헨티나, 도미니카 공화국, 인도, 우크라이나 등에 기기 및 선거노하우를 수출하여 라틴아메리카 전자 민주주의의 선진국으로 부상하였다.

2) 법적 근거

브라질 선거법[121]은 1997년에 개정되어 전면적 전자투표가 도입되었

---

119) DRE 기기는 이후에 우르나 일렉트로니카(Urna Electronica)로 불려지게 된다. 이에 대한 자세한 내용은 조희정, 「미국의 전자투표와 기술 수용 정치: 브라질 · 에스토니아와 비교를 중심으로」(2006), 235면.

120) TSE는 27개 연방에 있는 주선거법원(Tribunal Regional Electoral)과 상설조직인 시선거법원으로 구성된다. TSE는 판사 7인으로 구성된 위원회 형태로서, 각종 안건은 재적의원 과반수의 출석과 출석의원 과반수의 찬성으로 결정되고, 주선거법원의 업무집행 및 공무원, 대통령의 선거관련 행위에 대한 심사 · 결정 권한과 주선거법원의 결정에 대한 상소건에 대한 결정권한을 가진다. 최고선거법원은 다른 국가와 같은 일반적인 의미의 선거관리위원회 형식의 선거관리를 주로 수행하는 행정부라기보다는 국제 · 행정 · 사법 권력을 모두 아우르는 포괄적 의미의 권력기관으로서 성격이 강하다. 이에 대한 자세한 내용은 브라질 최고선거법원 홈페이지, http://www.tse.gov.br/internet/ingles/institucional/composicao.htm (검색일:2011.8.11) 참조.

121) 브라질 선거법의 원문 명칭은 Leis Eleitorais-Lei n º 9.504, de 30. 9. 97, 브라

다. 선거법 제13장에서 전자투표 및 집계에 관한 장을 두어 전자 투·
개표 일반에 관해서, 제14장 선거감독에서는 전자투표의 심사·집계
시스템에 관한 이의제기와 전자투표시스템의 방해자에 대한 처벌을
규정하고 있다.[122]

구체적으로 제59조에서는 '전자 투·개표 시스템의 사용'을 원칙으
로 하고 있으며, 전자투표방식이 아닌 다른 투표방식은 고등선거재판
소가 예외적으로 허용할 수 있도록 하고 있다. 제1항에서는 '전자투표
는 후보자나 정당의 기호에 대하여 투표하는 것으로 보며 전자투표함
패널에는 후보자의 성별에 따라 남성이나 여성형으로 기록된 입후보직
과 후보자명, 사진, 정당명, 정당약칭이 표시된다'고 규정하여, 전자투
표기가 표시되어야 할 기본적인 사항을 명시하고 있다. 또한 제3항에
서는 '비례대표 패널이 먼저 표시되며 다음으로 다수대표선거 패널이
표시된다'고 규정하고 있다.

제61조에서는 '전자투표함은 비밀과 불가침성을 유지하면서 한 표
씩 집계하여 정당, 연합정당, 후보자에게 폭넓은 감독의 기회가 보장되
도록 하여야 한다.'고 규정하여 전자투표 도입시 우려되는 투표의 비
밀침해나 기기조작에 의한 선거부정을 엄격히 금지하고 있다. 제62조
에서는 '전자투표를 채택한 선거에 있어서는 선거인 명부에 이름이 기
입된 선거권자만이 투표할 수 있다'고 하여 투표할 수 있는 전자투표
권리자에 대해 규정하고 있다.

제66조에서는 심사·집계 시스템에 관한 이의제기에 관해 규정하고
있는데, '정당 및 연합정당은 득표기록의 입력, 득표결과의 전자집계,
투표과정, 선거감독의 모든 단계를 감시하며 이에 사용되는 컴퓨터프
로그램에 대하여 미리 확인과정에 참여한다.'고 규정하고 있으며 제1

질 상원 홈페이지(Senado Federal), http://www.senado.gov.br/web/cogidos/
eleitoral/httoc.htm (검색일: 2011.8.12) 참조.
122) 중앙선거관리위원회, 「브라질 선거법」(2004), 26-27면.

항에서는 '컴퓨터프로그램을 확인한 후 5일 이내에 정당이나 연합정당은 명확한 근거가 있는 경우 선거재판소에 이의제기를 할 수 있다.'고 하여 이의제기 방법을 규정하고 있다.

제72조에서는 전자투표시스템에 있어서 투표심사는 득표집계를 조작하기 위하여 선거기관이 사용하는 데이터처리시스템의 데이터 · 명령체계 · 프로그램을 파괴, 소거, 삭제, 변경, 입력, 이동시키거나 의도하지 않은 어떤 결과를 가져올 수 있는 명령체계, 컴퓨터프로그램을 개발 또는 도입하는 경우, 그리고 투표나 득표집계에 사용되는 장비의 전체나 일부를 의도적으로 손상하는 경우에는 5년 이상 10년 이하의 금고에 처한다고 전자투표시스템방해자에 대한 처벌을 규정하고 있다.

투표시간은 오전 8시부터 오후 5시까지인데, 특이한 것은 선거일 전부터 투표시간까지 선거 실시지역에서는 주류 판매가 금지될 정도로 선거진행 과정이 엄격하다. 투표과정은 유권자들이 투표소에서 유권자 증명서를 제시하여 명부확인담당 선거위원에게 신원을 확인하고, 명부확인담당 선거위원은 선거인 명부에서 선거인번호가 표시된 투표확인증을 절단하여 마이크로터미널 담당 선거위원에게 전달하면, 담당 선거위원이 해산 선거인의 선거인 번호를 마이크로터미널에 입력하여 선거인이 투표할 수 있는 상태로 전자투표기를 전환하는 것으로 시작된다.

다음으로 유권자가 기표소의 투표탁자에서 전자투표기에 부착되어 있는 키패드를 이용하여 내부 시스템 모니터를 통해 선택 후보자 번호를 입력하거나 비선택시 기권 버튼을 선택한 후 종료하는 방식으로 후보자를 선택하는데, 전자투표기의 모니터에는 후보자의 사진, 성명, 소속정당명 등이 표시된다. 선택 후보자가 맞는 경우에는 확인 버튼을 입력하여 투표가 종료되는데 종료시에 기표소에서 나온 후 마이크로터미널 담당 선거위원에게서 다음 선거에서 투표소가 바뀔 수 있다는 내용이 기재된 투표확인증을 받은 후 귀가하게 된다.[123]

또한 대통령선거에 한해 재외국민은 대사관이나 영사관에 등록 후

투표할 수 있도록 하는 해외부재자 투표를 실시하고 있다. 선거종료 후에는 투표소의 각 투표함에서 결과를 출력하고 결과를 디스크에 담아 집계소에서 종합하는 방식으로 선거가 완료된다.[124]

3) 실시사례

브라질은 현재 전국단위에서 전자투표를 실시하고 있다. 1996년 11월 총선에서 처음으로 전자투표를 부분적으로 도입하게 되었는데, 산타 카타리나(Santa Cartarina) 주에서 사용하였으며, 주 전체 유권자의 33%에 해당하는 3,500만 명이 77,000개의 투표소에서 DRE를 사용하여 전자투표를 하였으며, 26개의 카운티의 수도와 26개의 20만 명 유권자 이상을 가진 지역을 포함한 52개 지역에서 실시되었다.

1998년 지방선거에서 두 번째 전자투표가 시행되었다. 이번에도 부분적으로 실시된 전자투표였으며, 전체 인구의 62%인 6,100만 명이 푸쉬버튼 방식의 시스템을 사용하여 전자투표를 하였으며, 전체지역의 10%인 537개의 지역에서 전자투표를 시행하였다. 2000년 총선에서 브라질 선거 사상 처음으로 전체유권자 1억 1천만 명 모두가 5,658개 선거구에서 전자투표시스템으로 선거를 하였다.

2002년 10월에 치러진 대선 1차 투표에서 브라질 선거 역사상 처음으로 대선 · 총선 · 지방선거 즉 모든 선거에서 전자동 컴퓨터 투 · 개표 시스템이 적용되었다. 유권자는 1억 1천만 명 이상으로 추정되며, 전국 36만 개의 투표소에 40만 6천 대의 투표기가 설치되었다. 1996년 투표종료시간부터 결과발표시간까지 7일정도 걸린 개표시간이 12시간

---

123) 브라질과 민주화의 정도가 비슷하게 평가되는 인도에서는 유권자의 중복투표를 방지하기 위해 이 과정에서 유권자의 손가락에 하루 정도면 없어지는 잉크날인을 하는 방법으로 투표사실을 확인하는 제도를 시행하고 있다. 이에 대한 자세한 내용은 동아일보, 뒤끝없는 印총선…비결은 잉크와 투표기, 2009.4.30, http://www.donga.com/fbin/output?n=200904300430 (검색일:2011.8.12) 참조.

124) 조희정, 「미국의 전자투표와 기술 수용 정치: 브라질 · 에스토니아와 비교를 중심으로」(2006), 210-211면.

만에 종료되어 상당히 신속하고 효율적이라는 평가를 받았다.

2005년 국민투표에서는 2004년 법 개정으로 투표결과가 인쇄된 종이 확인증이 프린트되지 않았는데 내용은 '브라질에서 총기 및 실탄의 거래가 금지돼야 하는가'라는 질문에 대한 찬반을 묻는 총기거래금지법안에 관한 국민투표였다. 브라질 역사상 1억 2천2백만 명이 의무적으로 참가하는 사상 최대의 선거로서 유권자의 100%가 전자투표시스템에 의해 선거를 하였다.

2. 소결

브라질은 의무투표제가 시행되며, 선거일 전부터 투표시간까지 선거 실시지역에서는 주류의 판매가 금지되며, 최고선거법원이 강력한 권한을 가지고 선거업무를 집행하는 등 투표에 대한 강제성이 강한 나라에 속한다.

이러한 브라질에서는 남미에서는 전자투표제도에 있어서 가장 선진적인 국가로서 1995년에 이미 종이확인증 없이 전자투표를 실시하도록 선거법에 규정하였다. 특히 브라질은 전자투표제도의 광범위한 도입으로 문맹자들도 투표에 참여하게 되는 부수적인 효과가 나타났으며, 투표장비를 주변 국가에 대여 또는 수출하는 등 라틴아메리카에서는 전자 민주주의의 선진국으로 인정받고 있다.

브라질의 전자투표제도의 특징은 투표기 조작을 선거법으로 엄격히 금지한 후, 의문이 있는 정당이나 연합정당은 명확한 근거가 있는 경우에 한하여 5일 이내에 선거재판소에 이의를 제기할 수 있도록 하여 투표기 자체의 신뢰성을 강력하게 보호하고 있다는 점이다. 또한 전자투표기를 의도적으로 손상시키는 자에게는 5년 이상 10년 이하의 금고에 처하도록 하는 등 엄격하게 규정되어 있다.

이에 따라 브라질은 현재 전국단위의 거의 모든 투표에서 전자투표제도를 실시하고 있다.

제6절 시사점

1. 요약

전자투표제도가 도입된 주요 국가인 미국, 독일, 일본, 브라질의 사례를 살펴본 바에 따르면 각 나라의 의회에서의 표결은 대부분 전자투표를 원칙적으로 실시하고 있는 것으로 볼 수 있다. 의회의 전자표결의 경우 구성원들 간의 신뢰를 바탕으로 기명투표를 주로 실시하므로 문제의 발생가능성이 낮으면서 오히려 국민들에게 책임있는 정치를 실현할 수 있기 때문이다.

또한 정당경선, 위탁선거 등의 투표에서는 일반적으로 투표소에서 투표하는 OMR 카드방식, 터치스크린 방식을 넘어서서 인터넷, 모바일 투표도 널리 이용되고 있는 것으로 볼 수 있다. 이들 선거의 경우 구성원들의 범위가 적고 투표가 미치는 영향과 범위가 상대적으로 적어 문제가 발생할 가능성도 낮으며, 문제가 발생하더라도 복구가 어렵지 않기 때문인 것으로 판단된다.

그러나 국민투표와 주민투표제도를 포함한 공직선거에서의 전자투표제도는 각 나라별로 도입단계 및 범위에서 차이를 나타내며 문제점에 대한 대응방안에 있어서도 차이를 보였다.

우선, 미국의 경우 적극적인 전자투표제도의 도입으로 투표의 효율성을 높이면서 다양한 국민들의 투표참여를 활성화하고 있다. 그러나 아직까지 재외국민 또는 재외군인들에게만 예외적으로 인터넷 투표를 인정하였고, 공직선거에서는 1단계 투표방식에 해당하는 옵티컬 스캔

방식과 터치스크린 방식이 널리 활용되었다.

또한 전자투표의 시행과정에서 몇 가지 문제점도 발견되었다. 2004년 플로리다주 선거에서는 당선자와 낙선자의 표차이가 12표였으나 134명의 투표결과가 기록되지 않았으며, 2006년에는 터치스크린에서 후보자를 제대로 보여주지 못하여 투표가 정지되는 일이 발생하였다. 각 주정부에서는 이들 문제점이 발생한 이후 전자투표의 적극적 도입에 망설임을 보였으나, 곧 기술적 발전을 통해 극복해나갔다. 이에 따라 2008년 미국 대통령 선거에서는 90%의 국민이 전자투표제도를 통하여 안정적으로 투표에 참여하였다.

한편, 독일의 경우 초반에 적극적으로 공직선거에 있어서 전자투표제도를 도입하였다. 특히 독일은 연방선거법과 연방투표기 규칙으로 전자투표제도에 관하여 제도적인 시스템을 완비한 후, 연방과학기술원을 설립하여 기술적으로 보완하는 한편, 투표기 선정에 있어서도 절차를 완비하는 등 제도적 보완에 많은 노력을 기울였다. 그러나 2009년 독일 연방헌법재판소는 전자투표제도의 도입에 있어서 유권자들이 인지 · 제어 · 검증할 수 있어야만 한다고 하여 검증이 불가능한 전자투표에 대해서 신중한 입장을 나타냈다. 이에 따라 기술적 검증제도의 마련 후 추후 전자투표제도가 도입될 것으로 보인다.

일본의 경우, 주로 지방선거에서 전자투표제도가 다수 도입되었는데 공직선거법에서 반드시 직접 출석하여 투표하여야 한다고 명시하여 1단계 PSEV 방법만을 채택하여야 함이 전제되었다. 또한 투표기의 사용이 불가능한 사람에 대해서는 대리투표도 허용하여 투표제도 선택에 있어서 유연성을 나타냈다. 그러나 2004년 기니시에서 스탠드 어론 방식이 아닌 LAN을 통하여 연결하는 클라이언트 서버 방식을 활용하였는데 네트워크상의 오류가 발생하여 선거무효판결이 내려져 한동안 전자투표제도에 관한 논의가 중단되었다. 그러나 국제적인 흐름과 기술의 발전에 따라 2008년 민주당과 자민당은 국정선거에서 전자투표제도의 도입을 추진하기로 합의하여 다시 도입을 추진하고 있다.

마지막으로 브라질은 전자투표기기의 개발, 전자투표제도의 도입과 시행 등에 있어서 남미에서 선진국으로 인정받고 있다. 특히 문맹률이 높은 브라질에서는 문맹자들이 투표에 참여하여 투표율 증진효과가 크며, 주변국가에 전자투표기기를 수출 또는 대여하여 수익성도 확보하고 있다.

브라질의 전자투표제도는 엄격한 법집행을 특징으로 한다. 투표기 조작을 엄격히 금지한 후, 의문이 있는 정당이나 연합정당은 명확한 근거가 있는 경우에 한하여 5일 이내에 선거재판소에 이의를 제기할 수 있도록 하여 투표기 자체의 신뢰성을 강력하게 보호하고 있다.

2. 시사점

이러한 각 나라의 전자투표제도의 특징으로 볼 때, 다음과 같은 시사점이 찾을 수 있다.

첫째, 미국, 일본의 사례에서 볼 수 있듯이 좁은 단위의 투표에서 우선적으로 전자투표제도를 도입한 후, 적용범위를 넓혀갈 필요가 있다. 미국의 경우에도 정당경선, 재외국민 등의 투표에 있어서는 이미 3단계의 인터넷 투표가 널리 확산되었으나, 전국단위의 대통령 선거에서는 1단계 옵티컬 스캔, 터치스크린 방식만이 활용되었으며, 일본의 경우에도 지방선거에서 우선적으로 활용된 후, 전국선거로 확대가 추진되고 있다.

둘째, 미국의 사례에서 보듯이 투표기기가 갑자기 멈추어서 후보자를 보여주지 못하는 등 투표기기의 오작동 문제가 발생할 수 있다. 이러한 기술적 문제점 발생에 대비하여 미리 가이드라인을 만드는 등 대응책의 마련이 필요하다.

셋째, 독일 헌법재판소의 판례에서 보듯이 전자투표제도의 도입에 있어서 가장 중요한 전제조건은 검증가능성이라고 볼 수 있다. 각 정당과 유권자들의 검증이 가능할 때, 신뢰성이 높아질 것이기 때문이다.

넷째, 일본의 사례에서 보듯이 네트워크상의 문제로 인하여 투표결과가 집계되지 않을 수 있다. 따라서 우선적으로 네트워크 방식이 아닌 스탠드 어론 방식을 채택한 후, 점차적으로 기술적 안정성을 높여나갈 필요성이 있다.

다섯째, 브라질의 사례에서 보듯이 전자투표기술의 발전은 주변 국가들에게 영향을 미치면서 제도적, 기술적 선진국으로 나아갈 발판이 될 수 있다. 따라서 주변 국가들보다 빠른 발전으로 변화하는 환경에 대응해 나감으로써 제도적, 기술적 측면에서 앞서갈 수 있을 것이다.

여섯째, 각 나라의 경험을 바탕으로 검토할 때, 전자투표제도가 갖고 있는 많은 문제점에도 불구하고 끊임없이 기술적, 제도적 보완을 통하여 전자투표제도의 도입이 지금까지 확대되어 왔다는 점을 알 수 있다. 장기적으로 볼 때 기술발전에 따른 투표제도의 전자화는 피할 수 없는 현실이 되고 있으므로 우리나라에서도 기술발전과 제도적 보완을 통하여 전자투표제도의 올바른 도입방안에 대하여 검토할 필요성이 있다. 따라서 각 나라의 사례와 정부의 입장, 법원 판례를 참고하여 단계적으로, 신중하게 도입을 검토하되 지속적으로 보완해 나가야 할 것이다.

| 제5장 |
투표영역별 전자투표제도 검토

제1절 국회와 지방의회의 전자투표

1. 쟁점검토

1) 위원회의에서의 전자투표제도

현재 국회의 본회의에서는 기명표결에 의한 전자투표가 실시되고 있다. 그러나 위원회의에서는 여전히 전자투표기가 설치되어 있지 않아서, 전자투표제도가 사용되지 않고 있다.

그러나 우리나라 국회의 법안처리 과정을 살펴보면 주로 위원회를 통하여 안건에 관한 토론과 의결이 이루어지고 있으며 본회의는 의결만을 실시하는 경우가 많다.[1]

따라서 본회의뿐만 아니라 위원회 내에서 전자투표에 의한 기록표결을 우선하여 표결의 책임감을 높이고 전자투표의 대상안건을 확대함으로써 전자투표가 대부분의 법률안 처리에 사용될 수 있도록 기반을 마련할 수 있다.

2) 대상안건 확대

국회에서는 일반적인 표결방법으로 전자투표를 규정하고 있다. 그러나 여전히 대통령령으로 회부된 안건, 기타 인사안건, 의장의 제의 또는 의원의 동의로 본회의에서 의결하는 경우, 재적의원 5분의1 이상 요구하는 경우와 같은 무기명투표안건의 경우에는 전자투표제도가 도입되지 못하고 있다. 또한 헌법개정안, 의장의 제의 또는 의원의 동의로 본회의에서 의결하는 기명투표 · 호명투표의 경우에도 제외되고 있다.

인사에 관한 안건 중 단순히 국회 전체의 찬반만을 묻는 동의안 등은 현재의 전자투표장치로도 충분히 표결이 가능한데도 인사에 관한 안건은 무기명투표로 실시한다는 국회법 제112조 제5항 규정 때문에 전자투표 대상안건이 제한되고 있다.

지금까지 실시되어 왔던 기립표결의 대체방법으로서의 전자투표의 활용뿐만이 아니라 헌법의 규정에 의한 헌법기관 구성을 위하여 국회에서 실시하는 각종 임명동의 및 선출은 물론 국회 기관의 구성을 위한 선거에 있어서도 전자투표장치가 활용되어야 할 것이며, 나아가서 단지 이의유무를 물어 처리해 왔던 대부분의 안건에 대해서도 일일이 전자투표를 실시하여 각 안건에 대한 의원의 관심과 책임성을 높이는 방법을 생각할 수 있다.

우리 국회가 본회의에 상정된 법안에 대해서는 이의유무만 묻고 통

---

1) 우리나라 국회의 법안심의과정을 보면 위원회에서 주된 심의를 하고 본회의에서는 형식적인 심의만을 하는 경우가 많다. 이에 대한 자세한 내용은 박재창, "국회 입법과정의 개혁수요 진단: 대표성과 심의성을 중심으로," 『국가정책연구』제23권 제3호(2009), 35면 참조.

과시키는 시스템을 고쳐서 미국처럼 상정된 법안마다 전자표결을 하도록 하는 것이 필요하다. 따라서 의원들의 이의유무만 물어 안건을 처리할 수 있도록 한 국회법 제112조 제3항을 개정하여 비밀투표를 제외한 모든 안건을 전자투표로 처리하도록 할 수 있다. 본회의 모든 표결안건이 전자투표로 처리될 경우 의원들의 본회의장 출석여부는 물론 법률안에 대한 찬반여부가 자동적으로 드러나 의정활동의 투명성과 국회의 책임감 제고, 법률안 실명제 등의 효과가 있게 될 것이다.

3) 기기의 안정성

전자투표장치의 고장으로 인해 국민적인 관심이 많고 중요한 표결안건에 대해 전자투표를 실시하지 못하게될 경우, 전자투표장치가 안정성에 대해 불신이 생길 수 있다.

전자투표장치의 불안정으로 인해 제15대 국회의 경우 우선 의장이 전자투표를 제의하는 데 어려움이 있었으며 일부 의원이 전자투표의 실시를 요구할 경우에도 실시하기 곤란한 적도 있었다. 또한 전자투표장치의 고장으로 인해 대체적으로 쓰이는 기립표결은 현재 기록표결이 아니며, 제16대 국회의 경우는 국회법 규정에 의해 반드시 전자투표를 실시해야 하는데도 투표기기의 불안정성으로 인한 고장 등의 사유를 표명하면서 기립표결을 실시함으로써 시민단체나 언론으로부터 표결결과에 대한 불신이나 정치적인 고려로 전자투표를 실시하지 않았다는 오해를 받기도 하였다.

4) 공개의 즉시성

현재 국회공보나 회의록은 본회의 다음날에 일반에게 공개되기 때문에 안건에 대한 국회의원 개개인의 의사를 알기 위해서는 다음날까지 기다려야 한다. 그러나 국민에게 미치는 영향이 크고 중요한 사안의 경우 국민의 알권리를 보장하기 위하여 즉시 국민들에게 그 결과를 알려줄 필요가 있다. 특히 오늘날 기술력의 발전으로 위원회의 및 본회의

가 생중계되고 있는 현실[2]에서 국회의원의 표결결과를 하루 늦게 공보
나 회의록이 인쇄·배포되기를 기다려야 하는 현실은 알권리를 제한
한다고 볼 수 있다.

현행 국회법 제113조는 '표결결과는 의장이 즉석에서 선포하여야 한
다'고 규정하고 있으며, 제115조는 의결결과는 회의록에 기재되어야
한다고는 규정되어 있으나, 즉시 공개되어야 한다는 내용은 규정되어
있지 않다. 따라서 관련규정을 개정하여 전자투표결과가 투표즉시 공
표되어 국회 홈페이지 또는 인터넷 방송[3] 등을 통하여 공개되도록 법
령을 정비할 필요가 있다.

5) 대리투표의 가능성 배제

전자투표를 통하여 의결정족수 부족을 채우기 위해 대리투표를 하는
경우가 발생하였다. 전자투표제의 취지가 법률안에 대한 각 의원의 의
사를 공개하는 법률안 실명제에도 있으며, 대리투표를 통하여 전체 국
회의 의사가 왜곡될 수 있으므로 표결에서의 대리투표는 방지되어야
한다.

국회에서는 사무처 직원으로 하여금 감시·감독하도록 하는 등 행
정적인 조치를 취하고 있지만 감시만으로는 해결되지 못했다. 특히
2009년 방송관계법 등 개정 시 국회의원들이 공공연히 옆 자리 의원의
표결을 대신해주는 모습이 공개되어 논란이 되었다.[4]

일본의 경우, 대리투표 논란이 된 참의원은 즉시 사퇴한 바 있으며,[5]

---

2) 국회방송에 관한 법적 근거는 다음과 같다. 국회에서의 중계방송 등에 관한 규칙
제6조의2 제1항에 규정되어 있다.
3) 국회 인터넷 의사중계시스템, http://assembly.webcast.go.kr 참조.
4) 연합뉴스, 미디어법 재투표.대리투표 논란 격화, 2009.7.24, http://app.
yonhapnews.co.kr/YNA/Basic/article/new_search/YIBW_showSearchArticle.
aspx?searchpart=article&searchtext=%eb%8c%80%eb%a6%ac%ed%88%ac%ed%91
%9c&contents_id=AKR20090724176200001 (검색일:2011.8.11) 참조.
5)『세계일보』, "日 자민당 의원 대리투표 파문," 2010.4.2, http://www.segye.com/

프랑스의 경우에는 50명의 의원이 요구하면 단상의 기명투표가 행하여 지도록 하여 대리투표를 방지하고 있다.

우리의 경우 국회법을 개정하여 2010년 9월 정기국회부터는 국회의 원들이 국회 본회의장에서 전자투표를 할 때 의원별 비밀번호를 입력하 는 '전자투표 본인확인시스템'이 도입을 추진하고 있다. 그러나 전자적 비밀번호 확인만으로 대리투표를 완전히 방지할 수는 없으므로 지문인 식 등 개인정보를 확인할 수 있는 방법 등을 활용할 수 있을 것이다.

6) 지방의회의 의결에 관한 규정

지방자치법에서는 지방의회의 표결방식에 대해서 지방자치단체의 조례로 위임하고 있다. 따라서 지방의회의 표결방식은 주로 지방자치 단체의 조례에 규정되어 있다. 예를 들어, 울산광역시의회 회의규칙은 의장이 제의 또는 의원의 동의로 본회의의 의결이 있을 대에는 전자투 표를 할 수 있도록 규정하고 있다. 표결방법은 국회법에서 규정한 방식 과 유사하며 지방자치단체별로 유사한 체계로 규정되는 것이 일반적 이다.

지방자치법에서는 지방의회의 의결에 대하여 규정하고 있다. 특히 지방의회의 경우, 국회에 비하여 규모나 영향력이 적고 공직선거 등에 비해 공정성 논란이 적으므로 전자투표제도의 도입이 특별히 문제되지 않는다. 이에 따라 전자투표 도입시 국회법의 개정방안에 준하여 개정 하여야 할 것이다.

한편 지방자치법에 전자투표의 도입가능성을 규정하여 각 지방자치 단체에서 활발히 활용할 수 있도록 규정 근거를 마련할 필요도 있다.

Articles/NEWS/INTERNATIONAL/Article.asp?aid=20100402003392&subctg1=&sub ctg2= (검색일:2011.8.11) 참조.

2. 헌법재판소 판단

국회의 표결방식에 대하여 헌법재판소는 표결절차상의 하자주장에 대하여 부정적인 입장을 취하고 있다. 헌법재판소에서[6] 일반적인 표결절차상의 하자에 대하여 어떤 입장을 보이고 있는지 살펴본 후, 전자투표제도에 대한 하자주장에 관하여 살펴본다.

1) 일반적인 판단

(1) 표결절차의 하자에 대한 제68조 제1항 헌법소원 대상성 판단

변칙처리된 법률 등에 의하여 직접 기본권을 침해받은 사람이 표결절차에 관한 하자를 주장하며 청구하는[7] 헌법재판소법 제68조 제1항의 헌법소원심판은 국회의원의 표결절차의 하자에 대한 헌법소원심판청구에 대하여 그 대상성을 부정한다.

1990년 7월과 1991년 12월에 있었던 이른바 날치기 통과에 대하여 국회의원들이 헌법소원심판에서 헌법재판소는 국회의원의 질의권·답변권·의결권 등은 입법권 등을 행사하는 국가기관인 국회의원에게 부여된 권한이지 국회의원 개인에게 헌법이 보장하는 기본권으로 인정된 것이 아니므로 의안처리과정에서 위와 같은 권한을 침해당하였다고 하더라도 이는 헌법재판소법 제68조 제1항에서 말하는 기본권의 침해에 해당하지 않아 국회의원은 개인의 권리구제수단인 헌법소원을 청구할 수 없다고 하여 각하결정하였다.[8]

---

6) 정재황, "국회의 입법절차에 대한 헌법상 통제,"『고시계』 제492호(1998), 70면.
7) 헌법 제111조 제1항에 의한 헌법재판소의 위헌법률심판, 정당해산심판, 탄핵심판, 권한쟁의심판, 헌법소원심판 관할 중, 국회의 표결절차에 관하여는 헌법재판소에서 주로 논의되는 내용은 헌법소원심판, 위헌법률심판, 권한쟁의심판으로 볼 수 있다.
8) 헌법재판소, 1995.2.23 선고, 90헌마125, "입법권침해 등에 대한 헌법소원,"『헌법재판소 판례집』 제7권 제1집(1995), 87-231면.

(2) 표결절차의 하자에 대한 제68조 제2항 헌법소원 대상성 판단

소송당사자가 위헌법률심판의 제청을 신청하였으나 법원이 이를 기각한 경우에 위헌여부의 심판을 받기 위하여 당사자가 제기할 수 있는 헌법재판소법 제68조 제2항의 위헌소원심판에서는 국회의원 표결절차에 관하여 본안판단이 이루어졌다.[9]

1991년 5월 10일 국회의 국가보안법 개정안 의결과정에서 야당의원들의 실력저지로 인하여 의장이 본회의장 의장석이 아닌 본회의장 뒤쪽 중앙통로에서 제안설명, 심사보고, 수정제의보고 및 표결절차를 생략하고 가결을 선포한 사건에 대한 위헌소원에서 헌법재판소는 야당원원들의 실력저지로 정상적인 의사진행에 의한 표결이 사실상 불가능한 경우였으므로 본회의장 내에서 의결정족수를 넘는 다수 의원들이 찬성의사를 표시하였음을 확인하고 법률안의 가결을 선포한 것은 위헌적 요소가 없다고 판단하였다.

2) 전자투표에 의한 표결절차상의 하자에 대한 헌법재판소의 판단 −신문법[10] 등 개정시 국회의원과 국회의장간의 권한쟁의[11]

(1) 안건의 제안취지-설명 절차의 위법성 판단

각 정당 간의 합의된 의사가 아닌 하나의 정당에 의하여 날치기로 법률안을 통과시키기 위하여 표결개시 선언이, 안건의 제안취지에 대한 설명대신 e-의안시스템에 입력되면서 이루어졌다. 이에 대하여 국회법 제93조는 '본회의는 안건을 심의함에 있어서 그 안건을 심사한 위원장의 심사보고를 듣고 질의 · 토론을 거쳐 표결한다. 다만, 위원회의 심사

---

9) 헌법재판소, 1997.1.16 선고, 92헌바6 · 26, 93헌바34 · 35 · 36(병합), "국가보안법,"『헌법재판소 판례집』, 제9권 제1집(1997), 22면.
10) 신문법: 신문 등의 자유와 기능보장에 관한 법률의 약자
11) 헌법재판소, 2009.10.29 선고, 2009헌라8 · 9 · 10 병합 전원재판부, "국회의원과 국회의장 등 간의 권한쟁의,"『헌법재판소 판례집』제157호(2009), 1873-1908면.

를 거치지 아니한 안건에 대하여는 제안자가 그 취지를 설명하여야 하고, 위원회의 심사를 거친 안건에 대하여는 의결로 질의와 토론 또는 그 중의 하나를 생략할 수 있다.'라고 규정되어 있는데 이 내용에 따라 안건의 제안취지 설명을 e-의안시스템이 대신할 수 있는지가 문제되었다.

이에 대해 재판관 9인 중 6인은 "국회법 제93조를 위배하여 청구인들의 심의·표결권을 침해하였다고 보기는 어렵다"는 합헌의견을, 다른 3인은 "국회법 제93조 단서에 위배되어 청구인들의 심의·표결권을 침해하였다"는 위헌의견을 제시하고 있다.

합헌의견 중에서도 판결이유는 다르게 나타났는데, 이 중 3인[12]은 "제안취지의 설명에 관한 국회법 규정의 취지는 심의·표결에 참가할 국회의원으로 하여금 제안된 법률안의 취지와 내용을 알게 하고자 하는 것"이라고 하면서, "이 사건에서 국회의원들이 실제로 신문법 수정안을 표결할 때에는 법률안의 취지와 내용을 알 수 있는 상태에 있었으므로, 신문법 수정안에 대한 제안취지의 설명은 이루어졌다고 볼 것"이라고 보아, e-의안시스템만으로도 제안취지의 설명을 대체할 수 있다고 판단하였다.

또다른 3인[13]은 "신문법 수정안이 표결개시 선언될 때 e-의안시스템에 입력되었을 뿐 아직 회의진행시스템에 입력되지 아니한 절차적 흠결이 있으나, 청구인들이 e-의안시스템에 의하여도 신문법 수정안의 내용을 파악할 수 있었고, 표결이 실질적으로 개시되기 전에 의안이 회의진행시스템에 입력된 이상, 회의장의 질서가 극도로 문란하였던 상황에서 피청구인이 위와 같은 제안취지 설명을 유효한 것으로 보고 표결 절차를 진행한 것은 국회의장의 자율적 의사진행권한범위를 벗어나지 아니한다"고 보아, 안건의 제안취지 설명 절차의 흠결은 있었지만, e-의안시스템으로도 법안 내용을 파악할 수 있었고, 표결개시 전에 회

---

12) 재판관 이강국, 재판관 이공현, 재판관 조대현 의견 참조.
13) 재판관 민형기, 재판관 이동흡, 재판관 목영준 의견 참조.

의진행시스템에 입력되었으므로 국회의장의 자율적 의사진행권한범
위 내의 행위라고 판단하였다.

한편, 위헌의견을 제시한 다른 3인[14]은 "법률안 제안취지의 설명은
의안에 대한 질의·토론 및 표결을 위한 의사결정의 불가결한 전제가
되므로, 일반적인 구두설명이 아닌 다른 방식으로 대체되는 경우 제안
자가 직접 설명한 것과 다름없다고 인정될 정도로 용이하고 간편한 방
식으로, 질의·토론 및 표결 절차가 진행되기 전에 이루어져야 한다"
라고 보면서 "이 사건에서 신문법 수정안 표결 선포 후 표결이 실제로
개시되기 30여초 전에 해당 안건을 회의진행시스템에 입력한 것으로
는 국회법이 요구한 '안건의 제안취지 설명'이 이루어졌다고 볼 수 없
다."고 보아, 위원회의 심사를 거치지 않은 안건에 대하여 제안자의 취
지설명을 생략한 것은 국회법 제93조에 반한다고 판단하였다.

(2) 표결 절차에서 표현의 자유와 공정성 여부

신문법 개정안에 대한 표결과정에서 양당 의원들은 무질서한 상태에
서 투표방해행위 등이 존재하였다. 이 경우 표현의 자유와 공정이 현저
히 저해되고 그로 인하여 표결 결과의 정당성에 영향을 미쳤을 개연성
이 있는지 여부 및 다수결의 원칙에 위배되었는지에 대하여 쟁점이 되
었다.

이에 대하여 재판관 9인 중 5인은 국회의장의 신문법안 가결선포행
위는 "헌법 제49조 및 국회법 제109조의 다수결 원칙에 위배되어 국
회의원의 표결권을 침해한 것"이라고 보아 위헌의견을, 나머지 4인은
"청구인들의 표결권이 침해되지 않았다"고 판단하였다.

위헌의견을 제시한 재판관 5인[15]은 "헌법 제49조가 천명한 다수결의

---

14) 재판관 김희옥, 재판관 김종대, 재판관 송두환 의견 참조.
15) 재판관 이강국, 재판관 이공현, 재판관 조대현, 재판관 김희옥, 재판관 송두환
　　의견 참조.

원칙은 국회의 의사결정 과정의 합리성 내지 정당성이 확보될 것을 전제로 한 것이고, 국회의원의 법률안 표결권은 국회의 구성원으로서 자신과 다른 국회의원의 표결권이 모두 정당하게 행사되고 확인되는 과정을 거쳐 국회의 최종 의사로 확정되는 국회입법권의 근본적인 구성요소"라고 보았다. 따라서 "법률안에 대한 표결의 자유와 공정이 현저히 저해되고 이로 인하여 표결 결과의 정당성에 영향을 미칠 개연성이 인정되는 경우라면, 그러한 표결 절차는 헌법 제49조 및 국회법 제109조가 규정한 다수결 원칙의 대전제에 반하는 것으로서 국회의원의 법률안 표결권을 침해한다."라고 전제하였다.

구체적인 내용판단에 있어서는 "신문법 수정안 표결 전후의 무질서하였던 회의장 상황 및 현행 전자투표방식의 맹점 등을 고려할 때, 피청구인으로서는 표결과정에서 요구되는 최소한의 질서를 확보하고 위헌한 투표행위나 투표 방해행위를 제지하는 등의 조치를 취하였어야 함에도 그러지 못한 결과, 신문법 수정안에 대한 표결 과정에 권한 없는 자에 의한 임의의 투표행위, 위헌한 무권 또는 대리투표행위로 의심받을 만한 여러 행위, 투표방해 또는 반대 투표행위 등 정상적인 절차에서 나타날 수 없는 투표행위가 다수 확인"되었으므로 표결 절차에서 자유와 공정은 현저히 저해되었다고 보았다.

또한 "신문법 수정안 표결 전후 상황, 위헌의 의심이 있는 투표행위의 횟수 및 정도 등을 종합하면, 신문법 수정안의 표결 결과는 극도로 무질서한 상황에서 발생한 위헌한 투표행위, 정당한 표결권 행사에 의한 것인지를 객관적으로 가릴 수 없는 다수의 투표행위들이 그대로 반영된 것으로서, 표결과정의 현저한 무질서와 불합리 내지 불공정이 표결 결과의 정당성에 영향을 미쳤을 개연성이 있다."고 판단하였다.

합헌의견에서는 근거가 두 가지로 나타났다. 우선, 재판관 3인[16]은 "신문법안 가결선포행위가 국회의원인 청구인들의 표결권을 침해하

---

16) 재판관 민형기, 재판관 이동흡, 재판관 목영준 의견 참조.

였다고 하기 위하여는, 신문법안 표결이 극도의 혼란 속에서 이루어졌고 그 과정에서 비전형적인 투표행위가 있었다고 하더라도, 그것이 실제 표결 결과에 영향을 미쳐 청구인들의 투표가치를 훼손하였다고 인정할 수 있어야 한다."라고 보면서 이 사건에서는 이러한 정도에 이르지 않았다고 보았다.

한편, 다른 재판관 1인[17]은 "국회의 자율권을 존중하여야 하는 헌법재판소로서는 국회의장의 법률안 가결선포행위와 관련된 의사진행 절차상의 제반 사실을 인정함에 있어서도 특별한 사정이 없는 한 국회본회의 회의록의 기재 내용에 의존할 수밖에 없다."고 판단하면서, "무권 또는 대리투표 등이 국회본회의 회의록에 명기되어 있지 아니"하므로 합헌하다고 판단하여, 신중한 입장을 나타냈다.

(3) 표결 절차에서 일사부재의의 원칙의 위법성 판단

방송법 일부개정법률안 표결을 실시한 결과, 전자투표 전광판에 "재적 294인, 재석 145인, 찬성 142인, 반대 0인, 기권 3인"이라고 표시되었다. 이에 대해 국회부의장은 "재석의원이 부족해서 표결 불성립되었으니 다시 투표해 주시기 바랍니다."라고 하여 투표가 다시 진행되었고 전자투표 전광판에 "재적 294인, 재석 153인, 찬성 150인, 반대 0인, 기권 3인"으로 집계되어 법안이 가결되었다. 표결절차가 헌법 제49조 및 국회법 제109조에 의한 출석정족수를 충족시키지 못한 경우, 재투표하는 것이 국회법 제92조에 규정된 일사부재의의 원칙에 반하는지가 문제되었다.

이에 대하여 재판관 5인은 "국회의 의사는 부결로 확정"되었으므로, 재표결을 실시한 것은 "일사부재리의 원칙에 위배하여 청구인들의 표결권을 침해한 것이다."라고 보아 위헌의견을, 재판관 4인은 "일사부재의 원칙에 위배된다고 할 수 없다."고 보아 합헌의견을 제시하였다.

---

17) 재판관 김종대 의견 참조.

위헌의견을 제시한 재판관 5인[18]은 "헌법 제49조 및 국회법 제109조는 의결정족수에 관하여 일부 다른 입법례와는 달리, 의결을 위한 출석정족수와 찬성정족수를 병렬적으로 규정하고 있고, '재적의원 과반수의 출석'과 '출석의원의 과반수의 찬성'이라는 규정의 성격이나 흠결의 효력을 별도로 구분하여 규정하고 있지 아니하다."고 보아 "국회의원이 특정 의안에 반대하는 경우 회의장에 출석하여 반대투표하는 방법뿐만 아니라 회의에 불출석하는 방법으로도 반대 의사를 표시할 수있으므로, '재적의원 과반수의 출석'과 '출석의원 과반수의 찬성'의 요건이 국회의 의결에 대하여 가지는 의미나 효력을 달리 할 이유가 없다."고 판단하였다.

특히 전자투표에 의한 표결에 대해서는 "국회의장의 투표종료선언에 의하여 투표 결과가 집계됨으로써 안건에 대한 표결 절차는 실질적으로 종료되므로, 투표의 집계 결과 출석의원 과반수의 찬성에 미달한 경우는 물론 재적의원 과반수의 출석에 미달한 경우에도 국회의 의사는 부결로 확정되었다고 볼 수밖에 없다."고 보았다.

한편, 합헌의견을 나타낸 재판관 4인[19]은 "헌법 제49조 및 국회법 제109조의 '재적의원 과반수의 출석'이라는 의결정족수는 국회의 의결을 유효하게 성립시키기 위한 전제요건인 의결능력에 관한 규정으로서, '출석의원 과반수의 찬성'이라는 다수결 원칙을 선언한 의결방법에 관한 규정과는 그 법적 성격이 구분된다."고 하여 "의결정족수에 미달한 국회의 의결은 유효하게 성립한 의결로 취급할 수 없다."고 보았다.

특히 국회에서의 실무관행을 고려했을 때, "의결정족수를 국회의 의결을 유효하게 성립시키기 위한 전제요건으로 보는 것은 비교법적으로도 공통된 것으로서, 이렇게 보지 않을 경우 소수의 국회의원만이 참석

---

18) 재판관 조대현, 재판관 김종대, 재판관 민형기, 재판관 목영준, 재판관 송두환 의견 참조.
19) 재판관 이강국, 재판관 이공현, 재판관 김희옥, 재판관 이동흡 의견 참조.

한 상태에서의 표결도 가능하고 이때에는 굳이 투표 결과를 확인할 필요도 없이 부결이 된다는 결론에 이르게 되어 대의민주주의의 원리에도 부합하지 않는다."고 판단하였다.

제2절 국민투표와 주민투표의 전자투표

1. 단계적 전자투표제도 도입방안

직접적으로 국민(주민)에게 '주민에게 과도한 부담을 주거나 중대한 영향을 미치는 사안',[20] '국가정책' 또는 '헌법개정안'[21]과 같은 국민들의 의사를 직접 묻는 방식이므로 주로 국민(주민) 간의 첨예한 의견이 대립되는 부분에서 실시된다. 따라서 공정성을 침해하지 않는 범위 내에서 단계적으로 전자투표제도를 도입할 필요성이 있다.

1단계 PSEV 터치스크린 방식을 우선적으로 선택하여 주민들의 신뢰도를 높인 후 단계적으로 전자투표방식을 확대할 수 있을 것이다. 1단계 방식을 채택하는 경우에는 기존 공직선거에의 적용시와 같이 투표시스템이 외부와 연결되지 않도록 해 오류의 발생을 최소화하여야 하며 발생하더라도 대응할 수 있는 시스템을 갖추어야 할 것이다. 한편, 2, 3단계의 경우 보다 구체화되어 각 단계별로 필요한 공정을 확보하기 위한 검증시스템을 마련할 필요성이 있다.[22]

특히 주민선거의 경우, 주민공동체 간의 신뢰가 형성되어 있고 선거

---

20) 주민투표법 제7조 참조.
21) 국민투표법 제1조 참조.
22) 양영철, 『주민투표제도론』(대영문화사, 2007), 444-445면.

가 미치는 범위가 넓지 않으므로 전자투표제도를 시범적으로 도입한 후, 인터넷 투표 등 투표방식을 다양화할 수 있는 장이 될 수 있다.

2. 표결방식의 다양화

국민(주민)투표제도의 경우, 국민들의 찬반의 의사가 직접 표현되므로 여론이나 주변의 상황에 의하여 영향을 받지 않도록 하는 것이 중요하다. 특히 전자투표가 도입된다면 다양한 의견을 수집할 수 있으므로 투표기기에서 선택가능한 의견서를 작성할 경우, 특별히 어느 한쪽으로 치우치지 않도록 공정하게 작성될 필요성이 있다.

현행 국민(주민)투표법은 찬반양론 중의 택일식의 국민투표를 채택하고 있다. 즉 주민투표법 제15조는 '찬성 또는 반대의 의사표시를 하거나 두 가지 사항중 하나를 선택하는 형식'으로 이루어져야 한다고 규정하고 있다. 또한 국민투표법 제53조 제1항은 '투표용지에는 찬성과 반대의 양란을 두어야 한다'라고 규정하고 있다. 또한 기표방법에 관한 제60조는 '투표인이 투표용지에 찬성 · 반대의 선택을 하는 표를 할 때에는 'O'표를 하여야 한다'라고 규정하고 있다. 그리고 제78조 제1항 제2호는 '찬성 · 반대 어느 난에도 표를 하지 아니한 것', 제3호는 '찬성 · 반대 모두 표를 한 것', 제4호는 '찬성 · 반대 어느 난에 표를 한 것인지 식별할 수 없는 것' 등을 무효로 하고 있다. 전자투표제가 도입된다면 찬성, 반대의견 외에 다양한 의견 중 선택할 수 있는 가능성도 열려 있다.

한편 현행 국민투표법 제59조 제2항은 '투표인이 투표용지를 오손한 때라도 이를 다시 교부하지 아니한다'라고 규정하고 있어 취소, 정정의 가능성은 없다고 보아야 할 것이다. 전자투표를 채택하면 정정의 가능성이 보다 쉽게 주어질 수 있다는 점에서 국민의 선택권을 더 보장한다고 볼 수 있다.

3. 투표제도의 활성화

현재 주민투표의 대상, 요건, 비용부담상황을 고려했을 때, 현실적으로 중요하게 나타난 사안 외에는 투표가 활발하게 실시되기 어려우며, 실제로 주민투표도 거의 이루어지지 못하고 있다. 국민투표제도 역시 제도만 존재할 뿐 1987년 이후 한차례도 실시되지 못한 바 있다.

따라서 투표제도를 활성화하기 위해서 전자투표제도에 참여하는 방법을 다양화할 수 있다. 우선적으로 1단계 투표방식을 도입하여 국민들의 신뢰를 받되, 투표소에 출석하기 어려운 주민들의 경우 부재자 신고 등을 통하여 인터넷 PC, 문자메세지, 디지털 TV, 스마트폰 등 다양한 매체를 통하여 투표할 수 있도록 인정하는 방안도 고려할 수 있다.

제3절 정당경선 등 위탁선거의 전자투표

정당의 예비경선방법에 대해서는 정당법과 당내경선 위탁사무 관리 규칙[23]에서 각 정당과 협의하여 결정한다고 규정되어 있으며 구체적인 사항은 각 정당의 당헌 또는 당규에서 자율적으로 정하고 있다. 또한 실제로 예비경선에서의 전자투표제도는 10여년간 시행되었으며 점차 그 방식도 문자메세지 방식 등으로 다변화되어왔으므로 상당히 발전된 모습을 보이고 있다.

다만 앞으로 3단계 투표방식인 인터넷 투표, 모바일 투표 등 투표방식이 다양화됨에 따른 공정성 논란이 발생할 수 있으므로 예비경선 투표방식에 대해서 현행 정당법에서 당헌으로 위임한 입법에 대한 보완

---

23) 당내경선 위탁사무 관리규칙 제22조 참조.

이 필요할 것이다. 즉, 각 정당에게 투표방식의 자율성을 인정하되, 공직선거에서와 비슷한 신뢰성과 정확성이 확보되도록 재검표 또는 감사시스템을 확보하는 방안도 고려할 수 있다.

농협·수협·축협 등의 조합장 선거, 대학총장 및 학생회장 선거 등의 위탁선거, 민간선거 등의 선거방법은 조합장 위탁선거관리 규칙[24] 및 대학의 장 후보자 추천 위탁선거관리 규칙[25]에서도 전자투표제도의 도입을 전제하고 있으나, 투표의 구체적인 방법은 각 조합규칙 또는 대학규칙 등에 자율적으로 규정하도록 되어 있다.

위탁선거의 경우에도 앞에서 본 정당의 예비경선에서와 같이 앞으로 3단계 투표방식인 인터넷 투표, 모바일 투표 등 투표방식이 다양화됨에 따른 공정성 논란이 발생할 수 있으므로 위탁선거의 자율성을 인정하되 공직선거와 비슷한 비슷한 신뢰성과 정확성이 확보되도록 재검표 또는 감사시스템을 확보하는 방안을 고려할 수 있다.

---

24) 조합장 위탁선거관리 규칙 제11조 참조.
25) 대학의 장 후보자 추천 위탁선거관리 규칙 제24조 참조.

| 제6장 |

공직선거와 전자투표제도*

제1절 단계별 법적 쟁점

1. 1단계 전자투표제도

1) 문제점

제1단계 전자투표제도는 유권자가 지정된 투표소에 출석하여 투표하는 방식으로 옵티컬 스캔방식, 터치스크린 방식, 터치스크린 방식에서 통합 선거인 명부만을 활용하는 방식으로 분류된다. 1단계 중 옵티컬 스캔방식과 터치스크린 방식의 경우, 선거인이 현재와 같이 지정된 투표소에서 투표하므로 각 투표소에 설치된 전자투표기 등을 네트워

---

* 본 장의 내용 중 일부는 본 필자의 "공직선거에서의 전자투표제도 도입을 위한 단계적 접근."(중앙법학, 2011) 중의 일부 내용을 발췌 · 수정하였습니다.

크화 할 필요는 없다. 즉 기존의 선거방식과 기본적으로 비슷하나, 기존의 종이를 컴퓨터로 대체하는 방식이라 할 수 있다. 선거결과 또한 외부 저장장치에 따로 저장하여 물리적으로 이송하므로 안전성을 확보한다. 그러나 투표기기의 다운가능성, 투표기기 이송상의 안전성 문제, 선거결과의 검수가능성의 문제, 터치스크린에 익숙하지 않은 세대와 계층의 소외가능성 문제, 과다한 초기 설치비용의 문제가 발생한다.

1단계 중 터치스크린 방식에서 통합 선거인 명부만을 활용하는 방식은 전국 어느 투표소에서도 투표를 할 수 있고 투표결과를 디스켓에 담아 이송할 수 있다. 따라서 별도의 부재자 신고를 하지 않고도 가까운 투표소에서 투표할 수 있으므로 투표율 향상효과가 있으면서 안전성을 보장할 수 있는 방안이다. 그러나 이 방안은 투표기기의 다운가능성 등 앞서 논의된 문제점 외에 선거인명부, 후보자 명단 공유정보가 외부에 노출되는 등의 개인정보 노출문제가 발생할 수 있다.

(1) 투표기기의 다운가능성

투표소에서 터치스크린을 통한 전자적 장치에 의하여 투표를 하는 방법이기 때문에 투표기기가 투표도중에 다운되는 문제가 발생할 수 있다. 컴퓨터 장치를 기본원리로 하므로 투표시간 직전까지 투표기기가 작동하지 않거나, 투표 중에 기기가 갑자기 작동을 멈추거나 꺼지는 경우가 발생할 수 있다. 실제로 미국의 플로리다주에서는 터치스크린이 후보자를 제대로 보여주지 못하여 투표가 중단되었으며, 일본의 기니시 지방선거에서는 투표기기가 다운되어 투표가 중단되었고 이로 인하여 선거무효소송이 제기되는 등의 문제가 발생하였다.

(2) 투표결과 이송시의 안전성 확보

1단계 투표방식의 경우 네트워크 방식이 아닌 스탠드 어론방식을 선택하여 디스켓이나 USB와 같은 외부 저장장치에 따로 저장하여 이를 개표소에 이송한다. 이 경우, 투표결과가 담긴 이송장치의 안전성이 문제된다. 예를 들어, 이송장치가 작고 손쉽게 이동이 가능하므로 분실되거나 은밀하게 교체되는 등의 문제점이 발생할 수도 있다.

(3) 투표결과의 검증가능성

선거결과에 의문이 발생할 경우, 국민들에게 신뢰성을 확보하기 위해서는 선거결과가 공공에 의하여 검증이 가능하여야 한다. 특히 터치스크린으로 투표를 하는 경우, 투표자의 의도대로 기록되지 않을 수 있으며 투표결과가 투표저장장치에 저장될 때 다르게 저장될 수 있다.

그러나 전자투표제도는 전자적 기술을 기반으로 하여 입력되고 저장되므로 명확하게 투표결과가 드러나는 종이투표제도에 비하여 결과의 검증이 쉽지 않다.

독일 연방헌법재판소는 전자투표제도의 도입에 있어서 가장 중요한 전제조건은 검증가능성이라고 보면서 이러한 전제조건이 충족되지 않을 때 전자투표제도의 도입에 대해서 부정적으로 평가한 바 있다.

(4) 세대, 계층의 소외가능성

터치스크린은 화면을 보고 지시에 따라 투표를 하는 방식을 선택하고 있다. 모니터에 손을 대어서 전자투표제도를 실시하는 것이므로 일부 터치스크린에 익숙하지 않은 세대와 계층의 경우 투표장치에 익숙하지 않아 투표를 기피하는 경우가 발생할 수 있다.

본인 확인은 선거관리인의 도움을 받아 직접 한다고 하더라도, 투표하고자 하는 사람을 선택할 때에는 직접투표, 비밀투표의 원칙상 본인이 직접 하여야 하는 문제점이 발생한다.

(5) 초기 설치비용

전자투표의 도입은 투표준비나 개표작업에 소용되는 비용을 줄일 수 있으며, 인적·물적 자원의 소비를 줄일 수 있다는 점에서도 의의가 있다. 하지만 초기에는 전자투표기의 개발과 안전한 통신망의 구축을 위한 비용이 많이 소요되는 단점이 있다.

중앙선거관리위원회에서 추산한 전자투표 추진 로드맵에 의하면 기존 터치스크린 투표방식을 채택할 경우, 투표기와 명부단말기의 공급을 위하여 약 1700억 원 정도의 초기예산이 소요될 것으로 추정되었다. 종이투표와 병행하는 방법 등 몇가지 대체안을 통해서 예산을 줄인다고 하더라도 약 1000억 원 정도의 예산은 소요될 것으로 보인다.[1)2)]

(6) 개인정보노출가능성

기존의 터치스크린 방식에서 통합 선거인 명부만 추가적으로 활용할 경우, 선거인 명부와 후보자 명단 등이 공유되면서 선거인명부가 외부에 노출될 가능성이 있다. 선거인명부는 개인의 주민등록지를 기초로 작성되므로 개인정보에 해당하여 이에 대한 노출은 문제가 된다.

2) 공정성 확보방안

(1) 투표기기의 안전성 확보방안

① 전자투표기기의 추가설치방안

투표직전 또는 투표도중에 기기가 멈추는 경우에 대비하여 각 투표소마다 약 4~5대의 전자투표기를 설치하여 각각의 투표기가 독립적으로 작동하도록 하여야 할 것이다.

또한 도입 초기의 경우, 갑작스런 상황에 대비하여 종이기표소를

---

1) 중앙선거관리위원회, 「전자투표 추진 로드맵」(2007), 1면.
2) 2008년 국회의원 총선거에서 전자투표기 63,000대와 선거인 명부 조회 단말기 40,000대를 공급할 경우 약 2371억원이 소요된다. 이에 대한 대체안으로서 읍·면·동, 주요거점 2천 곳에 전자투표기 22,400대를 설치해 선거일 전 5일간 전자투표를 시행하며, 선거 당일에는 기존 투표소에 종이투표와 전자투표기를 병행하여 실시할 경우 소요비용은 약 700억원의 예산이 소요될 것으로 추정된다. 이에 대한 자세한 내용은 한국전산원, 『국가정보화백서』(2006), 228면.

1~2개 정도 여유있게 설치하여 운영할 수 있도록 할 수 있으며, 미리 공신력있는 기관으로부터 3회 이상 투표기기의 검증을 실시하도록 하여 문제의 발생가능성을 최소화하여야 할 것이다.[3]

② 통제된 프로그램 설비

1단계 전자투표의 경우 네트워크를 사용하지 않으므로 외부의 해킹이나 바이러스 공격가능성은 낮은 편이지만, 프로그램 자체에 바이러스가 있거나 컴퓨터가 다운될 수는 있다. 이에 따라 치유 프로그램이 내장된 전자투표용 프로그램을 설비하여야 한다.

③ 시스템 관리요원 배치

인터넷 시스템이나 작동상 문제가 생길 경우를 대비하여 전문화된 시스템 관리요원을 적절히 배치하여야 한다. 이 경우에는 한 사람이 여러 선거구를 통합관리하도록 할 수도 있고, 외부 전문업체에 용역을 의뢰하는 방안도 있을 수 있다.

(2) 투표결과 이송시의 안전성 확보

투표결과가 저장될 외부저장장치로는 디스켓이나 USB와 같은 장치

---

3) 투표자가 투표하는 데 있어서 시스템의 오류나 오작동을 정정하고 투표장비의 일반적 고장을 복구하기 위하여 시스템은 3가지 요건을 충족하여야 한다. 즉, 투표시스템은 첫째, 이미 저장된 투표데이터의 손실 또는 변조 없이 오류 또는 오작동이 이루어지기 전의 정상적 운영조건들을 충족할 수 있도록 복구되어야 하고, 둘째, 중앙처리장치(Central Processing Unit)를 포함한 기억소자(memory component) 또는 데이터 처리 소장의 고장을 수정하여 정상적으로 작동될 수 있어야 하며, 셋째, 외부현상으로 인하여 장비가 기능할 수 없을 정도의 중대한 전기적 · 기계적 손상을 입지 않았다면 고장의 원인을 치유하여 장비가 작동될 수 있어야 한다. 이에 대한 자세한 내용은 Federal Election Commission, "Voting System Standards," *Agenda Document 01-62*, Vol. 1, Sec. 2.5-2.8 (2001), pp. 2-4. www.fec.gov/agenda/agendas2001/mtgdoc01-62/mtgdoc01-21.html

들이 사용될 예정이다.[4] 이러한 저장장치는 기존의 투표용지에 비하여 그 크기가 작으나 담겨있는 정보의 중요성은 매우 크다.

따라서 이러한 저장장치가 이송 중에 분실되거나 교환되지 않도록 현재와 같이 경찰력을 동원한 보안절차를 이용하고 각 정당 참관인 등이 투표기기로부터 저장장치의 분리시부터 이송, 개표소에 도착하여 결과집계 장치에 장착될 때까지 감시하도록 제도적으로 보완하여야 할 것이다.

또한 만약의 사태에 대비하여 투표기기 내부와 외부저장장치 두 곳 모두에 투표결과가 저장되거나, 외부출력장치를 활용하여 투표즉시 투표용지가 출력되어 따로 저장되도록 할 수도 있다.

한편, 이들 저장장치가 의도적으로 분실되거나 교환되었음이 밝혀졌을 경우, 그 예방을 위하여 엄격한 처벌규정을 마련하여야 할 것이다.

(3) 투표결과의 검증가능성 확보방안

후보자, 투표인, 각 정당 등에서 투표결과에 대하여 문제를 제기한 경우, 투표결과를 검증할 수 있어야 한다. 투표용지를 통한 검증은 투표용지를 다시 확인하는 방법으로 검증이 가능하나, 전자투표의 경우 전자적 기록장치에 의하므로 문제가 발생할 수 있다.

우선, 전자투표기에 기록되는 장치 이외에 따로 투표용지를 출력하여 보관할 수 있다. 즉, 투표자가 후보자를 터치스크린으로 지정을 하면 지정된 저장장치에 저장됨과 동시에 별도의 종이기록지가 출력되어 투표기기 내에 따로 보관되는 것이다.

---

4) PSEV 방식의 경우 투표자가 직접 투표소를 방문하여 투표를 하므로 투표자와 관리자의 네트워크 문제는 발생하지 않으나, 투표소의 투표결과를 실시간으로 중앙서버컴퓨터에 보낼 경우 네트워크 장애나 해킹의 위험이 발생할 수 있다. 이러한 우려로 인하여 PSEV 방식을 채택하는 대부분의 나라에서는 투표결과를 실시간으로 보내지 않고 투표종료 후 이동식 메모리(USB)에 저장하여 개표소로 이동시키는 방법을 채택하고 있다. 이에 대한 자세한 내용은 박해영, 「전자투표를 통한 국민주권의 실현방안연구」(2007), 102면 참조.

두 번째는 선거감사추적(Election Audit Trail) 장치를 활용하는 방안
이다. 선거감사추적은 보고된 선거결과의 정확성을 확인하기 위하여
증거자료를 조사하는 것이다. 투표집계와 관련된 모든 시스템의 활동
에 관한 명확한 기록을 보여줌으로써 투표집계 및 재개표의 정확성에
대한 공적인 신뢰를 갖게 한다. 감사추적은 시스템 스스로 생산하는 감
사기록이 수작업에 의한 감사기록보다 오류발생 가능성이 적다는 점
에서 그 필요성을 인정받고 있다. 대다수 감사기록은 자동으로 만들어
지기 때문에 오류나 부정행위 등을 추적하고 기록하는 데 있어서 많은
정보를 보유하고 있지 못한 시스템 운영자보다 훨씬 더 과실이나 부작
위(Omission)의 가능성이 적기 때문이다.[5][6]

이러한 기록장치에 의한 기록내용은 선거결과가 발표된 이후 제기
되는 선거소청, 선거소송 등에서 증거자료로 활용될 수 있으므로 중요
한 의미를 갖는다.

(4) 터치스크린에 익숙하지 않은 세대, 계층의 투표참여 확대방안

터치스크린으로 투표할 경우, 전자적 장치에 익숙하지 않은 세대나
계층의 경우 직접 투표를 실시하기 어려울 수 있다. 이에 대비하여 노
약자 및 장애인, 소외계층이 쉽게 투표에 참여할 수 있도록 노약자용,
장애인용, 외국인용 터치스크린을 따로 제작할 수 있다. 은행용 ATM

---

5) Federal Election Commission, "Voting System Standards," *Agenda Document 01-62*, Vol. 1, Sec. 2.5-2.8(2001), pp. 12-14.
6) 감사추적장치의 요건은 다음과 같다. 첫째, 다른 연결장비의 고장을 야기하는 투
   표 또는 개표기의 고장, 둘째, 전력공급의 중단, 셋째, 열기 및 습도, 넷째, 데이터
   입력 및 저장 장치의 고장, 다섯째, 부적절한 데이터 등록 및 검색 등을 방지하여
   야 한다. 또한 정상적 또는 비정상적 사고를 인지하고 그 일자 및 시간을 기록하
   여 보고하여야 하며, 감사정보기록을 유지하여야 하고, 시스템의 작동 상태 및
   정도를 인지하고 보고하기 위하여 내장형 측정장치(Built-In Measurement)와 자
   기 검사 및 자가진단용 하드웨어 및 소프트웨어를 갖추어야 한다. 이에 대한 자
   세한 내용은 Federal Election Commission, "Voting System Standards," *Agenda
   Document 01-62*, Vol. 1, Sec. 2, 2.4-2.5(2001), pp. 20-25.

기계를 사용하는 경우에도 따로 이들이 사용하기 편리하도록 스크린을 제작하여 이용하고 있는 바와 같이 투표기기도 다양화할 수 있다.

기존 투표기기로 투표가 어려운 계층에 대해서는 방음시설이 갖추어진 곳에서 음성으로 투표하는 방법, 외국인에게는 외국어로 투표할 수 있도록 설비를 갖추는 방법 등 투표기기의 다양화로 오히려 소외계층에게 투표참여 기회를 부여할 수 있다.

또한 이들 계층에 대하여 투표방법에 대한 교육과 홍보를 우선적으로 실시하여야 할 것이다. 농어촌, 노인정 등 소외계층이 있는 곳에 투표기기를 설치하여 시험하도록 하고 노인회 회장 선거 등에 전자투표기를 시범 지원하는 등의 방법을 고려할 수도 있다.

그럼에도 불구하고 기기의 조작에 자신이 없거나 도중에 잘 모르는 경우에는 투표보조인의 도움을 받을 수 있으며 투표가 전혀 불가능한 계층에 대해서는 일본의 경우와 같이 투표보조인의 대리투표도 가능하도록 할 수 있다.

마지막으로 선거실시를 통하여 국민들이 널리 참여할 수 있도록 보장하기 위한 단계적 도입방안의 하나로서 투표도입 초기에는 기존의 종이투표제도와 병행하여 전자투표기기를 설치하는 방법을 생각할 수 있다.

(5) 과다한 초기 설치비용에 대한 다른 관점

투표기기의 설치비용이 과다하다는 점은 전자투표제도에 관한 논의 초기부터여러 차례 제기되었다. 그러나 장기적으로 볼 때 전자투표기기는 한번 도입되면 이후 사용비용은 거의 들지 않기 때문에 전자투표제도는 비용을 획기적으로 줄일 수 있는 방안으로 평가된다.

일본의 사례를 참고하자면, 전자투표기를 자치단체가 대여전문회사 또는 제작회사로부터 대여하는 방식을 채택할 수 있다. 단 1회의 선거만으로 비교해 본다면 기존의 오프라인에서의 인쇄비용과 선거관리비용 등이 보다 적을 수 있으나, 전자투표기는 활용이 30회 이상이 된다면 비용이 충분히 보상되고,[7] 그 이후에는 투표관리비용이 적게 들기 때문에 훨씬 유리하게 된다.

한편, 세계에서도 뛰어난 우리나라의 IT 기술력을 평가할 때, 전자투표기기의 개발능력이 보다 더 향상된다면 장기적으로 투표기술의 수출을 통하여 수익성을 증가시킬 수 있으므로 비용-효과 계산측면에서도 불리하지 않다고 평가된다.

실제로 브라질의 경우 남미에서 전자투표 도입의 선두국가로 인정받아 주변 국가에게 전자투표기기뿐만 아니라 전자투표 관리기술을 수출하기도 하여 수익성을 높이고 있다.

(6) 통합 선거인 명부 활용시 정보 보호방안

전자투표제도의 도입에 있어서 개인정보의 보호문제는 중요한 쟁점으로 나타난다. 선거인 명부는 공공기관의 개인정보보호에 관한 법률상의 개인정보보호의 원칙에 따라서 정당하게 수집 관리되어야 하며 목적 외의 활용이 금지되어야 한다. 또한 정보의 정확성과 최신성, 안전성이 보호되어야 한다.[8]

한편 네트워크화된 선거인 명부에 고의적으로 접근하여 해킹하는 등 정보를 외부로 노출하지 못하도록 하기 위하여 각 투표기기 사이에 암호화 규약을 활용하여 쉽게 침투하지 못하게 하여야 할 것이다. 또한 선거인 명부가 노출될 경우, 처벌규정을 강화하는 등의 방안이 논의될 수 있다.

---

7) 이현우, "정보화와 전자투표: 기술적 논의를 넘어서,"「한국정치학회 춘계학술대회 발표집」(2005), 144-152면.

8) 공공기관의 개인정보보호에 관한 법률 제3조의2 참조.

2. 2단계 전자투표제도

1) 문제점

(1) 본인확인의 신뢰성 위험-이중투표, 대리투표의 가능성

2단계 KIOSK를 이용한 투표방식은 유권자가 편리한 공공장소에서 투표할 수 있는 시스템을 갖추고 있어야 하므로 투표구 내 유권자뿐만 아니라 다른 투표구의 유권자에 대한 등재확인이 가능하여야 한다. 즉, 투표자가 선거인 명부에 등재되어 있는 사람인지, 선거에 참여할 자격이 있는 사람인지 확인하기 위하여 투표자의 이름을 체크하는 선거 과정상의 단계가 투표자 신원확인의 단계이다.

1단계의 통합선거인명부를 활용하는 방안의 경우, 명부의 네트워크상의 안전성만 확인된다면 투표소에서 선거관리인이 직접 신분증을 통하여 신원확인을 하므로 문제되지 않으나, 2단계 KIOSK 방식의 경우 투표관리인이 모두 파견될 수 없으므로 전자적 방법에 의해서만 투표를 실시하여야 하므로 이에 대한 안전성 확보는 중요하다.

특히 여러 곳의 KIOSK 투표소에서 이중으로 투표를 하거나 본인이 아닌 제3자가 대신 투표하여 직접투표의 원칙을 침해하는 등의 문제점이 발생할 수 있다.

(2) 투표결과 전송의 안전성 위험

2단계의 투표에서는 선거인 명부 확인뿐만 아니라 투표결과가 투표소와 연결되어 있으므로 투표결과가 비밀을 유지하면서 안전하게 개표소까지 도달되어야 한다.

네트워크를 통하여 투표결과를 송부하므로 투표자와 투표결과가 외부로 노출될 경우, 비밀투표의 원칙이 보장되지 못하며, 투표결과가 개표장치로의 전송과정에서 왜곡될 경우 투표가 진실되게 기록되지 못하므로 투표 자체의 신뢰성이 위협을 받을 수 있다.[9]

(3) 기기 다운시 즉각대처의 어려움

2단계 전자투표제도의 경우, 선거관리인이 모든 기기에 상주하기 어려우므로 기기가 다운될 경우 즉각 대처하기 어려운 문제가 발생할 수 있다. 이는 엄격하게 관리되는 투표소 내에서 투표를 하지 않는 대신 보다 편리하게 가까운 공공장소에서 투표하도록 편의를 제공함으로써 발생하는 문제점이다.

2) 공정성 확보방안

(1) 본인확인의 신뢰성 확보방안

① 신원확인방안

현재 논의되고 있는 신원확인 방식으로는 패스워드와 쿠키를 통한 신원확인방식, 전자서명법에 의한 전자서명을 이용하는 방식과 새로운 전자신분증을 발급하는 방식, 지문 등 신체인식방법을 활용하는 방식 등을 들 수 있을 것이다.

(a) 패스워드와 쿠키를 통한 신원확인방식

〈패스워드를 통한 신원확인방식〉

패스워드를 통한 신원확인방식은 시스템에 계정을 가지고 있고 그 계정은 이용자의 이름과 패스워드로 구성되며 이 시스템에 접속할 때 그 두 가지 정보를 입력해야 한다. 그 정보의 조합은 이용자가 그 시스

---

9) 예를 들어 2004년 미국 대통령 선거, 오하이오 주에서는 기계의 결함으로 4,000명의 표가 부시에게 부당하게 추가되었다. 비록 선거 결과에 영향을 주지는 않았지만 선거에서 한 표가 갖는 의미가 나머지 표를 모두 합친 것과 같은 절대적인 의미를 갖는다고 볼 때, 전자투표 기계의 결함으로 인해 문제가 발생했다는 것은 안전성에 여전히 문제가 있다는 것을 보여준다. 이에 대한 자세한 내용은 양영철, 『주민투표제도론』(대영문화사, 2007), 415면.

템을 사용할 수 있는 권한이 있음을 검증하는 역할을 한다. 이러 종류의 신원확인 사례들로는 아메리카 온라인(AOL)[10]를 들 수 있다. 이 사이트에 들어가려면 특정한 스크린 네임에 결부된 암호를 제시해야 한다. 두 번째 예는 네트워크 법률정보 제공업체인 렉시스(Lexis)를 들 수 있다. 렉시스에 들어가려면 패스워드 하나만 있으면 되며 데이터베이스의 사용내역은 후에 패스워드에 부과된다.

패스워드 시스템은 이미 널리 알려진 장점과 단점을 동시에 갖고 있다. 주요 장점은 안정성을 들 수 있다. 적어도 사용자가 패스워드를 잘 간수하면 안전하다. 단점은 비용과 한 공간에서 다른 공간으로 이동할 때마다 계속해서 사용해야 하는 불편함이다. 이런 불편함을 해소할 수 있는 훨씬 투박한 시스템이 쿠키를 통한 신원확인방식이다.

〈쿠키를 통한 신원확인방식〉

쿠키를 통한 신원확인방식은 사이트로 하여금 이용자가 누구인지 알 수 있도록 이용자의 브라우저가 하드디스크상의 '쿠키파일'에 작은 진입문을 생성해 놓는 것이다. 쿠키를 통한 신원확인방식을 사용하기 위해서는 로그온을 하기 위한 아이디와 패스워드를 선거인 각자가 보유하고 있어야 하며 선거인 개개인의 아이디와 패스워드 또는 코드를 저장한 선거데이터베이스가 우선적으로 구축되어 있어야 한다. 우리나라의 경우 현재 이용되고 있는 대부분의 인터넷 포털사이트의 메일계정이나 블로그 등이 이런 방식으로 이용되고 있다.

이 시스템의 주요 장점은 물흐르듯 끊임없이 행해지는 신원확인 과정이다. 이용자가 이용자의 브라우저로 하여금 쿠키를 교환할 때마다 이를 고지하도록 설정하지 않는 한 이용자는 거의 아무런 방해없이 쿠키를 생성하고 소비하는 사이트들 사이를 서핑할 수 있다.

그러나 이 방식은 본인이 아이디와 패스워드를 분실할 수 있으며, 해

---

10) http://www.aol.com (검색일:2011.9.25).

킹 등을 통해 다른 누군가가 자신의 아이디와 비밀번호를 알아낼 가능성이 높다. 심한 경우, 이용자의 쿠키파일이 조작되거나[11] 다른 시스템으로 복제될 수 있는 위험이 있다.[12] 그리고 제3자의 개입에 의한 투표내용의 강제와 매매가 이루어질 경우 투표시 이를 감독하고 방지할 수 없는 문제가 있다.

이를 극복하기 위하여 미국의 경우에는 10개의 숫자와 영어를 조합(Personal internet voter Identification Numbers, PIN)하여 본인인지 여부를 확인하고 있으나 이 역시 해킹이 가능해 완전한 해결책이 되지는 못하고 있다.

(b) 전자서명제도의 활용

전자서명기술은 일종의 인터넷상의 여권이라 할 전자인증서를 가능하게 한다. 이 기술은 컴퓨터에 관한 정보 그리고 암호나 생체인식장치에 의하여 풀리지 않는 한, 이용자에 관한 특정의 정보·이름·국적·나이·직업 등을 인증할 수 있다.[13]

전자인증서는 이용자의 컴퓨터에 자리잡게 되고 서버는 이용자가 사이트에 들어갈 때 자동적으로 인증서를 점검하게 된다. 이용자가 진짜 인증서를 보유하고 있다면 들어갈 수 있다. 이용자가 들어가면 서버는 이용자에 관해 인증된 사실들을 파악하게 된다.

그러나 현실공간과 달리 인증서에 의해 인증될 수 있는 사실들에는 아무런 제한이 없다. 전자인증은 쿠키처럼 중단없이 작동되고 쿠키보

---

11) David Wille, "Personal Jurisdiction and the Internet: Proposed Limits on State Jurisdiction over Data Communications in Tort Cases," *Kentucky Law Journal*(1998), pp. 198-199.

12) Jerry Kang, "Information Privacy in Cyberspace Transactions," *Stanford Law Review*(1998), 1193, 1227-29, http://www.ntia.doc.gov/ntiahome/privacy/files/cprivacy.pdf (검색일:2011.8.11) 참조.

13) 로렌스 레식, 김정오 역, 『코드: 사이버공간의 법이론』(나남출판, 2000), 93-95면.

다 훨씬 더 많은 데이터를 인증해 주는 안전한 신원확인시스템을 가능하게 한다.[14] 전자서명법에 의한 전자서명의 방식은 현재까지 개발된 네트워크용 신원확인수단 중 가장 효율적이라 할 수 있다. 새롭고 다양한 고급의 암호기술을 폭넓게 채택할 수 있고 발급비용이 저렴해 경제성 측면에서도 유리하다.

그러나 전자인증서의 경우도 전자인증서의 발급을 누가할 것인가와 권한을 어디에서 부여할 것인가의 문제가 있다. 우리나라의 경우 전자서명법 제4조에 의하여 전자서명을 발급하는 행정안전부 장관에 의하여 지정될 수 있다고 규정하고 있다. 그러나 행정안전부 장관의 지정을 받은 공인인증기관이 공직선거에 사용될 신분증을 발급할 수 있는 형식적·실질적 권한과 책임을 가지느냐도 문제된다. 공인인증기관에서는 정부의 주민등록증 발급과 비교할 때 공인인증기관이 정부기관은 아니므로 형식적인 면에서는 차이가 있지만, 신분증명이라는 실질적 기능면에서는 차이가 없다고 주장할 수 있다. 그러나 공인인증기관의 공인인증서 발급은 국가가 발급한 주민등록서류 등을 기초로 한 제2차적인 것인만큼 국가가 발급하는 신분증과 실질적으로 반드시 동일하다고 인정하는 데는 문제가 있다.[15]

따라서 공인인증기관이 발급하는 공인인증서가 국가가 발급하는 신분증과 동일한 효력을 가지기 위해서는 공인인증기관이 발급한 공인인증서를 국가가 발급하는 주민등록증과 동일한 것으로 취급하고, 공인인증서의 발급과정에 정부의 주민등록 DB를 공유할 수 있도록 하는 법과 제도의 보완이 요구된다.[16] 이와 병행하여 공인인증기관의 책임과 의무도 강화할 필요가 있다.

이 방식의 경우에도 본인의 공인인증서가 저장되어 있는 컴퓨터를

---

14) 로렌스 레식, 김정오 역, 위의 책, 96면.

15) 김재광, 『전자투표와 관련한 법적 과제: 인터넷 투표의 도입에 따른 문제점과 개선방안』(2002) 105면.

16) 위의 책, 106-107면.

타인이 몰래 사용하거나 분실한 모바일 폰을 이용하여 타인이 투표할 경우 본인인지 여부를 확인할 방법이 없으며, 아이디와 패스워드를 통한 신원확인 방법과 같이 외부적인 힘이나 타인의 협박에 의해, 즉 자유의사에 의하지 않은 투표가 이루어질 경우[17] 즉시 이를 확인하고 방지할 수 없다는 점은 여전히 문제점으로 남는다.

(c) 새로운 전자신분증제도의 도입

전자주민카드[18]와 같은 전자신분증을 발급하여 공직선거와 각종 정부서비스를 이용하는 데 있어서 신원확인수단으로 활용하는 방법을 생각해 볼 수 있다. 이러한 방식은 전 국민에 대해 통일코드를 부여함으로써 통제를 강화할 수 있다는 부정적 측면도 있으나, 사이버 공간에서의 유효한 신원확인수단을 제공하고, 네티즌의 책임감을 제고하는 긍정적인 측면도 있다. 이러한 긍정적인 측면으로 인해 최근 스마트카드 등을 발급하려는 국가가 증가하고 있다.

예를 들어, 핀란드는 마이크로칩이 내장된 플라스틱 카드에 선거인의 아이디를 저장한 스마트 카드를 도입하고 있다. 이를 도입하는 경우에는 선거인들의 컴퓨터에 신분확인을 위한 카드 스캐너를 연결해야 하므로 이용범위는 제한되지만 네트워크 투표에서 신분확인의 문제가 해결될 수 있다.

그러나 전국민을 상대로 전자신분증을 발급하기 위해서는 프라이버

---

17) Lawrence Pratchett, *The Implementation of Electronic Voting in the UK* (London: Local Government Association, 2002), p. 60.

18) 네이버 용어사전(검색어:전자주민카드), http://terms.naver.com/item. nhn?dirId=109&docId=17516 (검색일:2011.8.12) 참조. 글에서 전자주민카드의 정의는 다음과 같다. "전자주민카드는 IC 카드 형태의 주민등록증으로 주민카드라고 한다. 주민카드에는 주민등록증, 주민등록 등·초본, 운전면허증, 의료보험증, 국민연금증서, 인감 등 7개 분야 41개 항목의 개인정보가 수록된다. 그러나 전자주민카드에 대해서는 반대의견이 다수 제기되어 현재 시행되지 못하고 있다."

시 침해 등 역기능에 대한 우려를 불식하는 문제뿐만 아니라, 이에 소요되는 막대한 비용을 감안하여야 한다. 또한 실제 국가에 의한 전자신분증 제도가 도입되어 활용되는 경우 이제 막 정착되기 시작한 전자서명 공인인증 시장을 크게 축소하여 국가사회 정보화의 전체적인 위축을 초래할 가능성도 크다.

(d) 지문 등 신체인식방법의 활용

오늘날 발전된 기술을 활용하여 지문인식이나 동공확인 등과 같은 신체정보를 확인하는 방법이 있다. 지문, 동공의 정보는 오직 그 개인만이 가지고 있는 특수한 신체적 정보로서 활용의 의미는 적지 않다.

그러나 이 방식은 전 국민을 대상으로 하기는 어렵다. 즉, 장애인이나 지문이 닳아서 인식이 불가능한 사람의 경우는 활용이 불가능하므로 이러한 방식도 한계를 가진다. 또한 투표자 확인을 위해서는 가장 확실한 방법이나, 국민들의 개인정보보호의 측면에서 결정적 오류를 가지고 있다. 신체정보는 가장 은밀한 정보이므로 투표행위라는 사실상 가장 강력한 주권행사행위에 대하여 의무적으로 도입하기는 어려운 방안이다.

(e) 신원확인방안에 관한 검토

투표자가 본인임을 확인하기 위하여 도입이 논의되고 있는 방안 중 전자신분증 방식이나 신체인식방법의 경우 개인정보의 침해우려가 크기 때문에 기술적으로는 쿠키방식이나 전자서명방식이 타당하다. 그러나 이러한 방법 역시 기술적인 보완방법이므로 제도적으로 의도적인 해킹이나 개인정보 노출우려로부터 자유롭지 못하다. 따라서 본인확인방식의 경우, 신뢰를 기초로 하지 않는 한, 어떠한 방법도 완벽하게 개인정보를 보호하면서 문제없이 본인확인을 할 수는 없다.

그러나 오늘날 본인인증방법이 다양화되고 있어 특히 상거래의 경우 공인증서를 활용한 전자상거래도 이루어지고 있으므로 앞으로 점차적으로 공직선거에 있어서도 본인인증의 방법이 발전할 것으로 보인다.

따라서 3단계 본인인증방식의 경우, 1단계 전자투표의 도입 후, 기술적·제도적 수정과 보완을 통하여 조심스럽게 검토되어야 할 것이다.

② 이중투표 방지방안

KIOSK 전자투표기기를 이용하여 이중으로 투표하는 경우를 방지하기 위하여 유권자의 신원확인을 확실하게 실시하는 방안 외의 중복투표여부 체크방안이 있다.

선거인이 지정된 투표소 이외의 투표소에서도 투표할 수 있다는 것과 이중투표를 방지하기 위해 각 투표소에 모두 관계있는 선거인의 선거인 명부를 표시하는 단말을 비치하여 어느 투표소에서 투표가 행해진 경우에 다른 투표소의 선거인 명부에도 수시로 투표가 행해졌다는 것이 기재가 행해지는 네트워크를 구축할 필요가 있다.

이 경우 시·군·구를 연결하는 네트워크로서는 종합 행정 네트워크를 활용할 필요가 있으나, 시·군·구 내의 투표소까지의 네트워크가 전국 모든 시·군·구에서 정비되어야 하는 것은 아니고 또한 민간의 시설을 임시로 빌려서 쓰는 투표소도 있을 수 있기 때문에 확실하게 안정성을 확보한 투표소까지의 네트워크를 전국적으로 구축하는 것이 중요한 과제가 될 것이다.

(2) 투표결과 전송의 안전성 확보방안

투표결과는 네트워크를 통하여 이송되므로 데이터가 안전하게 수신되어야 하며 데이터 결과가 누설되면 안된다.

투표결과에 있어서 비밀침해에 대한 문제를 해결하기 위하여 방안으로는 두 가지를 들 수 있다. 첫째, 중앙 컴퓨터에 저장시 투표자와 투표결과를 분리하여 투표결과만을 저장하도록 설계하는 방안이다.[19] 어

---

19) 김용철,『민주주의와 인권』제2권 제2호, 전남대 5·18연구소(2003), 105면.

떤 사람이 누구에게 투표를 하였는지에 관한 비밀투표의 원칙은 선거의 기본원칙의 하나로서 이를 보장하기 위하여 기술적으로 극복할 수 있는 방안이다.

둘째는 암호화 투표규약 방안이다. 암호화 투표규약방식은 기존의 투표방식을 투표, 인증, 집계 단계들로 보고 각 단계 간의 전송을 암호화함으로써 보안과 비밀보장을 해결하는 것이다. 그러나 이 경우도 기권표의 조작에 대해서는 원래 투표예정자가 발견해 내지 않으면 그 조작여부를 발견해 내기 어렵다는 문제점이 지적되고 있다.

(3) 기기 다운시 즉각 대처 방안 마련

2단계 전자투표제도는 투표관리의 편의와 투표율 향상을 위하여 도입되었으므로 투표관리를 위하여 기존의 투표소 투표와 같이 상주인력을 두고 즉각적인 대처방안을 마련하기는 어렵다. 따라서 전자투표기기가 다운될 경우, 즉각 대처가 어렵다.

이에 대한 대응책을 마련하기 위하여 우선, 오류발생시 대처할 수 있는 가이드라인을 마련할 필요가 있다. 간단한 기기상의 오류일 경우, 투표자가 즉시 복구할 수 있도록 투표기기 주변에 안내문을 설치하여 대응방안을 마련할 수 있다.

또한 가까운 지역에 전문인력을 상주하도록 하여 오류발생시 즉각 가까운 지역에 있는 전문인력에게 연락이 되도록 시스템을 마련하여야 할 것이다. 투표일 당일 상시적으로 전문인력이 투표기기에 대한 감시를 실시하도록 제도적 방안의 마련 또한 필요하다.

3. 3단계 전자투표제도

1) 문제점

(1) 네트워크의 안전성

3단계 전자투표제도의 도입으로 인하여 선거인명부, 후보자 명단이 외부에 노출되는 문제 외에 홈페이지 접속불량, 투표과정의 오류, 투표 내용의 전송과정의 오류 등이 발생한다.

투표결과 조작은 내부에서 투표담당 직원이 특정한 목적을 가지고 고의로 투표결과를 조작하는 경우와 외부에서 네트워크를 이용하여 투표결과를 조작하는 경우로 나누어 볼 수 있다. 내부적 조작의 위험은 투표소와 개표소에 감시와 엄격한 통제로 시도될 확률과 성공할 가능성이 높지 않으나, 문제가 되는 것은 네트워크를 이용한 외부의 투표방해 행위이다.

원격 전자투표방식은 투표자가 원거리에서 자신의 컴퓨터나 모바일 폰으로 투표를 하게 되므로 인터넷이나 무선 통신망을 이용하게 된다. 이 방식은 기술적인 문제와 해킹 등의 외부 공격으로 네트워크 장애가 발생할 가능성이 높다.

외부 네트워크 공격은 보팅 클라이언트에 대한 공격, 서버에 대한 공격, 커뮤니케이션 경로, 즉 네트워크망에 대한 공격으로 세분화할 수 있다.

① 보팅 클라이언트 및 서버에 대한 공격

보팅 클라이언트 및 서버에 대한 외부공격은 주로 플로피디스켓, CD, 이메일 등과 같은 중개매체를 통해 바이러스를 침투시키거나, 인터넷 브라우저와 같은 프로그램에 존재하는 버그 및 보안체계의 약점을 이용하여 실행된다. 구체적인 유형으로는 투표 데이터에 대한 침입과, 시스템 마비를 통한 유권자의 투표방해, 투표내용의 변경 등이 발생할 수 있다.

이에 대비하여 바이러스 검색 소프트웨어를 개발하여 대처할 수 있으나, 바이러스 검색 소프트웨어는 이미 알려진 바이러스만을 검색해내기 때문에 신종 바이러스 침투가 발생할 경우, 문제가 된다.

② 커뮤니케이션 경로에 대한 공격

커뮤니케이션 경로는 보팅 클라이언트의 투표내용을 서버로 전송하는 통로역할을 한다. 데이터의 전송과정에서 투표정보에 대한 외부 염탐을 방어하기 위해 암호화된 형태로 투표결과가 클라이언트에서 서버로 전송된다. 그렇다고 커뮤니케이션 경로가 외부 공격에 안전하다고 할 수는 없다. 예를 들어, 서비스 거부공격(Denial of Service)은 여러 개의 컴퓨터 단말기를 이용하여 공격 목표가 처리할 수 없는 엄청난 양의 메시지를 전송함으로써, 클라이언트와 서버 간의 커뮤니케이션을 불가능하게 하기 때문이다.

이러한 기술적 취약점은 투표의 공정성을 훼손시킬 수 있으며, 국민의 전자투표시스템에 대한 신뢰에 치명적인 손상을 줄 수 있다. 투표자들이 자신의 투표가 삭제되거나 변경되지 않고 집계과정에서 정확히 반영되었는지에 대한 확신이 들기 어렵게 된다면, 결국 유권자들의 전자투표에 대한 불신으로 이어지게 된다.[20]

③ 시스템의 외부 노출

원거리 투표는 유선과 무선으로 연결되기 때문에 시스템이 외부에 노출된다. 시스템이 외부로 노출되었을 경우에는 컴퓨터의 바이러스 전파와 폐해의 심각성도 커질 수밖에 없다. 원거리 투표방식을 채택한다면 외부로부터 투표시스템에 침입하기가 쉬워지며 특히 컴퓨터 바이러스의 사례에서 보는 것처럼 바이러스가 컴퓨터에 감염되기 전까

---

20) 위의 책, 105면.

지는 알 수 없으며, 또한 상당기간동안 감염 사실을 알지 못하는 경우가 많아 그 피해는 커질 수 있다.

또한 이 경우에는 해킹, 병목현상, 본인 확인 과정에서 나타나는 사생활 노출문제 등 컴퓨터의 특성으로 인한 문제, 타인에 의한 투표행위의 가능성 등이 나타날 수 있다.[21]

(2) 정보격차(Digital Divide)

유권자간의 디지털 기기에 대한 접근성이나 조작능력의 차이로 인해 계층 간 평등의 문제가 제기될 수 있다.[22] 이는 인터넷이 보급되지 않은 지역이나 컴퓨터 등을 사용하지 못하는 유권자에 대한 문제라고 할 수 있는데, 투표소 전자투표의 경우에서 보다는 원거리 전자투표에서 문제될 수 있다.

실제로 인터넷이 널리 보급된 우리나라의 경우에도 디지털 디바이드 현상은 세대 간, 경제적 격차에 따른 차이가 비교적 크게 나타난다. 이러한 차이는 전자투표기의 접근에서도 차이를 가져와 전자투표의 참여율 등에 영향을 미칠 것이다.

또한 소득과 교육수준도 정보의 격차를 확대하는 요인이 된다. 따라서 교육 수준이 높으면 컴퓨터에 대한 인식과 사용능력이 높고, 소득수준이 낮으면 그 반대의 결과가 나타날 것이다. 정보의 격차는 이외에

---

21) 실제로 미국 조지아주의 예비선거에서 사용된 전자투표의 경우, 관계기관이 의도하는 경우에는 사후추적을 할 수 있다는 것이 문제점으로 지적되었다. 이는 비밀투표의 보장이라는 헌법적 원칙에 반하므로 전자투표의 신뢰성에 대한 치명적인 약화를 가져올 수 있다. 이에 대한 자세한 내용은 김용철, 위의 책, 106면.

22) 산업화로 인한 빈부의 격차가 심각한 문제였다면, 정보화의 진전에 따른 정보격차는 정치적 결정권의 차이로 이어질 수 있으므로 중요하게 논의된다. 이에 대한 자세한 내용은 Alfred Tat-Kei Ho, "Reinventing Local Government and the E-Govenment Initiative," *Public Administration Review*(2002), Vol. 62, No. 4, pp. 439.

연령, 도시와 농촌 등에 따라서 큰 차이를 보이고 있다.[23]

정보 격차로 인해 정보통신기술의 성장과 사회적 확산이 저렴한 비용으로 막대한 양의 정보를 획득하는 것을 가능하게 하지만, 정보의 분배라는 측면에서 사회적 불평등을 심화시킬 수 있다. 또한 이러한 정보의 격차는 전자투표가 진행되면 될수록 확대될 것이며 정보격차로 인해 소외된 주민들은 투표에 기권을 하거나 다른 사람이 대신해 주는 대리투표의 가능성을 높여서 결국 투표 결과의 왜곡 현상이 나타날 수 있다.

특히 원거리 전자투표는 유권자들에게 컴퓨터의 소유와 컴퓨터에 대한 최소한의 지식을 요구하기 때문에, 시민들의 투표참여 형태에 있어서 정보 격차가 발생할 가능성이 커진다. 즉, 컴퓨터에 익숙한 젊은 층이나 교육수준이 높은 계층은 손쉽게 전자투표 웹사이트 등에 접속하여 투표권 행사를 할 수 있으나, 컴퓨터에 익숙하지 않은 집단의 경우 전자투표에 익숙하지 않아서 투표참여를 기피하거나 실수 등으로 인하여 잘못된 기표를 하는 경우가 발생할 수 있다.[24]

이러한 문제가 공직선거와 같이 모든 집단에 영향을 미치는 경우에는 각 사회집단의 성격에 따라 유권자 개인의 투표참여기회가 개방되거나 폐쇄되는 심각한 정치적 불평등의 문제를 야기할 수 있다.[25]

---

23) 2006년 한국전산원의 통계에 따르면 2005년 말 현재 우리나라 국민의 72.8%가 인터넷을 사용하고 있어 세계 최대 IT 강국이라고 한다. 그러나 약 30% 국민이 인터넷을 사용하고 있지 않고 있으며, 이들 대분이 취약 계층이라고 지적하고 있다. 2005년 말 현재 정보접근 격차를 나타내는 컴퓨터 보유율에서 우리나라 전체 가구 대비 장애인 거주 가구는 12.7%, 저소득층 가구는 25.5%, 농어민 가구는 35.3%의 격차를 보이고 있다는 것이다. 또한 정보 이용 능력의 격차를 나타내는 전체 국민 대비 취약 계층 인터넷 이용률의 격차도 심각하다. 전체 국민 대비 장애인, 저소득층, 청·장년층, 농어민 등 취약 계층의 인터넷 이용률은 전체 국민의 43.4% 수준에 불과한 것으로 나타났다. 이에 대한 자세한 내용은 한국전산원, 『국가정보화백선』(2006), 161-162면.

24) R. Michael Alvarez and Thad E. Hall, *Point, Click, & Vote-The Future of Internet Voting* (Washington: Brookings Institution Press, 2004), pp. 35-41.

25) 김용철, 앞의 책, 109면.

(3) 직접선거, 자유선거, 비밀선거 원칙

현재의 선거제도에서는 공개된 장소에서 비밀투표의 원칙이 보장되는 시스템 하에서 투표를 하는 것이 원칙이지만, 제3단계 전자투표제도에서는 개인이 인터넷 PC, 문자메세지, 디지털 TV, 휴대폰 등을 통하여 직접 본인인증을 받고 전자장치를 통하여 투표를 실시하면 투표결과가 개표소로 직접 전송되므로 직접선거, 자유선거, 비밀선거의 원칙을 보장하기 어렵다.[26)]

우선, 본인인증방법이 불완전하기 때문에 개인이 본인인증절차의 시행을 타인에게 맡기면 온라인상으로는 이를 검증할 방법이 없게 된다. 또한 제3자가 부당하게 압력을 행사하거나 매표행위를 시행하더라도 이를 직접적으로 강제할 방법이 없다. 유권자가 가족 등 제3자와 함께 있는 공간에서 투표를 하는 경우가 생기더라도 이를 방지할 수 없으므로 비밀선거의 원칙도 보장하기 어렵다. 또한 투표소에 설치된 전자투표기와 달리 송신된 데이터와 동일한 기록이 수신측의 단말에 축적되어 열람가능하게 됨에 따라 투표의 비밀이 침해될 우려가 있다.

(4) 투표결과 검증

온라인 등으로 투표결과를 송부하는 방식이므로 투표결과가 어떻게 나타났고 이를 어떻게 검증하는지에 관하여 뚜렷한 방법은 나타나지 않는다. 특히 네트워크 주소와 투표결과를 동시에 검증할 경우 투표자와 투표결과가 노출되어 비밀선거의 원칙이 침해될 수 있으므로 문제된다.

---

26) Lawrence Pratchett, *The Implementation of Electronic Voting in the UK* (London: Local Government Association, 2002), p. 60.

2) 공정성 확보방안

(1) 네트워크의 안전성 확보방안

전자투표 홈페이지를 연결한 컴퓨터 등 네트워크를 통하여 선거인 명부가 노출될 가능성이 있으며, 홈페이지 접속이 불량하거나 투표과정상의 오류발생, 투표내용의 전송과정의 오류 등이 발생할 수 있다.

이러한 네트워크의 불안전성을 해소하기 위해서는 디지털 방화벽을 설치해 투표내용을 업체에서도 해독하지 못하도록 하며, 유권자의 사인을 받아 투표권을 부여하도록 해야 한다.[27] 따라서 전자투표 프로그램을 해커의 침입으로부터 보호하기 위해 계속해서 바꾸어 주어야 하고, 신종 컴퓨터 바이러스를 신속히 치유해 낼 수 있는 컴퓨터 바이러스 퇴치 프로그램의 개발능력 제고 등이 고려되어야 한다.[28]

전자투표시스템이 신뢰성을 갖게 위해서는 선거인들이 투표시스템의 구조와 기능을 올바로 이해할 수 있도록 하기 위한 교육을 강화하고, 자신의 투표행위를 추적하여 감사할 수 있는 방법을 모색할 필요가 있다.[29]

또한 제도적 방안으로 선거인 명부가 노출된 경우, 노출시킨 자를 추적하여 처벌규정을 강화하며 고의적으로 네트워크에 침입한 해커에 대한 처벌규정을 강화하여야 한다. 또한 투표과정에서 오류가 발생할 경우, 가이드라인을 미리 배부하여 즉각적으로 대책방안을 마련하여야 한다.

전자투표로 도입된 전자투표시스템을 이용하기 위해서는 투표자가 선거권자임을 확인 받고 2회 이상 투표하지 않았음을 확인 받아야 한

---

27) 박기수, "전자투표제의 도입방안," 『인터넷을 통한 선거운동과 법』(2002), 16면.
28) 임지봉, "미국의 전자투표와 관련한 법제 및 정책 동향," 앞의 책, 24면.
29) Ministry of Justice, Internet Voting, Stockholm, Swedish Government Official Reports, 2000, p. 4, http://governments-online.org/documents/InternetVotingSweden.pdf (검색일:2011.8.11) 참조.

다. 그런데 전자투표시스템에서는 신분확인과 투표행위 사이의 패키지 문제(Package Problem)가 제기된다. 즉, 타인에게 이를 공개한다는 것은 또 다른 문제를 유발할 수 있으므로 기술적으로 이를 차단할 수 있어야 한다. 투표의 내용이 선거권자 이외의 어느 누구에 의해서도 수정될 수 없어야 한다. 선거인의 투표 내용을 수정할 수 없도록 하는 것을 흔히 패키지라고 부르는데, 이것은 선거인의 PC에서 전자투표시스템으로 투표내용을 전송하는 경우에 투표 정보를 보호하기 위한 것이다.[30]

기술적으로 투표내용의 비밀을 보호하기 위해서 투표자와 투표정보의 링크를 남지 않도록 하는 방안이 있다. 현행 투표용지와 마찬가지로 본인확인을 행한 후에 1인에게 1매의 전자매체의 토큰 또는 투표카드를 발행하는 경우, 토큰 및 투표 데이타에 투표자를 특정할 수 있는 정보를 올리지 않음으로써 비밀투표주의를 보장할 수 있다.

또한 투표자와 투표정보의 링크가 남지만 정보관리를 엄격히 하는 방안도 있다. 투표자와 투표데이터의 링크가 남는 시스템의 경우에는 투표데이터를 암호화하여 기록한다. 이때에 복잡한 숫자나 기호 등을 이용해서 투표의 내용을 특정하지 않는 방법으로 기록한다. 개표시에 복수의 사람을 개표에 관여하도록 하여 투표자와 투표데이터의 관련성을 차단하여 비밀투표주의를 보장할 수도 있다.

(2) 정보격차 극복

세대, 지역의 격차로 인하여 인터넷에 접근하기 어려운 세대와 지역의 경우 3단계 전자투표제도의 도입에 있어서 실제로 많은 어려움을 겪을 수 있다. 개인인증방법, 투표사이트에 접속방법, 투표방법 모두가 일부의 세대와 지역 사람들에게는 낯선 방식에 해당하기 때문이다.

이를 극복하기 위해서는 우선, 투표방식을 간소화하여야 한다. 소외

---

30) 중앙선거관리위원회는 정보패키징을 위한 암호 등의 다양한 기술을 적용함으로써 투표의 안전성을 보장할 수 있다고 설명하고 있다.

계층에 대해서는 화면의 크기가 조절가능하며, 음성지원이 가능한 프로그램을 지원하는 등 다양한 방법을 생각할 수 있다. 또한 이들에 대해서 우선적으로 인터넷 접속방법, 투표방법 등에 관하여 교육 및 홍보를 실시하고, 선거당일, 가까운 지역에서 무료로 인터넷을 사용할 수 있도록 제도적인 보완방안을 마련하여야 한다.

공직선거의 특수성상, 누구나 투표에 참여하도록 배려하여야 하므로[31] 인터넷에 접속하기 어려운 소외계층도 투표에 적극적으로 참여하도록 하기 위해서는 투표소 투표와 병행하여 투표를 시행하여야 할 것이다.

(3) 직접선거, 자유선거, 비밀선거 원칙 보장

네트워크상으로 안전하고 선거의 비밀이 보장된다 할지라도 어디까지나 네트워크상의 안전성에 불과하므로 오프라인상의 비밀선거 보장에는 어려움이 있다. 비밀번호를 알려주어 실시하는 대리선거, 물리적인 외부의 강압에 의한 선거, 가족 등 가까운 사람이 지켜보는데서 실시하는 공개선거 등이 발생할 수 있다.

이를 방지하기 위해서는 선거인이 여러번 투표사이트에 접속하여 이전에 행한 투표를 대체할 수 있도록 하여야 한다는 의견도 제시되고 있지만, 이것이 매표나 부당한 압력으로부터 벗어날 수 있는 방법이라고 보기 어렵다.

이들 문제점에 대해서는 결국은 사회적 신뢰로 극복하여야 하는 한계를 가진다. 따라서 처벌유형을 법정화하여 처벌과 단속을 강화하고

---

31) 공직선거법 제6조는 '국가는 선거권자가 선거권을 행사할 수 있도록 필요한 조치를 취하여야 한다.'라고 규정하면서 '각급선거관리위원회는 선거인의 투표 참여를 촉진하기 위하여 교통이 불편한 지역에 거주하는 선거인 또는 노약자·장애인 등 거동이 불편한 선거인에게 교통편의를 제공하거나, 투표를 마친 선거인에게 국공립 유료시설의 이용요금을 면제·할인하는 등의 필요한 대책'을 수립·시행할 수 있다고 하여 국민 누구나 투표권을 자유롭게 행사하도록 보장하여야 한다고 규정하고 있다.

이를 홍보하는 방법으로 극복하여야 할 것이다. 특히 선거권이 가지고 있는 신성함과 투표의 중요성을 생각할 때 처벌의 강도도 강하고 단속도 실질적으로 이루어져야 국민들이 투표에 대한 신뢰를 가질 수 있다.

한편, 이것은 현재 외국에서 널리 시행되고 있는 우편투표의 사례를 참고할 수 있다. 영국의 경우 특별히 부재자가 아닌 일반 유권자들이라 할지라도 우편투표에 참여할 수 있으며, 2010년 하원의원 선거에서 유권자의 30% 정도가 우편투표의 방법으로 투표하는 등 우편투표는 널리 활용되고 있다. 우리나라 공직선거법도 우편투표의 방법을 명문화하여 인정하고 있다.

우편투표제도 역시 3단계 전자투표와 같이 직접선거, 자유선거, 비밀선거의 문제점이 발생할 수 있다. 그러나 사회적 신뢰를 통하여 극복되어 왔으며 투표권 보장과 투표참여를 확대를 위하여 일반적으로 인정되고 있다.

또한 비슷하게 직접선거, 자유선거, 비밀선거의 문제점이 논의된 우리나라 선상투표제에 관한 헌법재판소의 판례에 있어서도 선상의 유권자들이 투표할 수 있도록 제도적 기반을 마련해 주는 것이 비밀선거 원칙의 확보보다 우선한다고 판단한 바 있다.

(4) 투표결과 검증

인터넷을 통한 투표의 경우 투표용지를 따로 출력하는 등의 방법을 사용하기 어려우므로 투표결과를 검증하기 어렵다. 이러한 경우, 기술적 검증방안에 의존하여야 할 것이다. 그러나 기술적 검증 시에도 투표자의 IP와 투표결과가 노출될 경우 비밀투표의 원칙이 침해되므로 보완이 필요하다.

우선, 기술적으로는 인터넷 투표의 실시에 있어서 엄격하게 암호화 투표규약방안을 준수하여야 할 것이다. 투표용지의 배부부터 투표결과의 전송과 결과도출시까지 단계 간 전송과정을 개별적으로 암호화하는 방안이다.

이에 따라 투표자의 IP, 즉 투표자의 개인정보와 투표결과는 분리되고 암호화되어 저장된다. 이는 투표자가 투표를 실시하고 이를 저장하는 시점에서 바로 암호화하기 때문에 해독시에는 투표자의 IP 정보는 제외하고 투표결과까지만 분리하여 해독하여 검증하는 방안이다.

두 번째는 첫 번째 방안에 의한 검증에 실패했을 경우, 투표자의 IP에 대한 정보의 보안을 강화하는 방안이다. 투표자의 IP 정보에 대한 검증을 담당하는 전산담당자는 이를 알 수 있으나, 엄격한 비밀준수의무를 부여하고 위반시 처벌을 강화하여 부정이 발생하지 않도록 예방할 수 있다.

4. 소결

바람직한 전자투표제도의 도입을 위해서는 각 단계별로 발생하는 법률적 문제점을 극복하고 공정성 확보방안이 마련되어야 할 것이다.

1단계의 전자투표에 있어서도 투표기기의 다운가능성, 투표결과 이송의 문제, 검증가능성 등의 문제점이 있으며 2단계, 3단계로 나아갈수록 개인정보 침해우려 및 선거의 원칙에 반할 가능성 등 문제점은 더 심각해진다. 각각의 문제점에 따라 현재로서 극복가능한 공정성 확보방안을 검토해 보았으나, 여전히 극복하여야 할 문제점이 산적해 있음을 알 수 있다.

공직선거가 가지는 중요성을 고려할 때 전자투표제도의 단계별 문제점을 고려하고 단계별로 공정성 확보방안에 관한 사회적 합의를 형성한 후 전자투표제도의 도입을 고려하여야 할 것이다. 특히 1단계의 투표결과의 검증가능성의 확보, 2단계와 3단계의 본인확인방법, 개인정보 보호방안, 정보격차의 문제 극복방안, 선거의 원칙 보장방안 등 국민의 권리 보호를 위하여 필수적인 절차는 반드시 보장되어야 할 것이다.

제2절 공직선거법과 전자투표

1. 법규정 체계의 문제

1) 문제의 소재

전자투표제도에 관하여 규정하면서 공직선거법은 새로운 제278조를 추가하여 '선거사무의 전산화를 추진하여야 한다'라고 하여 전산화의 추진의무을 명문화하였다. 이 조항에 따라 전자투표제도를 추진하는 경우, 기표방법은 '전자적 방법'에 의하여야 할 것이다.

그러나 현행 공직선거법 제146조 제1항은 '선거는 기표방법에 의한 투표로 한다.'라고 규정하며 제159조는 '기표를 하는 때에는 "( )"표가 각인된 기표용구를 사용하여야 한다. 다만, 거소투표자가 거소투표를 하는 경우에는 "○"표를 할 수 있다.'라고 규정하여 여전히 종이기표를 전제로 하고 있음을 보여주고 있다.

따라서 동일한 지위의 법률인 제278조와 제146조, 제159조의 의미를 해석할 때, 서로 다른 기표방법을 규정하고 있어 문제가 된다.

2) 검토

전자투표제도의 도입에 대비하여 법 제278조를 추가한 이러한 입법은 법 제146조와 제159조를 개정하여 기표방법만을 변경하기 보다는 새로운 법률의 추가를 통하여 전자투표에 의한 투표를 명시하는 것이 법률을 명확하게 한다는 측면에서 긍정적이다.

특히 전자투표제도에 관하여 '사무전산화를 추진하여야 한다'라고 규정되어 있을 뿐 현재 실제로 법률이 대상으로 하는 공직선거에서 추진된 사례가 없으므로 구체적인 기표방법 등에서 전자투표를 전제로 하는 개정을 하기는 어렵다고 이해할 수 있다.

그러나 실제로 전자투표가 추진되기 위해서는 개표방법을 규정한

제159조가 변경되어야 하므로 제278조의 추가 외에도 제146조와 제159조의 변경을 추진하여야 할 것이다. 따라서 제146조와 제159조에 전자적 방법에 의하여도 투표할 수 있음을 추가적 또는 선택적으로 규정하는 방법을 고려할 수 있다.

이 밖에도 전자투표의 구체적인 절차와 방법이 확정되면 공직선거법상 투표, 개표의 전과정에서 전자투표제도와 관련있는 규정들을 정비해 나가야 할 것이다.

2. 법규정 위임의 문제

1) 문제의 소재

공직선거법 제278조가 전자투표제도의 추진을 규정하면서 구체적인 사항에 대해서는 특례를 직접 규정하지 않고 있어서 법체계에 문제가 발생한다. 즉 공직선거법 제146조와 제159조는 투표용지에 기표하는 방법을 규정하여 종이투표를 전제하고 있는데 공직선거법 제278조 제5항이 '투표 및 개표 기타 선거사무관리의 전산화에 있어서 투표방법 등을 중앙선거관리위원회규칙으로 정한다'라고 하고, 공직선거관리규칙 제136조의7에서는 '법 제159조(기표방법) 본문의 규정에 불구하고 전자투표기에 장치된 기표방법에 의하여야 한다.'라고 규정하고 있다. 따라서 공직선거관리규칙 제136조의7이 공직선거법 제146조와 제159조에 반하여 특례를 정하게 되는 결과를 가져온다.

법률이 아닌 규칙에 의하여 법률에 상반되는 특례의 설정은 투표의 방법이 선거권 행사의 중요한 사항이라는 점에서 위임상의 문제를 가져온다. 따라서 공직선거법 제278조 제5항이 기본권 보장에 있어서의 이른바 법률유보의 원칙에 반하는지에 관한 문제, 행정입법에의 위임에서의 한계를 규정하고 있는 헌법 제75조의 규정에 반하는지에 관한 문제가 발생한다.

2) 법률유보의 원칙과 한계

(1) 원칙

법률유보의 원칙이란, 행정작용은 법률에 근거해서만 발동할 수 있다는 것으로서 행정은 법률이 수권한 때에 한하여 일정한 경우에 일정한 요건하에서 행위할 수 있음을 의미한다.[32] 법률유보에 관하여 명문의 근거규정은 없지만 이론적으로 연혁에 비추어 법치국가원리와 기본권 보장 이념, 민주적 정당성 측면에서 민주주의 원리를 들 수 있다.

법률유보의 원칙의 적용에 있어서 입법자가 실제 행정작용과 관련한 법률을 마련할 때 과연 어떤 내용을 담아야 하고 규율정도는 어떠해야 하는지에 관하여는 독일 연방헌법재판소에서 주장된 본질성 이론이 논의된다.

독일의 본질성 이론에 따르면, 본질적 내용에 해당하는 사안은 반드시 법률로 규정되어야 하며, 본질적 내용에 해당하지 않는 사안은 법률이하의 규칙 등으로도 규정이 가능하게 된다. 본질성 여부에 대한 판단기준으로는 '기본권 관련성'이 논의된다. 기본권 관련성의 판단기준으로는 국가의 행위가 국민의 기본권 영역에 개입하여 제한하게 되는 기본권 제한여부, 국가의 어떤 조치가 국민의 기본권 실현을 위해 중요한 기본권 실현여부, 국가의 행위가 국가와 시민의 관계에서 중요한 문제인 직접적 관련성 여부, 정치적으로 중요한 사안인 정치적 중요성 여부[33]로 판단된다.

본질성의 판단기준이 불분명하고 시대적 상황에 따라서 그 범위가 변화되므로 개별적인 행정작용의 성질에 따라 법률유보 원칙의 적용여부를 판단하는 견해[34]가 오늘날 다수설이다. 그러나 여전히 대상행

---

32) 류지태 · 박종수, 『행정법신론』(박영사, 2010), 56면.
33) 위의 책, 59면 참조.
34) 김남진 · 김연태, 『행정법 I』(법문사, 2009), 35면.

위가 국가와 시민 간의 관계에서 기본권의 제한 또는 실현과 관련하여 본질적인 행위인가의 여부는 중요한 판단기준이라고 볼 수 있다.

(2) 한계

법률유보의 원칙의 적용한계에 관하여는 침해유보설, 급부행정유보설, 전부유보설이 논의된다. 침해유보설은 19세기 입헌군주시대의 영향으로 국민의 자유와 권리를 침해하거나 새로운 의무를 부과하는 행정작용에 대해서만 법률의 근거를 요한다는 견해이다. 경찰행정시대의 행정현실에서는 타당하였으나 급부행정의 특수성을 반영하지 못한다는 점에서 비판받고 있다.

급부행정유보설은 침해행정 외에 급부행정의 경우에도 법률의 근거를 요한다는 견해이다. 급부행정을 법률로 정함으로써 급부를 받는 당사자의 지위를 보호한다는 면에서는 타당하나, 법률근거의 미비로 급부행정이 이루어지지 못하는 경우 오히려 국민의 기본권을 침해할 수 있다는 점에서 비판받는다.

전부유보설은 유형을 불문하고 모든 행정작용에서 법률의 근거를 요한다는 견해이다. 강력한 의회의 권한을 배경으로 국민주권을 실천한다는 측면에서는 타당하나, 오늘날 행정이 다양하고 급변하게 변화하는 현실을 고려할 때 행정의 유연성 또는 탄력성을 실천하기 어렵다는 비판을 받는다.

위 세 가지 학설은 각각의 시대적 상황에 따른 타당성을 가지나, 침해유보설의 경우 급부행정영역을 배제하였으며 급부행정유보설의 급부행정작용 모두에 대해서 법률의 근거를 요한다고 보는 점에서 급부행정을 제약할 수 있다. 또한 전부유보설의 경우 모든 행정의 대상을 규율하기 어려우므로[35] 행정활동을 제한한다는 측면에서 이 중에서 한

---

35) 한계대상으로 논의되는 부분으로는 법률로 규율하기 아직은 기술상의 문제가 있거나 사실상 규율이 어려운 영역(예컨대 과학기술행정분야나 환경행정영역

학설을 선택하여 근거로 삼기는 어렵다.

따라서 독일 헌법재판소에서 제시한 중요사항유보설의 기본권 관련성을 중요시하면서 행정작용의 유형에 따라서 개별적으로 검토하는 것이 타당하다. 즉, 행정유형에 따라서 침해행정영역에 대해서는 비교적 엄격한 법률유보의 원칙을 적용하고, 급부행정영역에 대해서는 완화된 법률유보의 원칙을 적용할 수 있을 것이다.

3) 헌법재판소 판례

헌법재판소가 공직선거법에 대하여 직접 판단을 한 사례는 없지만 헌법재판소의 법률유보와 위임의 한계에 관한 일반적인 판례이론을 살펴본다.

(1) 법률유보에 관한 판례

헌법재판소는 본질적 사항에 대하여는 국회가 스스로 결정하여야 하는 것으로 보아야 한다고 본다. 즉 헌법재판소는 '오늘날 법률유보원칙은 단순히 행정작용이 법률에 근거를 두기만 하면 충분한 것이 아니라, 국가공동체와 그 구성원에게 기본적이고도 중요한 의미를 갖는 영역, 특히 국민의 기본권실현과 관련된 영역에 있어서는 행정에 맡길 것이 아니라 국민의 대표자인 입법자 스스로 그 본질적 사항에 대하여 결정하여야 한다는 요구까지 내표하는 것으로 이해하여야 한다'라고 하고 '헌법 제37조 제2항이 '법률로써'라고 한 것은 국민의 자유나 권리를 제한하는 행정작용의 경우 적어도 그 제한의 본질적인 사항에 관한 한 국회가 제정하는 법률에 근거를 두는 것만으로 충분한 것이 아니라 국회가 직접 결정함으로써 실질에 있어서도 법률에 의한 규율이 되

의 경우), 규율은 가능하나 정책적인 측면에서 법률 등에 의해 규율하는 것이 바람직하지 않은 영역(예컨대 문화적인 영역으로서 교육제도나 학교관계의 개별적인 내용들, 예술활동에 관한 영역 등)을 들 수 있다. 이에 대한 자세한 내용은 류지태·박종수, 앞의 책(2010), 63면.

도록 요구하고 있는 것으로 이해하여야 한다'라고 법률유보에 대하여 설명하고 있다.

이러한 헌법재판소의 입장은 텔레비전 방송수신료 금액을 공보처장관의 승인을 필요로 하는 외에는 국회가 스스로 결정하거나 결정에 관여함이 없이 전적으로 한국방송공사가 결정하여 부과·징수하도록 한 국방송공사법[36] 제35조 제1항에 대한 헌법불합치 결정에서 표명된 것이다.[37] 이 사안에서 헌법재판소는 '수신료를 부과·징수하는 것은 국민의 재산권에 대한 제한을 가하는 행정작용임에 분명하고, 그중 수신료의 금액은 수신료 납부의무자의 범위, 수신료의 징수절차와 함께 수신료 부과·징수에 있어서 본질적인 요소이다. 대부분의 가구에서 수상기를 보유하고 있는 현실에서 수신료의 결정행위는 그 금액의 다과를 불문하고 수많은 국민들의 이해관계에 직접 관련된다. 따라서 수신료의 금액은 입법자가 스스로 결정하여야 할 사항'[38]이라고 보았다.

(2) 위임의 한계

행정이 점점 다양화, 전문화, 다변화되면서 행정의 영역도 확대되어 가고 있다. 따라서 행정에 관련된 사항들을 법률에 일일이 미리 규정해두기는 힘들기에 법률이 하위 행정입법에 위임하는 것을 허용하고 있다.

그러나 법률이 행정입법에 위임함을 허용하면서도 만약 포괄적 위임, 백지위임을 인정하게 되면 법률에 의한 행정의 원리를 포기하는 것이 되므로 포괄적 위임과 백지위임은 금지된다. 우리 헌법 제75조도 '대통령은 법률에서 구체적인 범위를 정하여 위임받은 사항과 법률을

---

36) 1990.8.1. 법률 제4264호로 개정되었다.
37) 헌법재판소, 1999.5.27 선고, 98헌바70, "한국방송공사법 제35조 등 위헌소원," 『헌법재판소 판례집』 제11권 제1집(1999), 633-643면.
38) 헌법재판소, 1999.5.27 선고, 98헌바70, "한국방송공사법 제35조 등 위헌소원," 『헌법재판소 판례집』 제11권 제1집(1999), 644-645면.

집행하기 위하여 필요한 사항에 관하여 대통령령을 발할 수 있다'라고
하여 구체적 위임을 규정하고 포괄적·백지 위임을 금지하고 있다.

구체적 위임의 개념과 그 기준에 관하여 헌법재판소는 '법률에 이미
대통령령 등 하위법규에 규정될 내용 및 범위의 기본사항이 가능한 한
구체적이고도 명확하게 규정되어 있어서 당해 법률 그 자체로부터 대
통령령 등에 규정될 내용의 대강을 예측할 수 있어야 함'을 의미한다
고 정의한다.

예측가능성의 유무는 '당해 특정조항 하나만 가지고 판단할 것은 아
니고 관련 법조항 전체를 유기적·체계적으로 종합 판단하여야 하며,
각 대상법률의 성질에 따라 구체적·개별적으로' 검토하여야 한다. 그
리고 '위임조항 자체에서 위임의 구체적 범위를 명확히 규정하고 있지
않더라도 당해 법률의 전반적 체계와 관련규정에 비추어 위임조항의
내재적인 위임의 범위나 한계를 객관적으로 분명히 확정할 수 있다면
이를 일반적이고 포괄적인 백지위임에 해당하는 것으로 볼 수 없다'라
고 한다.

헌법재판소는 이와 같은 위임입법의 구체성, 명확성의 요구의 정도
는 그 규율대상의 종류와 성격에 따라 달라진다고 본다. 즉 '처벌법규
나 조세법규 등 국민의 기본권을 직접적으로 제한하거나 침해할 소지
가 있는 법규에서는 구체성·명확성의 요구가 강화되어 그 위임의 요
건과 범위가 일반적인 급부 행정법규의 경우보다 더 엄격하게 제한적
으로 규정되어야 하는 반면에, 규율대상이 지극히 다양하거나 수시로
변화하는 성질의 것일 때에는 위임의 구체성·명확성의 요건이 완화
되어야 할 것'이라고 본다.[39]

---

39) 헌법재판소, 1999.5.27 선고, 98헌바70, "한국방송공사법 제35조 등 위헌소원,"
『헌법재판소 판례집』 제11권 제1집(1999), 644-645면.

4) 검토

법률유보의 원칙의 적용과 관련하여 전자투표제의 기표방법의 성격을 어떻게 규정하느냐에 따라서 유보의 범위를 달리 정할 수 있다.

전자투표제가 기존의 방식보다는 선거인에게 편리함 등의 이익을 가져다 주고 공익의 증대를 가져오는 기술적 수단에 불과하다고 보는 견해에서는 법률이 규칙에 위임할 수 있다고 볼 수 있다. 이 견해는 기타 투표에 관한 사항을 법률로 정하도록 규정하고 있는 헌법 제41조 제3항과 헌법 제67조 제5항을 기본권 제한유보보다는 형성유보로 보려는 입장이다.

그러나 투표방식의 선택은 '선거에 관한 사항'으로서 어떤 투표방식을 선택하느냐에 따라서 투표권을 행사하는 국민에게 미치는 영향이 크고, 투표권 행사가 불가능했던 국민들도 투표에 참여할 수 있게 되므로 중요한 사항에 해당한다. 전자투표방식이 도입됨에 따라 재외국민, 재외군인 등의 경우 선거권의 행사가 유리해질 수 있으므로 단순히 형성유보적인 법률유보로만 볼 것은 아니라고 할 것이다.

또한, 위임의 한계 문제로 행정입법에의 위임에 있어서 헌법재판소가 설정한 한계에 따르더라도 전자투표의 경우에 긴급한 상황으로 인한 필요나 빈번한 사정변경 등으로 법률 자체에 자세한 규정을 둘 수 없을 정도의 성격의 사안은 아니라는 점에서 법률 자체에 규정을 두어야 한다고 볼 수 있다.

공직선거법과 공직선거관리규칙의 체계를 일반의 선거권자가 이해하기는 쉽지 않으므로 투표권자의 이해를 높이고 논란의 소지를 없애기 위해서는 공직선거법 자체가 적어도 중요한 사항인 전자투표의 방법에 대해 직접 규정하는 것으로 법제를 정비하는 것이 필요할 것이다.

기표방법에 대해서 공직선거법 제159조, 즉 공직선거법이라는 법률자체의 조문에 규정해오고 있었던 입법연혁을 보더라도 그러하다.[40]

---

40) 정재황, "우리나라에서의 전자투표와 관련한 법제 현황,"『디지털경제법제6』

3. 소결: 공직선거법 정비방안

공직선거법은 전자투표제도의 도입을 위하여 보칙인 제278조에서 전산조직에 의한 투표 · 개표를 추가적으로 규정하는 방식을 채택하고 있다. 이러한 방법은 투표 및 개표의 전산화 외에 전산화에 있어서 투표의 비밀보장, 투표결과의 검증 필요성, 전자선거추진협의회의 설치 등과 같은 전자투표를 위한 전제조건을 규정하기 위한 것이므로 기존 법률 전부에 대한 개정보다는 타당하다고 판단된다. 특히 아직 구체적으로 전자투표제도가 도입된 것이 아니고 다만 이를 추진하는 과정에 있으므로 구체적으로 규율하는 것이 불가능하다는 측면에서도 불가피한 입법방법이라고 할 수 있다.

그러나 공직선거법 제149조, 제159조의 기표방법과 제278조의 내용상 충돌이 있으며, 제278조에 의하여 위임받은 공직선거관리규칙 제136조의7에서는 '법의 내용에도 불구하고' 이에 반하는 특례를 규정하여 법체계상의 문제점이 발생한다. 이러한 법 내용상의 모순을 극복하기 위해서는 다음 두 가지 방안을 검토할 수 있다.

우선, 공직선거법 제149조와 제159조를 개정하여 전산적 방법에 의해서도 기표할 수 있음을 추가적으로 규정하는 방안이다. 이러한 방안은 법 제278조와의 충돌을 피하고 공직선거관리규칙이 법에 반하지 않게 되므로 타당하다. 그러나 기표방법만 따로 규정할 뿐 아직 투표의 비밀보장, 투표결과의 검증 필요성, 전자선거추진협의회의 설치 등의 구체적인 내용들은 보칙인 제278조에 규정되어 있고 기표방법만 제149조와 제159조에 추가적으로 규정하는 것이므로 법 전체의 체계상 맞지 않는 문제점이 있다.

둘째, 공직선거법 제278조 제5조에 의하여 특례를 규정하는 방법이

(2002), 55면.

다.[41] 현행 법률은 공직선거법 제278조의 위임을 받은 공직선거관리규칙에서는 '법의 규정에도 불구하고' 전자투표기에 장치된 기표방법에 의할 수 있음을 규정하고 있어 법체계에 맞지 않고 법률 유보의 원칙에 반한다고 볼 수 있다.

투표방법의 규정방식에 대해서는 견해가 나뉠 수 있다. 규칙에 위임이 가능하다고 보는 견해는 전자투표제도가 기존의 투표방식에 비해서는 유권자에게 편의를 제공하고 공익의 증대를 가져오는 기술적인 수단이기 때문에 법률이 규칙에 위임할 수 있다고 본다. 한편, 위임이 불가능하고 법률 그 자체에 규정을 두어야 한다는 견해는 전자투표의 경우에 빈번한 사정변경 등으로 법률 자체에 규정을 둘 수 없을 정도의 성격의 사안은 아니기 때문이라고 한다.[42]

투표방법에 대한 규정의 경우, 투표의 방식이 달라짐으로 인하여 투표권을 행사하는 국민에게 미치는 영향이 크고, 투표권 행사가 불가능했던 국민들도 투표에 참여할 수 있게 된다는 점에서 선거에 관한 중요한 사항에 해당하므로 법률에 규정하여야 할 것이다. 투표방법에 대한 규정은 시대의 상황에 따라서 자주 변동하는 것이 아니라 대부분 고정적으로 유지되는 것이므로 법률에 규정해도 법체계상 문제되지 않으며 지금까지 기표방법에 대해서는 공직선거법이 법률자체의 조문에 규정해오고 있었던 점을 보아도 그러하다.

---

41) 위의 책, 50면.
42) 위의 책, 55면.

제3절 권리구제제도에 관한 법적 쟁점

1. 절차적 권리보장의 문제

1) 필요성

전자투표제도를 도입할 경우, 기존 종이를 이용한 투표제도에 비해 투표절차와 개표절차를 명확하고 신속하게 처리할 수 있으므로 선거를 투명하게 관리하는 데 많은 도움이 된다. 그러나 전자적 방법을 이용하므로 투표와 결과의 저장과정에서 다른 행정절차에 비하여 신뢰성과 투명성의 확보가 중요하다. 따라서 절차를 법률에 명확하게 규정함으로써 엄격하게 관리할 필요가 있다.

전자투표절차는 공직선거법과 공직선거관리규칙 등에 주로 규정될 내용이므로 전자투표의 특수성을 반영하여야 할 것이다. 그러나 한편, 행정절차의 한 내용이므로 행정절차법을 주로 참고할 수 있다.

전자투표 절차의 입법에 있어서도 일반적인 행정절차 입법에 있어서와 같이 행정의 다양성 고려, 현실적인 행정법 체계의 고려, 행정실무여건 고려의 세 가지 원칙[43]을 원칙적으로 반영하여야 한다.

2) 전자투표에 관한 절차의 규정

1단계 전자투표의 경우, 선거의 과정은 '선거인 명부작성 → 선거인 출석 → 본인확인절차 → 전자투표기에 기표 → 투표내용의 전자적 저장 또는 출력하여 외부적 저장 → 투표데이터 송부 → 개표'의 절차를 거쳐 이루어진다. 각각의 전자투표 절차에 있어서 투표의 공정성을 확보할 수 있는 절차가 마련되어야 한다.

구체적으로 선거인 명부작성은 공정한 선거관리의 책임이 있는 선

---

43) 류지태 · 박종수, 앞의 책, 424-425면.

거관리위원회가 담당하되 각 당의 검증절차를 거치도록 한다. 투표당일 선거인 명부대조와 투표용지 교부시에는 선거관리 공무원 외에 참관인 등이 참석하여야 하며 기표시에는 타인이 보거나 들을 수 없도록 장치를 마련하여야 한다. 특히 장애인의 투표에 있어서 음성기기를 이용하여 투표할 수 있도록 할 경우에는 방음장치를 갖추어야 할 것이다. 또한 투표데이터의 송부시에도 선거결과가 저장된 장치를 투표소의 전자장비에 이송하는 전 과정이 공개되어 투명하게 이루어져야 할 것이며 공인된 검증기관으로부터 선거일 전 일정기간 이내에 3회 이상 검증받는 절차도 마련되어야 할 것이다.

2단계 또는 3단계 전자투표의 경우, 선거의 과정은 '선거인 명부작성 → 선거관리 프로그램에 접속 → 본인확인절차 → 전자적 방법으로 기표 → 투표내용의 전자적 저장 → 투표데이터 송부 → 개표'의 절차를 거쳐 이루어진다. 이러한 경우에는 특히 본인확인절차와 투표데이터의 송부에 있어서 공정성을 확보할 수 있는 절차의 마련이 필수적이다.

구체적으로 본인확인방법을 참관인들에게 시연함으로써 안전성을 검증하는 절차를 반드시 거치도록 하여야 하며, 투표데이터의 송부방법에 대하여 공인된 검증기관으로부터 선거일 전 일정기간 내에 3회 이상 검증받는 절차도 마련하여야 할 것이다.

3) 절차상 하자의 치유가능성

(1) 문제의 소재

전자투표의 실시과정에서 공직선거법 또는 공직선거관리규칙에 의하여 규정된 절차가 흠결될 경우, 위법한 행정행위가 된다. 따라서 전자투표 절차상의 하자도 행정절차의 하자가 된다.

이러한 행정절차상의 하자를 독자적인 위법성 사유에 해당한다고 볼 수 있느냐에 따라 견해는 다음과 같이 나뉜다. 행정절차상의 하자를 독자적인 위법성 사유에 해당한다고 보아 하자의 치유를 부정하고 전체 행정행위를 무효 또는 취소할 수 있을 것인지, 행정절차상의 하자의 경우는 독자적인 위법성 사유에 해당하지 않으므로 하자의 치유를 긍정할 것인지가 문제된다.[44]

(2) 행정절차의 하자에 관한 학설

행정절차의 독자성을 강조하는 입장에서는 청문절차, 공고·공람절차, 이유부기 절차의 하자 등에 대해서 실체적 행정작용의 위법성과 독립된 위법성 사유를 인정하고 있다. 이에 따르면 하자의 치유를 인정하게 되면 당해 절차가 가지는 절차법적 의의가 정당하게 평가되지 못하게 된다고 본다.[45]

반면, 행정절차의 독자성을 부인하는 입장에서는 행정절차는 행정의 내용에 영향을 미치지 않는다고 보아 독립적 위법성 사유를 부정하고 있다. 이에 의하면 독일 연방행정절차법 제46조를 참고하여 행정결정내용에 실체적인 영향을 미치지 않았다고 생각되는 경우에는, 절차나 형식에 관한 규정을 위반한 것만으로 당해 행정행위의 취소를 청구할 수 없도록 하고 있다. 따라서 이에 따라 절차나 형식의 사후충족의 방법으로 하자가 치유될 수 있다고 본다.[46]

부정설과 긍정설의 양자택일할 것이 아니라 권리보호이념과 동시에 행정의 능률적 수행을 고려하여, 하자의 치유를 인정하되 일정하게 제한을 가하는 것이 타당할 것이다. 독일 연방행정절차법을 참고할 때 다음 네 가지 견해에 따라 절차의 치유기준을 마련하여야 할 것이다. 첫째, 행정기관 스스로에 의한 치유행위가 있을 것. 둘째, 일정한 시간적 한계하에서만 인정될 것. 셋째, 하자치유행위의 소급효의 제한. 넷째,

---

44) 류지태·박종수, 앞의 책, 446면; 김남진·김연태, 앞의 책, 405면.

45) 류지태·박종수, 앞의 책, 448면.

46) 위의 책, 448면.

하자의 치유행위로 인하여 당사자는 불이익을 받지 않을 것이다.[47]

(3) 판례

판례는 절차의 하자에 대하여 엄격하게 판단하여 독자적 중요성을 강조하는 입장을 취한다. 즉, 행정절차의 위법은 실체적 행정작용의 위법성과 동일하게 판단할 수 있다고 본다. 다만, 위법성의 정도는 무효사유보다는 취소사유로 보고 있다.[48]

그러나 하자의 치유에 대해서는 구체적인 상황을 검토하여 개별적으로 판단할 수 있다고 보아 대체적으로는 '행정절차가 갖는 기능을 수행할 수 있는 시점'까지는 허용하고 있다.[49]

(4) 검토

1단계 전자투표에 있어서의 선거실시 전과정에 있어서 참관인 제도, 기표시 비밀보장절차, 투표데이터 송부시 저장장치의 이송과정의 공개, 전자장비에 대한 검증은 전자투표의 공정성 확보를 위하여 독자적 의미를 가지며 중요하게 평가되어야 할 것이다. 또한 2, 3단계 전자투표에 있어서의 본인확인에 대한 참관인 시연 및 투표데이터의 송부방법에 대한 검증절차 또한 필수적인 절차로서 이러한 절차가 생략된다면 절차법적 관점에서 국민의 권리가 침해되는 것으로 볼 수 있다.

특히 전자투표제도에서의 절차적 신뢰성 확보의 중요성을 평가할 때, 주요 절차의 흠결은 원칙적으로 절차적 독자성이 강조되어 하자의 치유가 부정되어야 할 것이다. 그러나 투표일에 발생할 수 있는 사소한 절차의 하자에 대해서는 치유를 통해 투표의 효율성을 높일 수 있을 것이다.

---

47) 위의 책, 447면.
48) 대법원 2000.3.23 선고 98두2769 판결; 대법원 2001.4.13 선고 2000두3337 판결.
49) 대법원 1992.10.23 선고 92누2844 판결; 대법원 1984.5.9 선고 84누116 판결; 대법원 1984.4.10 선고 83누393 판결.

4) 소결

행정절차는 국민의 권리를 보장하기 위한 사전적 권리구제제도로서 중요한 절차가 생략될 경우 행정행위 전체가 위법하게 된다. 이러한 행정절차의 하자에 관하여는 행정절차의 독립성을 인정할 것인가에 따라 학설이 대립되지만 대체적으로 개별적, 구체적으로 하자의 중요성을 판단하도록 하고 있다.

국민의 주권적 의사를 표현하는 공직선거에서의 전자투표제도에 있어서도 타당한 절차를 규정하는 것은 기본권 실현의 전제가 된다. 따라서 특히 1단계 전자투표에서의 참관인 제도, 기표시 비밀보장절차, 투표데이터 송부시 저장장치의 이송과정 공개, 전자장비에 대한 검증, 2, 3단계 전자투표에 있어서 본인확인에 대한 참관인 시연 및 투표데이터의 송부방법에 대한 검증절차는 흠결될 경우 절차의 독자성이 강조되어 하자의 치유가 부정되어야 한다. 그러나 국민의 투표권 행사에 크게 영향을 미치지 않는 사소한 투표과정에서의 절차상의 하자는 행정기관 스스로가 일정한 시간적 한계 하에서 치유하되 치유의 소급효가 제한되며 하자의 치유로 당사자에게 불이익이 발생하지 않는다면 하자의 치유를 긍정할 필요가 있다.

2. 전자투표에서 선거소청권리 보장의 문제

1) 선거소청제도의 필요성

선거소청제도는 선거소송의 전심단계로서 선거인이나 후보자를 추천한 정당 또는 후보자가 선거 및 당선의 효력에 관하여 불복하여 이의를 제기할 수 있는 제도로서 공직선거법 제219조에 의하여 지방의회의원 및 지방자치단체의 장의 선거에 한하여 허용되고 있다.

특히 선거소청제도는 선거소송제도와 달리[50] 선거관리기관 스스로가 사법절차를 준용하여 법률관계를 확정시키는 행정처분의 성질을 가지는 행정작용[51]으로 자율적 행정통제를 통하여 선거의 결과를 빠른 시간안에 확정하여 법적 안정성을 확보하는데 중요한 의미가 있다.

소청 대상에 따라 선거의 효력에 관하여 이의를 제기하는 선거무효소청[52]과 선거가 유효임을 전제로 개개인의 당선인 결정에 관하여 이의를 제기하는 당선무효소청[53]으로 분류되며 소송의 대상에는 선거인 명부에 대한 이의신청, 불복신청, 명부 누락자의 구제, 투표소 설비에 대한 시정요구, 투표절차의 위법시정요구, 투표의 효력에 대한 이의신청 등이 있다.

현재 우리나라의 선거소청의 경우, 2006년 전국동시지방선거에서 비례대표 시·도의원 선거 1건, 구·시·군 장 선거 7건, 지역구 시·도의원 선거 5건이 제기되었으며 총 14건의 투표결과에 대한 재검을 요구하여 12건의 재검을 실시한 바 있다.[54]

전자투표제도의 도입에 있어서도 그 방식만 현재의 제도와 달라질 뿐 국민이 표현한 집합적 의사인 투표를 통하여 국민의 대표자를 선출한다는 공직선거의 본질은 달라지지 않는다. 따라서 선거인 명부에 대한 이의신청, 불복신청, 명부 누락자의 구제, 투표소 설비에 대한 시정

---

50) 선거소청제도는 선거관리기관 스스로가 행정통제적 기능에 중점을 두고 법률관계를 확정시키는 행정작용이라는 점에서 법원이 재판에 의하여 법률관계를 확정시키는 사법작용인 선거소송과 구별되고, 선거소청의 성격이 선거결과의 공법적 법률행위의 적법성을 확보하는데 있는 민중적 쟁송 또는 객관적 쟁송의 성격을 가진다는 점에서 국민의 권리 또는 이익의 침해를 전제로 하는 행정심판제도와 구별된다.

51) 정병욱, 『선거법』(박영사, 2004), 296면.

52) 선거무효소청은 공직선거법 제219조 제1항에 따라 선거인 명부 작성과정 등 개개의 절차를 거쳐 선거인이 투표에 이르고 그 결과를 확인하는 일련의 행위가 선거 그 자체의 무효를 주장하거나 선거의 관리와 집행이 선거에 관한 규정에 위반하였음을 이유로 선거의 무효를 주장하면서 제기하는 소청이다.

53) 당선무효소청은 당선인의 자격이 없는 자가 당선인이 되었음을 이유로 당선인을 피소청인으로 하여 그 당선의 효력을 다투는 경우와 선거관리위원회의 당선인 결정의 위법을 이유로 그 당선의 효력을 다투는 경우에 제기하는 소청이다.

54) 중앙선거관리위원회, 「2006.5.31. 시행 제4회 전국동시지방선거 선거소청결정문집」(2006), 605-608면.

요구, 투표절차의 위법시정요구, 투표의 효력에 대한 이의신청 등 선거소청의 대상은 그대로 존속하게 된다.

뿐만 아니라 전자투표제도의 경우 투표시설에 관한 시정요구, 투표결과에 대한 신뢰성이나 안전성에 대한 소청의 제기는 현재보다 오히려 증가할 것으로 예상된다. 실제로 전자투표제도가 도입된 후, 미국, 일본 등에서 투표기기가 다운되는 현상이 나타나서 이에 대한 소송이 제기된 예를 보면 우리나라의 경우도 이러한 문제가 제기될 가능성이 크다고 여겨진다. 따라서 전자투표제도가 도입되더라도 현재의 소청제도는 유지되어야 할 것이며 현재의 종이투표를 전제로 한 소청제도에서 나아가 전자투표제도의 특수성을 반영한 소청제도를 규정할 필요성이 있다.

2) 선거소청제도의 쟁점 검토

(1) 소청 제기기간의 축소 및 절차의 간소화에 대한 검토

현행 선거소청은 선거인이나 후보자를 추천한 정당 또는 후보자가 선거일부터 14일 이내[55]에 당해 선거구 선거관리위원회위원장[56]을 피소청인으로 하여 제기한다. 소청을 제기하기 위해서는 선거관리위원회에 ①소청인의 성명과 주소, ②피소청인의 성명과 주소, ③소청의 취지 및 이유, ④소청의 대상이 되는 처분의 내용, ⑤대리인 또는 선정대표자가 있는 경우에는 그 성명과 주소를 기재한 서면으로 하고 기명·날인하여야 한다.[57] 또한 공직선거법 제220조에 의하여 소청은 '접수된

---

55) 선거소청기간은 제척기간이며 소청기간의 준수여부는 소청이 정당한 제기기관에 도달한 때를 기준으로 판단한다. 대법원 1979. 2. 13 선고 78누430 판결 참조.

56) 지역구 시·도의원 선거, 자치구·시·군의원선거 및 자치구·시·군의 장선거에 있어서는 시·도선거관리위원회에, 비례대표 시·도의원 선거 및 시·도지사 선거에 있어서는 중앙선거관리위원회에 소청하여야 한다.

57) 공직선거법 제219조 참조.

날로부터 60일 이내'에 결정하여야 하며 제225조에 의하여 '다른 쟁송에 우선하여 신속히 결정 또는 재판하여야' 한다.

전자투표제도를 도입할 경우 투표가 이루어지면 현재에 비하여 투표와 개표절차가 단순화되고 시간도 빨라질 수 있다. 이에 따라서 현재 규정되어 있는 선거소청 제기기간, 선거소청 제기기관의 선택, 소청절차에 있어서 기존의 방식을 합리화, 간소화할 수 있을 것이다.

우선, 선거소청 제기기간을 현행 14일에서 10일 정도로 단축할 수 있을 것이다. 선거에 관한 문제제기는 대부분 선거운동 또는 개표과정에서 발생하는데 선거일 종료 후 2시간 정도 이내에 결과가 도출되므로 문제제기기간도 축소할 수 있다. 특히 선거에 관한 문제제기는 그 기간이 길어진다면 국가권력에 공백이 발생하여 혼란이 발생할 수 있다. 따라서 국민의 기본권을 침해하지 않는 범위에서 기간을 축소할 수 있을 것이다.

또한 현재의 소청제기절차는 법으로 정해진 피소청인을 선택하고 관련 문서를 갖추어 제출하여야 하므로 소청 제기자의 입장에서는 그 절차가 복잡하다. 행정정보화가 높은 수준으로 진행되어 전자문서 시스템이 상당히 갖추어진 오늘날의 행정현실에 비추어 볼 때에도 전자적인 방법으로 접수, 처리하는 시스템을 갖추어서 이를 통한 신청이 접수가 가능하도록 제도적 방안을 마련하여야 할 것이다.

소청에 대한 결정에 있어서는 현재에도 60일 이내에 '다른 쟁송에 우선하여 신속히' 결정되도록 규정하고 있으므로 법률상의 문제는 없으나 소청에 불복하여 소송이 제기될 경우 공직자 선출이라는 중요한 문제에 있어서 권력의 공백이 지나치게 길게 발생할 수 있으므로 결정기간을 축소하는 방안을 고려할 수 있다.

(2) 소청대상의 확대에 대한 검토

현행 선거소청제도에 따르면 선거무효소청의 경우에는 소청대상에 대하여 특별한 요건이 없으나 당선무효소청의 경우에는 법 제219조 제

2항에 의하여 '공직선거법 제52조 제1항부터 제3항까지의 등록무효의 사유 또는 제192조의 제1항부터 제3항까지의 피선거권 상실사유에 해당하는 경우'와 '공직선거법 제190조·191조의 당선인의 결정·공고·통지규정에 의한 결정의 위법을 사유로 하는 경우'로 한정하고 있다.

전자투표제도가 도입될 경우, 논의된 바와 같이 1단계 전자투표제도의 경우 투표기기의 안전성 문제, 투표결과의 검증에 관한 문제 2, 3단계 전자투표제도의 경우 선거인 명부 작성에 관한 문제, 개인정보의 안전성 문제, 본인확인방법에 관한 문제 등 소청의 대상이 기존 선거보다 많아질 것이다. 그러나 주로 전자투표제도와 관련된 소송의 문제는 당선무효소청보다는 선거무효소청의 문제에 한하게 되므로 소청의 대상에 특별한 요건을 두고 있지 않는 현행의 법률을 그대로 전자투표제도에 적용한다면 소청대상에 대해서는 문제가 없다고 판단된다.

(3) 선거소청 전치주의에 대한 검토

우리나라는 지방선거에서는 행정소송법 제18조 제1항의 단서[58]에 의하여 선거소청을 거치지 아니하고는 선거소송을 제기할 수 없도록 하는 필요적 선거소청전치주의를 채택하고 있다. 선거소청전치주의는 선거관리위원회의 전문적·기술적 지식을 활용하여 스스로 시정할 기회를 주려는 것으로 법원의 부담을 줄이고 국민의 시간과 비용을 절약할 수 있다.

특히 선거소청제도의 경우, 선거사무에 관하여 고유한 권능과 권한을 가지고 있는 선거관리위원회의 업무의 특수성을 반영하는 제도이다. 선거소청은 주로 당해 상급 선거관리위원회의 주관으로 재검표가 이루어지는 경우가 많으므로 소청 결과에 불복하여 소송을 제기하더

---

58) 현재 행정소송법 제18조 제1항의 단서에 의하여 지방선거에 있어서의 선거소송 외에 조세소송, 공무원의 징계처분에 대한 행정심판의 경우에는 필요적 전치주의를 채택하고 있다.

라도 개표결과에 대한 재검표의 경우 다시 선거관리위원회의 주관으로 이루어질 가능성이 높기 때문이다. 따라서 한번 소청이 이루어지면 소송이 제기되는 횟수가 상당히 감소하게 된다. 또한 일반적으로 대법원 판사가 선거관리위원회의 위원장을 겸직하고 있으므로[59] 소청결과의 공정성과 신뢰성도 인정받는다고 볼 수 있다.

이러한 장점이 있음에도 불구하고 현재 규정된 행정소송에 대한 필요적 전치주의는 국민들에게 선택의 여지를 주고 있지 않으므로 재판을 받을 기본권을 침해한다고 볼 수 있다. 행정심판 전치주의는 소청에 불복하여 소송을 제기하고자 하는 당사자 입장에서는 선거일로부터 14일 이내에 소청을 제기하고, 소청제기일로부터 60일 이내에 결정서를 받게 되며, 소청서를 받거나 60일의 기간이 종료한 날로부터 10일 이내에 선거소송 또는 당선소송을 제기할 수 있게 되는데 이는 선거일로부터 30일 이내에 소송을 제기하는 절차에 비하여 오랜 시간이 걸리는 절차이기 때문이다.

특히 전자투표제도가 도입됨에 따라 권리구제방법의 편의성과 효율성이 증진되어야 할 필요성이 있다. 따라서 행정심판이 임의적 전치주의로 변경된 것과 같이 지방선거라 할지라도 선거소청과 선거소송을 선택적으로 제기할 수 있도록 제도적으로 개선되어야 할 것이다. 다만 국민들이 스스로 선거소송에 비하여 선거소청제도가 갖는 경제성, 편리함 등의 이유로 선거소청을 활용할 수 있도록 소청이 공정하게 집행되어야 하며 이에 대한 홍보가 널리 이루어져야 할 것이다.

3) 소결

전자투표제도가 도입되더라도 선거 또는 당선의 효력에 관하여 불복하여 이의를 제기하는 절차인 선거소청제도는 여전히 필요하며 특히

---

59) 역대 중앙선거관리위원회 위원장은 대법원 대법관 또는 대법원 판사 또는 법원 행정처장이 겸직하여 왔다.

전자투표제도는 주로 당선무효소청보다는 선거무효소청과 관련된다.

우선, 전자투표제도가 도입되면 현재에 비하여 투표와 개표절차가 단순화되고 시간도 빨라지므로 소청제기기간을 14일에서 10일 정도로 단축할 수 있을 것이며 소청제기절차 또한 전자적인 방법으로 접수, 처리하는 시스템을 갖추어야 할 것이다. 소청에 대한 결정에 있어서는 현재 다른 쟁송에 우선하여 신속히, 최대 60일 이내에 처리하도록 규정하고 있으므로 이를 적용하거나 추가적으로 결정기간을 축소하는 방안을 고려할 수 있다.

또한 선거무효소청의 경우에는 당선무효소청과 달리 특별한 소청요건이 없으므로 현행 전자투표제도에서 주로 제기될 가능성이 있는 1단계 투표기기의 안전성 문제, 투표결과의 검증에 관한 문제 2, 3단계 선거인 명부 작성에 관한 문제, 개인정보의 안전성 문제, 본인확인방법에 관한 문제 등의 경우에는 현행 법률로도 적용이 가능하다.

마지막으로 전자투표제도의 도입에 따라 선거소청에 대한 수요가 증가할 가능성이 있는데 현재 행정소송법에서 규정된 선거소청의 필요적 전치주의가 문제된다. 필요적 선거소청제도의 경우 선거사무가 가진 특수성, 국민들의 권리구제의 경제성과 신속성·편의성, 법원의 업무부담경감 등을 고려했을 때 그 타당성이 인정된다. 특히 주로 선거결과의 재검표를 요구하는 선거소청제도의 특성과 법원의 판사가 위원장을 겸임하고 있는 현행 선거관리위원회의 특성을 고려했을 때 그 의미는 크다. 그러나 국민들의 권리구제제도에 대한 선택권을 확대하기 위해서는 선거소청제도를 임의적 전치주의로 규정하되, 선거소청의 공정한 집행 및 소청제도에 대한 홍보로 국민들의 편의를 증진시킬 필요가 있다.

3. 선거소송권리 보장의 문제

1) 선거소송제도의 필요성

선거소송제도는 공직선거법 제222조와 제223조에 의하여 대통령 선거 및 국회의원 선거에 있어서는 선거 또는 당선의 효력에 관하여 이의가 있는 선거인이나 후보자를 추천한 정당 또는 후보자[60]가, 지방의회의원 및 지방자치단체의 장의 선거에 있어서는 선거의 효력에 관한 소청의 결정에 불복이 있거나 소청결정기간 내에 결정이 나지 않을 경우 소청인과 당선인이 법원에 선거 또는 당선의 효력에 관하여 불복하여 이의를 제기할 수 있는 소송제도이다.

특히 선거소송은 선거관리기관 스스로가 행정처분의 성질을 가지는 행정작용으로서 선거결과를 빠르게 확정시켜 법적 안정성을 확보하고자 하는 선거소청제도와는 달리 국민의 권리구제를 위하여 법률적 타당성을 검토하도록 하기위한 제도로서 중요한 의미가 있다.

소송의 대상에 따라 선거에 관한 규정위반을 이유로 선거의 전부 또는 일부의 효력을 다투는 선거무효소송과 선거 자체는 유효하게 실시되었음을 전제로 하고 선거관리위원회에서의 당선인 결정행위를 위법이라 하여 그 효력을 다투는 당선무효소송으로 나눌 수 있다. 소청과 달리 선거 또는 당선의 효력에 이의가 있거나 소청절차를 이미 거친 경우에는 법에서 특별히 소송사유에 대한 제한을 두고 있지는 않다.

현재 우리나라의 선거소송의 경우, 지금까지 대통령 선거 18건, 국회의원 선거 736건, 지방선거 242건이 제기되었다. 특히 2000년 국회의원 선거에서는 총 28건의 선거소송이 제기되어 그중 2건의 선거무효판결이 내려진 바 있으며, 2004년 국회의원선거에서는 총8건이 제기되었

---

60) 후보자 또는 선거인의 범위에 당선인은 포함되지 않으나, 지방선거의 경우 선거소청이 인용된 경우에는 당선인도 소송제기가 가능하다.

다. 또한, 2006년 지방선거에서는 6건의 선거소송이 제기된 바 있다.[61]

전자투표제도의 도입에 있어서도 소청에서 검토한 바와 같이 그 방식만 현재의 제도와 달라질 뿐 공직선거의 본질은 달라지지 않으므로 선거소송제도의 필요성은 인정될 것이다. 오히려 투표시설에 관한 시정요구, 투표결과에 대한 신뢰성이나 안전성에 대한 소송의 제기는 현재보다 증가할 것으로 예상된다. 실제로 독일의 2009년 헌법재판소 판결에서는 검증이 불가능한 전자투표에 관하여는 무효선언을, 일본의 2005년 대법원 판결에서는 전자투표기기의 결함으로 인하여 지방선거 자체의 무효선언을 함으로써 선거에 관한 소청 및 소송절차가 국민의 기본권 보호에 가지는 의미가 크다는 점을 보여주었다. 따라서 현재 선거소송제도의 틀 안에서 전자투표제도의 특수성을 반영한 소송제도를 규정할 필요가 있다.

2) 선거소송제도의 쟁점 검토

(1) 소송 제기기간의 축소 및 절차의 간소화에 대한 검토

현행 선거소송제도는 대통령 및 국회의원 선거에 있어서는 선거일부터 30일 이내에, 지방의회의원 및 지방자치단체의 장의 선거에 있어서는 소청의 결정서를 받은 날부터, 소청결정기간 내에 결정하지 아니한 때에는 그 기간이 종료된 날부터 각각 10일 이내에 해당 선거구 선거관리위원회위원장[62]을 각각 피고로 하여 소를 제기한다.[63] 소송을 제기하기 위한 절차는 법 제227조에 의하여 행정소송법을 준용하도록 하

---

61) 중앙선거관리위원회, 『선거소송판결문집』(2007), 561-564면.

62) 일반적으로 국가를 당사자로 하는 소송의 피고는 법무부장관이 되나 공직선거법은 예외적으로 선거관리위원회 위원장이 피고가 된다.

63) 대통령선거, 국회의원선거, 비례대표 시·도의원선거 및 시·도지사선거에 있어서는 대법원에, 지역구 시·도의원선거, 자치구·시·군의 장선거에 있어서는 그 선거구를 관할하는 고등법원에 소를 제기하여야 한다.

고 있으며 법원은 법 제225조에 의하여 의하여 '소가 제기된 날부터 180일 이내'에 처리하여야 한다고 규정하고 있다.

선거소송제도의 경우에도 전자투표제도가 도입될 경우 선거가 끝나면 불과 2시간 이내에 선거결과가 발표되므로 선거결과에 이의가 있는 자가 소를 제기할 수 있는 시간적 여유가 늘어난다.

현재의 제도가 그대로 유지된다면 투표결과가 나오는 시간이 빨라지는데도 불구하고 대통령·국회의원 선거의 경우 선거일로부터 30일, 지방의원 선거의 경우에는 선거일로부터 선거일로부터 14일 이내에 소청을 제기하고, 소청제기일로부터 60일 이내에 결정서를 받게 되며, 소청서를 받거나 60일의 기간이 종료한 날로부터 10일 이내에 선거소송 또는 당선소송을 제기할 수 있기 때문에 정치적으로 불안정한 시기가 그만큼 길어질 수 있다. 이에 따라서 선거소송 제기기간을 축소하고 선거재판을 최대한 빨리 개최함으로써 선거 결과의 확정이 우선적으로 이루어질 수 있도록 소송제도를 보완할 필요가 있다.

다만 이 경우에 소송 제기권자의 권리가 침해될 수 있으므로 선거소송 제기시 행정적인 절차를 대폭 축소하고 전자적인 방법으로 선거소송을 제기할 수 있도록 함으로써 투표권자들의 권리를 보호하여야 한다.

그러나 선거소송제도의 경우 법원에서 일정한 절차를 거쳐 이루어지므로 전자투표제도가 도입된다고 하더라도 소청제도와는 달리 절차와 요건, 결정에 있어서 특별한 규정을 두기 어려운 측면이 있다. 이것은 선거소청제도가 행정절차의 한 단계로 이루어지는 데 반해, 선거소송제도는 사법권의 행사이므로 사법절차에 따라야 하는 한계를 갖기 때문이다.

(2) 소송대상의 확대에 대한 검토

현행 선거소송제도에 따르면 선거무효소송의 경우에는 소송대상에 대하여 특별한 요건이 없으나 당선무효소송의 경우에는 법 제223조에 의하여 '제52조제1항·제3항 또는 제192조제1항부터 제3항까지의 사

유에 해당함을 이유로 하는 때'와 '제187조(대통령당선인의 결정·공
고·통지)제1항·제2항, 제188조(지역구국회의원당선인의 결정·공
고·통지)제1항 내지 제4항, 제189조(비례대표국회의원의석의 배분과
당선인의 결정·공고·통지) 또는 제194조(당선인의 재결정과 비례대
표국회의원의석 및 비례대표지방의회의원의석의 재배분)제4항의 규
정에 의한 결정의 위법을 이유로 하는 때'로 규정하고 있다.

전자투표제도가 도입될 경우, 앞서 논의된 바와 같이 소송의 대상이
기존 선거보다 많아질 것이다. 그러나 주로 전자투표제도와 관련된 소
송의 문제는 당선무효소송보다는 선거무효소송의 문제에 한하게 되므
로 소청의 대상에 특별한 요건을 두고 있지 않는 현행의 법률을 그대로
전자투표제도에 적용한다면 소송대상에 대해서는 문제가 없다고 판단
된다.

3) 소결

전자투표제도가 도입되더라도 대통령, 국회의원 선거 및 지방선거
에 있어서 선거 또는 당선의 효력에 관하여 불복하여 이의를 제기하는
절차인 선거소송제도는 여전히 필요하며 특히 전자투표제도는 주로
당선무효소송보다는 선거무효소송과 관련된다.

우선, 전자투표제도가 도입되면 현재에 비하여 투표와 개표절차가
단순화되고 시간도 빨라지므로 소송제기기간을 축소할 수 있을 것이
다. 다만 이 경우에 소송 제기권자의 권리가 침해될 수 있으므로 선거
소송 제기시 행정적인 절차를 대폭 축소하고 전자적인 방법으로 선거
소송을 제기할 수 있도록 하여야 할 것이다.

또한 선거무효소송의 경우에는 당선무효소송과 달리 특별한 소송제
기요건이 없으므로 현행 전자투표제도에서 주로 제기될 가능성이 있
는 1단계 투표기기의 안전성 문제, 투표결과의 검증에 관한 문제 2, 3단
계 선거인 명부 작성에 관한 문제, 개인정보의 안전성 문제, 본인확인
방법에 관한 문제 등의 경우에는 현행 법률로도 적용이 가능하다.

4. 그 밖의 선거관련소송의 쟁점 검토

1) 필요성

그밖의 선거관련소송은 국민투표법의 국민투표무효소송,[64] 주민투표법의 주민투표소송[65]을 검토한다. 현행 공직선거법을 비롯한 국민투표법과 주민투표법은 소송에 관하여 행정심판법 및 행정소송법을 주로 준용하면서 원고와 피고, 소제기기간, 방법 등에 관하여 특별한 사항을 규정하고 있다.

구체적으로 살펴보면, 국민투표무효소송은 국민투표의 효력에 대해 이의가 있는 투표인이 투표인 10만명 이상의 찬성을 얻어 대법원에 소를 제소할 수 있음을 주요 내용으로 한다. 한편 주민투표소송은 주민투표의 효력에 대해 이의가 있는 주민투표권자 총수의 100분의1 이상의 서명으로 소청을 제기한 후 소송을 제기하는 방식을 취하고 있다. 소청은 주민투표결과가 공표된 날로부터 14일 이내에 관할선거관리위원회 위원장을 피소청인으로 하여 시 · 군 · 자치구는 특별시 · 광역시 · 도 선거관리위원회에 특별시 · 광역시 · 도는 중앙선거관리위원회에 소청을 제기할 수 있다. 소송의 경우 소청결과를 받은 날로부터 10일 이내에 관할 선거관리위원회를 피고로 하여 특별시 · 광역시 · 도는 대법원에, 시 · 군 · 자치구는 관할 고등법원에 소를 제기할 수 있다. 주민투표의 경우에도 지방지차단체의 장 및 의원에 관한 규정을 준용하므로 소청을 반드시 거쳐야 하는 필요적 선거소청전치주의를 채택하고 있다.

이러한 국민투표와 주민투표의 경우 특히 전자투표제도가 도입된다면 투표비용이 감소되고 국민의 다양한 의견수렴이 가능해짐에 따라 특별히 효용이 더욱 증가할 것으로 기대된다.

그러나 국민투표, 주민투표에 관한 소송제도 역시 중요성이 더욱 커

---

64) 국민투표법 제92조, 제95조 참조.
65) 주민투표법 제25조 참조.

질 것이다. 국민들의 신뢰를 바탕으로 선거제도가 도입되어야 하겠지만 전자투표제도는 확실히 수검표에 비하여 안정성에 관한 위험을 가지고 있으며 선거에 대한 신뢰가 훼손될 경우 이를 회복하는 방법은 해당 사건에 관하여는 소송을 통한 권리구제가 유일한 방법이기 때문이다. 따라서 전자투표제도의 도입에 따른 그밖의 선거관련 소송절차를 규정할 경우 이에 대한 쟁점을 검토할 필요성이 있다.

2) 법적 쟁점 검토

(1) 소 제기기간 축소 및 절차의 간소화
국민투표법과 주민투표법은 각각 국민투표무효소송과 주민투표소송에 관하여 규정하고 있다. 현재의 국민투표무효소송은 투표일로부터 20일, 주민투표소청은 소청전치주의를 취하여 투표결과 공표일로부터 14일 이내에 소청을 제기할 수 있으며 소청결과를 받은 날부터 10일 이내에 소송을 제기할 수 있도록 규정하고 있다.

전자투표제도가 도입될 경우, 이들 투표제도 자체가 활성화될 것으로 여겨지며 소송제도 또한 더욱 활발해질 것이다. 특히 전자투표제도가 기존의 투표제도에 비하여 신뢰성 논란이 발생할 수 있다는 점을 감안하면 투표제도에 대한 소송이 더욱 필요할 것으로 판단된다. 기존 소송과 같이 이러한 소송의 경우에도 소송을 제기할 수 있는 기간을 합리적으로 축소할 수 있을 것이며 소송절차를 전자화, 간소화할 수 있다.

(2) 소송대상의 확대
국민투표법과 주민투표법의 경우에도 소송대상에 대해서는 특별하게 규정하지 않고 있다. 따라서 앞서 논의한 선거소청 및 선거소송제도의 내용과 같이 전자투표제도가 도입된다고 해서 소송대상을 제한하거나 확대할 필요성은 없을 것으로 판단된다.

(3) 선거소청 전치주의

주민투표법 제25조는 지방선거에 있어서의 선거소청제도와 같이 필요적 선거소청전치주의를 채택하고 있다. 주민투표소청의 경우도 주민투표소청제도가 갖는 투표로서의 특수성과 피소청인이 동일한 선거관리위원회인 점 등을 고려할 때 일반적인 소청에 관한 논의를 적용할 수 있을 것이다.

따라서 주민소청제도의 특수성을 평가할 때, 필요적 전치주의를 규정한 의미는 타당하지만 행정심판이 임의적 전치주의로 변경된 것과 같이 주민들이 주민투표소청과 주민투표소송을 선택적으로 제기할 수 있도록 제도적으로 개선되어야 할 것이다. 다만 소청권자 스스로가 주민투표소송에 비하여 주민투표소청제도가 갖는 경제성, 편리함 등의 이유로 소청제도를 활용할 수 있도록 소청이 공정하게 집행되어야 하며 이에 대한 홍보가 널리 이루어져야 할 것이다.

3) 소결

일반적인 선거소송 외에 국민투표법과 주민투표법상의 국민투표무효소송과 주민투표소송의 경우에도 선거소청 및 선거소송제도에서 논의한 쟁점이 유사하게 검토된다.

우선, 소송 제기기간이 국민투표 무효소송은 20일, 주민투표소청은 투표결과 공표일로부터 14일 이내에 제기할 수 있고 소청결과를 받은 날부터 10일 이내에 소송을 제기할 수 있도록 규정하고 있다. 전자투표제도를 도입할 경우 이를 더욱 단축할 수 있을 것이다. 또한 소송절차를 전자화, 간소화함으로써 국민 또는 주민들의 참여를 촉진할 수 있다. 또한 소송대상의 확대, 선거소청 필요적 전치주의에 관한 검토는 앞서 살펴본 선거소청제도에 관한 논의를 적용하여 현재 이미 소송에 대한 법률적 제한은 없으므로 문제되지 않으며 국민의 선택권 확대를 위하여 선거소청은 임의적 전치주의로 변경할 수 있을 것이다.

제4절 검토

전자투표제도가 국민들의 신뢰를 받기 위해서는 투표에 관한 사전적 권리구제제도의 의미로서 투표절차의 투명성과 사후적 권리구제제도의 실효성이 확보되어야 할 것이다.

사전적 권리구제제도로서 선거인 명부작성부터 개표에 이르기까지 각 단계는 참관인 제도를 활용하거나 데이터의 저장 및 이송에 대한 검증절차를 법적으로 의무화하는 등의 방법으로 안정성을 확보하여야 할 것이다. 또한 이러한 선거절차에 하자가 있는 경우에는 행정절차법상 하자의 치유이론을 적용하여 주요한 절차의 흠결은 행정행위 전체가 무효화되는 사유나, 사소한 절차의 하자인 경우에는 개별적으로 검토하여 치유범위를 규정할 수 있다.

사후적 권리구제제도로는 선거소청제도와 선거소송제도가 있다. 그러나 과거의 투표방식을 전제하고 있으므로 제기기간, 제기절차 등에 있어서 시간이 많이 걸리고 절차도 복잡하다. 따라서 제기기간을 합리적으로 조정하고 제기절차에 있어서도 전자적인 방식으로 손쉽게 할 수 있도록 제도적으로 보완되어야 할 것이다.

또한, 지방선거의 경우 필요적 선거소청 전치주의를 채택하고 있다. 선거소청의 특수성으로 볼 때, 재검표를 통하여 사실조사가 이루어지고 이에 불복하여 소송을 제기하는 경우가 상당히 감소하므로 현행 전치주의는 의미가 있다. 그러나 필요적 전치주의는 국민들에게 소청의 결과를 기다려야 하는 부담을 지우게 되므로 국민들의 재판을 받을 권리의 범위를 확대하기 위하여 행정심판과 같이 임의적 전치주의로 변경을 검토할 수 있을 것이다. 그 밖에 국민투표와 주민투표에서의 무효소송이 논의될 수 있으나 기본적인 적용원리는 선거소청 및 선거소송제도와 유사하게 적용되므로 소청 및 소송 제기기간의 합리적 조정, 필요적 소청전치주의를 임의적 전치주의로의 변경 등이 요구된다.

| 제7장 |

바람직한 전자투표제도 도입방안

제1절 구체적 고려사항

1. 비밀투표의 원칙 보장

공직선거에 있어서 비밀투표의 원칙이 적용되므로 선거인이 누구에게 표를 던졌는지가 밝혀질 여지가 없어야 한다. 전자투표는 종이기표와 달리 기록의 가능성이 있으므로 비밀성의 보장이 중요하다고 할 것이다. 공직선거관리규칙 제136조의6 제2항은 '투표구위원회 위원장 또는 위원은 본인임이 확인되어 선거인 명부에 서명 또는 날인한 선거인에게 선거인 명부등재번호표를 교부하여 투표하게 할 수 있다'라고 규정하고 있다. 이 번호와 투표인의 입력순서가 연결되면 익명성을 침해할 가능성도 있을 것이다.

2. 선거인의 다양한 의사 반영

공직선거에 있어서도 선거인의 다양한 의사가 반영될 수 있는 길을 열어두는 것이 가능하다면 그러한 가능성을 모색하는 것이 투표인과 국민의 참정권을 더 많이 보장하는 길이 될 것이다. 그러나 어느 후보자도 지지하지 않은 선거인의 의사를 존중해주어야 하지 않느냐 하는 문제가 제기될 수도 있겠다. 이러한 선거인의 경우에는 선거에 불참, 기권하는 경우와 다르다. 선거의 불참의 경우나 기권의 경우에는 주권 행사의 포기라고 볼 수 있을 것이나 투표할 대상이 없다고 판단되는 경우에는 주권의 포기라고 볼 수는 없다. 따라서 어느 후보자도 국민대표자로서의 적격을 갖추지 않았다고 판단하는 선거인의 의사가 반영될 수 있도록 하기 위한 선택항목을 마련할 필요가 있을 것이 아닌가 하는 문제제기에 대하여도 검토할 필요성이 있다.

이는 투표에 참여는 하면서도 무효표화 함으로써 어느 후보도 지지하지 않는 효과를 거둘 수도 있는 종이기표에서와 같은 행위는 전자투표제에 있어서는 불가능할 것이므로, 위와 같은 선거인의 의사를 반영해주기 위해서는 별도의 선택항목을 부여하여야 할 것이다.

이를 위하여 전자적 방식에 의한 투표에 있어서 일정한 기표시간을 부여한 다음 그 시간의 경과로 무효화 처리하도록 하는 방안 등이 투표인의 의사를 존중하는 한 방안으로 검토될 수 있을 것이다. 아니면 아예 아무 후보에게도 투표하지 않겠다는 항목을 설정하여 표시를 할 수 있도록 하는 방안도 검토될 수 있을 것이다.

또한, 투표방법과 투표결과의 산출방법 등이 복잡하고 운영하기 어렵다는 이유로 도입을 꺼려하던 선호투표제와 같은 이양식 당선인 결정제도가 전자투표를 도입하는 경우 채택이 용이해 질 수 있다.[1]

이러한 검토는 선거에서의 국민의 선택권의 더 넓은 보장이라는 측

---

1) 박기수, "전자투표제의 도입방안," 『인터넷을통한 선거운동과 법』(2002), 16면.

면과 공무담임을 위한 선출에 참여하는 적극성이 요구된다는 측면 등
을 고려하여야 할 것이다.

3. 정정가능성 보장

전자적 방식에 의한 투표는 종이기표에 비하여 정정의 가능성이나
용이성이 크다. 따라서 실수로 잘못 선택한 경우에 취소가 가능하도록
하고 정정할 수 있는 기회를 부여하여야 할 것이다. 또한 최종 확인절차,
즉 정정을 하지 않고 원래 선택대로 정하거나 정정이 끝났음을 최종 확
인을 하도록 한 후 확인표시를 입력하게 하여 투표행위를 종료하도록
하는 것도 필요할 것이다.[2]

4. 검증가능성 보장

전자투표에서 선거인이 자신이 던진 투표의 내용이 제대로 입력되었
는지를 검증할 수 있는 절차가 마련되어 있어야 할 것이다. 즉 중앙선
거관리위원회의 터치스크린 방식 시안에서는 선거인이 투명창을 통하
여 투표기록지에 인쇄된 본인의 투표결과를 재확인할 수 있도록 하여
이러한 절차가 예정되어 있다. 이 재확인절차에서 투표의 무기명성, 익
명성이 훼손되지 않도록 하는 것이 필요할 것이다.

---

2) 이러한 과정은 중앙선거관리위원회 터치스크린 시안에서는 반영되어 있다.

5. 개표·집계사무의 신속성 보장

전자투표의 결과를 투표구별로 투표집계 저장디스켓을 관할구·시·군 위원회에 송부하는 방식이 아니라 네트워크전송으로 할 경우 당선자결정이 더욱 신속하게 이루어질 것이다. 그러나 네트워크 구성의 문제나 비용, 보안 등의 문제가 고려되어야 한다.

제2절 전자투표제도의 단계별 도입방안

1. 투표 단계와 전자투표제도

1) 단계별 도입 필요성

아직까지 우리나라에서는 공직선거에서의 전자투표제도의 도입에 있어서 신중한 입장을 취하고 있다. 이는 각 정당간, 국민간의 이해관계가 대립되는 경우가 많은 공직선거에 있어서 특별히 제도에 대한 신뢰성이 강조되어야 한다는 국민적 공감대가 존재하기 때문이다. 특히 우리나라의 경우, 지난 반세기 동안 많은 발전을 이루어 왔지만 여전히 짧은 민주주의의 역사로 인하여 선거제도의 안전성과 신뢰성에 대하여 의심을 갖는 경우가 존재한다.

그러나 전자투표제도의 도입시기를 지연할 수는 있으나 세계에서 가장 앞서가는 IT 강국으로 인정받고 있는 우리나라의 입장에서는 국내의 다른 산업의 전산화 속도와 전 세계적인 전자투표의 도입현황을 외면하고 종이를 이용한 투표에 언제까지 의존할 수는 없을 것이다. 특히 종이를 이용한 투표제도가 가지는 비효율성 등의 한계와 전자투표제도가 갖는 투표편의성 등의 장점을 생각했을 때, 기술개발과 제도적 보완으로 이를 극복해 나갈 필요성은 충분하다고 판단된다.

따라서 전자투표제도를 국민의 신뢰를 얻으면서 안정적으로 도입하기 위해서는 각 단계별 전자투표제도의 장점과 단점을 철저하게 비교·분석하여 국민들의 편의가 증진되면서 안전성과 신뢰성이 확보되는 투표제도를 선택하여야 할 것이다.

2) 단계별 도입방안

현재 논의되고 있는 1, 2, 3 단계의 전자투표제도 중 1단계 전자투표의 경우, 현재의 투표자가 찍은 도장을 투표기 분류기에 넣어서 분류하는 방식에서 발전한 옵티컬 스캔방식 또는 터치스크린 방식을 현실성 있게 논의할 수 있다. 터치스크린 방식 중에서도 일본에서 채택하고 있는 스탠드 어론 방식은 투표기기의 다운가능성은 있지만 정보의 네트워크화를 원칙적으로 차단하고 있기 때문에 투표에 관한 정보나 개인정보가 노출되는 등의 파급효과를 줄이고 안전하게 투표와 개표를 진행할 수 있다. 특히 개표시간이 2시간 정도로 단축되고 투표관리비용이 감소하며 언어선택, 음성지원 등으로 외국인, 장애인의 편의가 증진될 수 있다.

또한 이러한 방식은 전자적 방법에 의한 투표에만 의존하는 것이 아니라 투표결과를 따로 출력하여 보관하거나 선거감사추적장치를 활용하여 검증이 가능하므로 독일의 전자투표제도에 관한 헌법재판소의 판례에서도 주요하게 지적되었던 '검증가능성'의 문제를 극복할 수 있게 된다.

선거인 본인확인방식, 투표결과 이송방식의 경우 현재와 같은 방식으로 이루어지므로 국민들의 이해를 높일 수 있으며 전자투표에 익숙하지 않은 세대의 경우 노약자, 장애인, 외국인용 터치스크린 등의 활용을 통하여 극복할 수 있다. 실제로 미국의 터치스크린 투표와 우리나라 정당의 당내경선에서 이루어진 전자투표에서 노약자, 장애인 등은 오히려 편리해진 투표제도에 대하여 만족감을 나타낸 것으로 나타났으므로 이러한 저항도 극복해 나갈 수 있을 것이다.

특히 종이기표의 경우 도장을 애매한 위치에 찍거나 두 번 찍는 등 식별하기 어려운 경우에는 무효표 처리가 되었으나 전자투표제도의 경우 이러한 비의도적 무효표[3]의 발생을 방지할 수 있다. 적어도 기표를 하지 않거나 애매한 위치에 기표하면 투표결과가 저장되지 않으므로 투표가 완료되지 못하기 때문이다.

그러나 공공이 모이는 장소에서 투표하는 KIOSK 방식과 원격 인터넷 투표인 REV 방식의 경우, 네트워크의 안전성, 직접선거와 자유선거, 비밀선거의 원칙의 침해가능성 등 중요한 선거의 원칙을 침해할 가능성이 있으므로 즉시 도입하기는 어려울 것이다.

따라서 우선적으로 1단계 전자투표제도를 도입한 후에 기기적 장단점과 제도적 보완방안을 마련하여 공직선거에 대한 인식, 국민들의 의식이 성숙되어 국민적 신뢰가 형성되었을 때 2, 3단계 전자투표제도의 도입이 조심스럽게 검토되어야 할 것이다.

2. 대상선거의 범위와 전자투표제도

1) 선거의 범위에 따른 구분

전자투표제도를 안정적으로 도입하기 위해서는 유권자의 범위가 넓고 그중요도가 높은 선거보다는 유권자의 범위가 좁고 선거의 결과가 미치는 영향이 적은 선거에 우선적으로 도입하여야 할 것이다. 전자투표제도를 도입에 있어서 국민들의 신뢰를 얻는 것이 가장 우선적인 과정이므로 범위가 좁은 선거에서 전자투표의 안전성에 대한 신뢰를 얻은 후 이를 확대해 나가는 것이 바람직한 방안이기 때문이다.

---

3) 의도적인 무효표도 주권행사의 한 방법이라는 견해에 따라 '기권'란을 따로 만들어 기표용지에 표시할 수 있다.

특히 전자투표제도는 기존의 종이투표제도에 비해 안전성과 신뢰성에 문제점이 제기될 가능성이 높다. 외국에서 실시된 사례를 보더라도 투표의 실시, 개표, 검증절차에 관하여 논란을 겪은 바 있으며 이를 극복하는 과정에서 전자투표제도를 수정·보완해 온 것을 알 수 있다. 이에 따라서 미국의 경우에도 각 주의 지방선거 등에서 우선적으로 전자투표제도를 실시한 후, 2008년 대통령 선거에서 전국적으로 시행한 바 있으며 일본의 경우에도 지방선거에서 몇차례의 시행착오를 거친 후에 전국선거에서의 도입을 검토하고 있다.

우리나라에서도 정당의 경선, 각종 위탁선거 등에서 우선적으로 전자투표제도를 도입하여 신뢰를 얻어가고 있다. 그러나 국민투표와 주민투표, 공직선거에서의 도입은 선거가 갖는 중요도와 공정성 보장문제 등으로 인하여 아직까지 도입에 신중한 입장을 취하고 있다.

따라서 공직선거 등에 전자투표제도를 도입하기 위해서는 우선적으로 주민투표 또는 지방선거 등의 범위가 좁은 선거에서 지역 주민의 동의를 얻어 실시한 후, 문제점을 수정·보완해 나가면서 그 범위를 점차 확대할 필요성이 크다.

2) 재외투표, 선상투표 적용가능성

그동안 선거관리상의 어려움으로 인하여 실시되지 않았던 재외선거의 경우 주민등록이 되어있는 자를 선거권자로 규정하고 있는 공직선거법 제37조 제1항에 대한 지난 2007년 헌법재판소의 위헌결정[4]으로

---

4) 헌법재판소 2007.6.28 선고, 2004헌마644, "공직선거및선거부정방지법 제15조 제2항 등 위헌확인,"『헌법재판소 판례집』제19권 제1집(2007), 879면 참조. 판결의 내용은 다음과 같다. "선거권의 제한은 그 제한을 불가피하게 요청하는 개별적, 구체적 사유가 존재함이 명백할 경우에만 정당화될 수 있으며, 막연하고 추상적 위험이라든지 국가의 노력에 의해 극복될 수 있는 기술상의 어려움이나 장애 등의 사유로는 그 제한이 정당화될 수 없다. 그런데 법 제37조 제1항은 단지 주민등록이 되어 있는지 여부에 따라 선거인 명부에 오를 자격을 결정하여 그에 따라 선거권 행사 여부가 결정되도록 함으로써, 엄연히 대한민국의 국민임에도

2012년 국회의원 및 대통령 선거부터 도입하기로 결정되었다. 특히 이 판결에서는 일반 공직선거 외에 국민투표제도의 경우에도 재외국민들이 투표에 참여할 수 있도록 제도적 기반을 마련하여야 한다고 결정하였다. 이에 따라 중앙선거관리위원회에서는 재외선거추진단을 구성하여 도입을 준비하고 있다.

또한 선거일 당일에 불가피하게 선상에 있게 되는 선원들의 경우에 주권자임에도 불구하고 선거관리상의 어려움으로 인하여 선거에 참여하지 못하였다. 그러나 헌법재판소는 2007년 판결에서 선장의 지휘, 감독하에 투표를 공정하게 시행할 수 있으며 선장의 투표비밀 유지의무 위반 등에 대하여는 엄격한 처벌규정 등을 마련한다면 모사전송(Fascimile)을 이용하여 투표권을 행사할 수 있다고 판단한 바 있다.[5] 이에 따라 2009년 10월 이후 열린 국회 정치개혁특별위원회에서 선상투표제도의 입법안이 활발하게 논의되었지만 도입되지는 못하였다. 그러나 여전히 논의되고 있으므로 조만간 선상투표제도가 도입될 가능성이 높아 보인다.

이들에 대해서는 좀 더 적극적으로 2, 3단계 전자투표제도의 도입을 검토할 수 있을 것이다. 이들의 경우, 투표에 참여하기 어려운 환경에 있고 투표자의 범위도 일반 국민에 비하여 넓지 않으므로 영향력을 감소시킬 수 있다. 따라서 이들에 대해서는 우선적으로 투표권을 인정해 줄 필요가 있다.

불구하고 주민등록법상 주민등록을 할 수 없는 재외국민의 선거권 행사를 전면적으로 부정하고 있는바, 그와 같은 재외국민의 선거권 행사에 대한 전면적인 부정에 관해서는 위에서 살펴본 바와 같이 어떠한 정당한 목적도 찾기 어렵다."

5) 특히 판결에서는 설사 투표 절차나 전송과정에서 비밀이 노출될 우려가 있다 하더라도, 이는 '국민주권원리나 보통선거원칙에 따라 선원들이 선거권을 행사할 수 있도록 충실히 보장하기 위한 불가피한 측면'이므로 '보통선거원칙과 비밀선거원칙을 조화적으로 해석할 때 헌법에 위반된다고 할 수 없다'고 보았다. 이에대한 자세한 내용은 헌법재판소 2007.6.28 선고, 2004헌마644, "공직선거및선거부정방지법 제15조 제2항 등 위헌확인,"『헌법재판소 판례집』제19권 제1집(2007), 899-901면 참조.

　헌법재판소는 선상투표제도의 도입에 대하여 투표절차나 전송 과정에서 비밀이 노출될 우려가 있다 하더라도, 선거권을 행사할 수 있도록 보장하기 위하여 불가피하다고 판단한 바와 같이 합리적인 투표권 보장을 위하여 불가피한 경우, 인터넷 투표도 적극적으로 검토할 필요가 있을 것이다.

　재외선거와 선상투표제도의 경우 전자투표제도를 도입할 경우, 그 운영과 관리에 있어서 훨씬 편리하게 이루어질 수 있다. 재외국민과 선원들의 경우 종이투표나 모사전송에 의할 경우 관리상의 어려움이 큰 반면, 선거인 명부의 관리, 선거의 운영에 있어서 전자적 시스템을 도입한다면 오히려 안전하고 신속하게 투표를 시행하고 개표결과를 본국에 바로 전송할 수 있게 된다.

3. 기술 발전과 전자투표제도

　전자투표제도는 기술적 발전에 기반한 새로운 기술의 개념이므로 앞으로 기술의 발전에 따라 제도가 영향을 받을 것으로 보인다. 특히 통합선거인명부 활용방안, 선거인 본인 확인방안, 인터넷 투표의 안전성 확보방안 등 개발 사안에 있어서 신뢰성 높은 기술이 개발될수록 전자투표제도의 안정적인 도입 가능성은 높아진다.

　또한, 법적 연구를 통한 요구에 따라 기술이 이를 적극적으로 반영해 나갈 수도 있다. 법과 제도적 절차에 대한 연구에 따라 새로운 기술의 필요성이 대두될 것이고 이에 대한 연구가 기술 연구자들에게 아이디어를 제공할 수 있기 때문이다. 따라서 각 단계 및 쟁점별 기술과 제도의 연구를 통하여 전자투표에 대한 법과 제도의 지속적으로 보완해 나가야 할 것이다. 이러한 노력을 통해서 국민의 편의를 증진시키고 투표 관리의 효율을 높여 민주주의의 발전을 이끌어낼 수 있을 것이다.

제3절 검토

오늘날, 정보통신기술의 발전에 따른 행정의 정보화에 따라 국민의 신뢰성과 안전성의 확보가 가장 요청되는 선거와 이를 실천하는 수단인 투표의 영역에서도 전자적 방식이 활용되고 있다. 이것은 기술의 발전에 따른 전자 민주주의의 한 실천영역으로서 직접 민주주의를 실천하면서 동시에 대의제 민주주의의 한계를 보완하는 직접 민주주의의 실천수단으로서 중요한 의미를 갖는다.

국회 또는 지방의회의 경우, 현재 우리나라를 포함한 대부분의 나라에서는 회의장에서 본인이 직접 투표를 하고 투표의 내용과 결과가 공개되는 기명투표를 원칙적인 방법으로 선택하고 있다. 현행 우리나라의 운영방식에 대해서는 긍정적인 평가가 이루어지고 있으나, 추가적으로 위원회에서의 전자투표제도의 도입, 전자투표사유의 확대, 투표장치의 기계적 안정성의 신뢰확보, 투표결과 공개의 즉시성 확보, 대리투표의 가능성 배제 등 국회법 개정을 통하여 보완해나갈 수 있다.

국민투표와 주민투표의 경우 아직까지 본격적으로 전자투표제도의 도입이 논의되지 못하였는데 가장 큰 이유는 국민투표와 주민투표의 실시빈도가 낮기 때문이다. 그러나 전자투표제도를 단계적으로 도입한다면, 현재의 찬반양론식의 표결방법을 다양화하여 주권자들의 의견을 직접 들을 수도 있으며 투표내용의 취소와 정정이 가능해져 국민의 선택권을 확대할 수 있다. 또한 이러한 전자투표환경에서는 제도가 존재하였으나 실현빈도가 낮았던 국민투표, 주민투표의 활성화도 촉진할 수 있을 것이다.

정당의 후보자 경선, 조합장 등의 위탁선거의 경우, 우리나라와 미국 등에서 인터넷, 문자 메세지를 이용한 모바일 투표가 시행되는 등 투표의 형태가 다양해지고 있다. 현행 공직선거법과 관련규칙은 정당의 후보자 경선방법에 대하여 정당이 자율적으로 행하거나, 국가의 보조를 받아 선거관리위원회에 위탁을 맡길 수 있도록 규정하고 있어 투표형태의 다양화와 발전에 기여한 것으로 보인다. 그러나 앞으로 전자투표제도가 다양화되면서 공정성 논란이 발생할 수 있으므로 공직선거와 유사하게 재검표 또는 감사시스템을 마련하는 방안을 검토해야 할 것이다.

대통령, 국회의원, 지방자치단체의 장, 지방의원, 교육감 선거를 포함하는 공직선거 대해서 전자투표제도를 도입하기 위하여 2000년대 초반부터 기술적, 제도적 검토를 실시하였으나, 2010년 현재까지 안전성과 신뢰성의 문제로 인하여 도입되지 않고 있다.

투표소에 출석하여 옵티컬 스캔 또는 터치스크린 방식으로 투표하는 1단계 전자투표의 경우 선거관리비용이 절감되고 개표시간이 단축되며 외국인, 장애인 등의 참여가 확대될 수 있다. 또한 인터넷 등을 활용하는 3단계 전자투표로 나아갈수록 투표편의성 증대효과와 투표율 향상효과가 커진다. 그러나 공직선거에서 전자투표제도를 도입하기 위해서는 선거로서의 원칙을 훼손하지 않으면서 국민의 신뢰성을 확보하는 것은 가장 중요한 과제다.

1단계 PSEV 전자투표방식의 경우 투표기기가 다운될 수 있으며, 투표결과 이송시의 안전성 확보 문제, 투표결과의 검증가능성 문제, 특정 계층의 소외가능성, 과다한 초기 설치비용, 통합선거인 명부 활용시 정보노출가능성 등의 문제가 발생한다.

기기의 다운 가능성에 대비하여 전자투표기기의 추가 설치 의무화와 사전 검증제도의 실시, 통제된 프로그램 설비의 마련, 시스템 관리요원의 배치가 필요하며, 투표결과의 안전한 이송을 위해서는 현재와 같은 경찰력을 동원한 보안절차를 이용하고 각 정당 참관인 등이 감시하도록 하며, 만약의 사태에 대비하여 투표기기 내와 외부저장장치 모두에 투표결과가 저장되거나 따로 투표용지를 출력하여 저장되도록 하여야 한다.

한편, 의도적인 투표결과의 분실 또는 교환이 밝혀진 경우, 엄격한 처벌규정을 마련하여야 한다. 투표결과의 검증은 투표용지를 따로 출력하여 보관하거나 기술적 검증방법으로 선거감사추적장치를 활용하여 투표집계와 재개표 과정에서 정확성을 가질 수 있도록 할 수 있다. 터치스크린으로 인하여 투표기기에 익숙하지 않은 계층이 발생할 수 있으나 이는 노약자용, 장애인용, 외국인용 기기를 따로 제작하거나 교육과 홍보를 통하여 극복할 수 있다. 그럼에도 불구하고 투표가 불가능한 계층에 대해서는 기존의 종이투표와 병행하여 실시하거나 일본의 경우와 같이 선거보조인을 통한 대리투표의 활용방안도 고려할 수 있다.

또한 초기 설치비용이 과다하지만, 관리비용이 획기적으로 감소하므로 최소 30회 이상 투표가 실시된다면 비용면에서도 유리하며 전자투표기술을 발전시켜 외국에 수출하는 등 수익성도 창출할 수 있다. 통합선거인명부만을 추가적으로 활용할 경우에는 개인정보보호절차와 암호화규약으로 개인정보를 보호하여야 하며 선거인 명부 노출에 대비하여 처벌규정을 강화하여야 한다.

2단계 KIOSK 방식의 경우 본인확인방법에 관한 신뢰성이 확보되지 않아 이중투표, 대리투표의 가능성이 있으며, 네트워크를 통한 투표결과 전송의 안전성 위험, 기기 다운시 즉각 대처의 어려움 등의 문제점이 발생한다.

본인확인의 신뢰성을 확보하기 위해서는 신원확인의 방식으로 패스워드와 쿠키, 전자서명제도, 새로운 전자신분증제도의 도입, 지문 등 신체인식방법의 활용이 논의되나 전자신분증 방식이나 신체인식 방법의 경우 개인정보 침해우려가 크기 때문에 기술적으로는 쿠키방식이나 전자서명방식이 타당하다. 그러나 이들 방식도 의도적인 해킹이나 개인정보 노출 위험이 있어 한계를 가진다. 이중투표를 방지하기 위해서는 각 투표기기에 선거인명부를 연결한 네트워크를 구축하여 중복투표 여부를 확인하여야 할 것이다. 투표결과 데이터의 안전한 전송을 위해서는 중앙컴퓨터에 투표자와 투표결과를 분리하여 투표결과만을 저장하도록 설계하는 방식, 암호화 투표규약으로 투표·인증·집계의 모든 단계 간의 전송을 암호화함으로써 보안과 비밀보장을 해결하는 방식이 있다. 기기가 다운될 경우에는 즉각적인 대처를 위하여 오류발생시 대처할 수 있도록 가이드라인을 마련하거나, 가까운 지역에 전문인력을 상주하도록 의무화하여야 할 것이다.

3단계 인터넷 투표방식의 경우 투표사이트의 접속불량, 정보의 외부 노출 등 네트워크의 안전성 문제, 정보격차로 인하여 투표참여제한의 문제, 직접선거, 자유선거, 비밀선거 원칙의 침해가능성, 투표결과 검증의 어려움 등의 문제점을 가진다.

네트워크의 안전성을 확보하기 위해서는 디지털 방화벽을 설치하여 바이러스 등 해커의 침입으로부터 보호하여야 하며, 투표과정의 오류 발생시에 대비하여 가이드라인을 마련하여야 한다. 또한 선거인 명부 또는 결과가 노출된 경우 처벌규정을 강화하여야 한다. 투표결과의 비밀을 보호하기 위해서는 투표자와 투표정보의 링크를 남지 않도록 하는 방안, 투표자와 투표정보의 링크는 남지만 투표내용을 암호화하여 기록하여 투표내용을 특정하지 않도록 하는 방안, 개표시 복수의 사람이 관여하도록 하는 방안 등이 고려된다. 정보격차의 문제는 투표방식을 간소화하는 방안, 선거당일 무료로 인터넷을 사용하도록 하는 방안, 투표소 투표와 병행하는 방안이 고려된다. 직접선거, 자유선거, 비밀선거의 원칙은 침해될 경우 기술적으로 보완하기는 어려우며 현재 외국에서 널리 시행되고 있으며 우리나라 공직선거법에도 규정되어 있는 우편투표, 선상투표제의 도입에 관한 헌법재판소의 판례에 따라 투표권의 확대를 위하여 신뢰로서 극복되어야 하는 가치라고 보아야 할 것이다. 따라서 처벌유형을 법정화하여 처벌과 단속을 강화하고 이를 홍보하는 방안 등이 마련되어야 한다. 투표결과의 검증을 위해서는 암호화 투표규약방안을 중시하여 암호화 과정을 공개하여 추적하는 방식을 선택할 수 있으나 여전히 투표결과가 노출될 수 있으므로 전산담당자에게 비밀준수의무를 부여하고 위반시 처벌을 강화하는 방식이 추가되어야 한다.

한편, 공직선거법 규정체계를 검토할 때, 현행 공직선거법은 선거사무의 전산화를 명시하고 있지만 동시에 종이투표를 전제로 한 기표방법을 규정하고 있어 법의 충돌이 발생하며, 전자투표방식으로 투표가 가능함을 공직선거관리규칙에 규정하여 규칙에 의한 법의 특례가 규정되어 문제된다. 법률유보의 원칙과 법률유보의 한계이론을 검토할 때, 어떤 투표방식을 선택하느냐에 따라서 투표할 수 있는 유권자의 범위와 참정권 행사의 제한효과가 달라지므로 본질적인 사안에 해당하며 긴급한 상황으로 인한 필요나 빈번한 사정변경 등으로 법률에 규정하기 어려운 사안이 아니므로 규칙이 아닌 법률에 직접 전자적 방법에 의한 기표방법을 규정하여야 할 것이다.

또한 전자투표제도를 도입하기 위해서는 우선적으로 투표절차상의 안정성이 확보되어야 한다. 절차의 위반시 원칙적으로 치유를 부정하여 행정행위를 취소할 수 있게 하여야 하며 예외적으로 치유를 인정하여 행정행위의 유효성을 인정하여야 할 것이다. 선거소청제도와 선거소송제도를 보장하기 위하여 제기기간을 합리적으로 조정하고 제기절차에 있어서도 전자적인 방식으로 손쉽게 할 수 있도록 보완되어야 한다. 특히 우리나라는 지방선거의 경우 필요적 선거소청 전치주의를 채택하고 있다. 선거소청의 특수성상 소송절차의 간소화, 소송비용 절감 등의 의미는 있으나, 국민들이 재판을 받을 권리를 선택할 수 있도록 하기 위하여 행정심판과 같이 임의적 전치주의로 변경하여야 할 것이다.

마지막으로, 바람직한 전자투표제도를 도입하기 위해서는 비밀선거의 보장, 선거인의 다양한 의사의 반영, 정정가능성과 검증가능성의 보장, 개표·집계사무의 신속성을 고려하여야 할 것이다. 현재 논의되고 있는 전자투표제도 중에서는 옵티컬 스캔방식 또는 터치스크린 방식이 가장 현실성있게 고려될 수 있다. 이 방식은 무엇보다 네트워크화를 원칙적으로 차단하는 스탠드 어론 방식을 선택함으로써 투표를 안정적으로 시행할 수 있다는 장점이 있기 때문이다. 그러나 2, 3단계 방

식의 경우, 네트워크의 안전성, 직접선거와 자유선거, 비밀선거의 원칙
의 침해가능성 등 중요한 선거의 원칙을 침해할 수 있으므로 즉시 도입
하기는 어려울 것이다. 따라서 우선적으로 1단계 전자투표제도를 도입
한 후에 기기적 장단점과 제도적 보완방안을 마련하여 공직선거에 대
한 국민들의 인식이 성숙되고 사회적 신뢰가 쌓였을 때, 2, 3단계 전자
투표제도의 도입이 신중하게 검토되어야 할 것이다.

대상선거의 범위에 있어서는 주민투표, 지방선거 등 유권자의 범위
가 상대적으로 좁고 결과가 미치는 영향이 적은 선거에 우선적으로 도
입한 후, 그 범위를 확대해 나가야 할 것이다. 그러나 재외투표와 선상
투표의 경우, 투표권자가 투표에 참여하기 어려운 환경에 있으며 투표
자의 범위도 일반 국민에 비하여 넓지 않으므로 우선적으로 전자투표
제도를 도입하여 투표의 편의성을 증진시킨 후, 범위를 확대해나갈 수
있다.

또한 전자투표제도는 기술발전에 따라 통합선거인명부 활용방안, 선
거인 본인 확인방안, 인터넷 투표의 안전성 확보방안 등 영향을 많이
받는다. 따라서 앞으로 기술과 제도의 발전에 따라 이에 대한 연구를
통하여 전자투표에 대한 법과 제도를 지속적으로 보완해 나가야 할 것
이다.

각 영역에서 전자투표제도 도입을 위해서는 공정성 확보라는 일관된
기준을 갖고 제도적으로 보완이 되어야 할 것이다. 현재는 전자투표제
도의 도입으로 인하여 발생할 수 있는 문제점을 고려할 때, 전자투표제
도의 도입에는 신중한 입장을 선택하여야 할 것이다. 그러나 오늘날 세
계적인 추세와 기술의 발전속도로 볼 때 전자투표제도의 도입은 선택
이 아닌 필수적인 환경변화에의 적응방안이라고 볼 수 있다. 따라서 단
계적으로 전자투표제도의 안전성을 검증을 통하여 국민적 신뢰를 쌓고
좁은 범위의 선거에서부터 넓은 범위의 선거로 적용영역을 확대해나가
야 할 것이다.

| 부록 1 |

현행 전자투표기기의 투표 3단계

1단계:

왼쪽 삽입칸에 신분증 넣어 스캔, 투표카드 발급

2단계:

1. 투표카드(익명성 보장) 삽입

2. 오른쪽 상단 기표기로 터치스크린에 기표(도장으로 표시됨)

3. 오른쪽 하단 종이기록지에서 투표내용과의 일치성 확인

4. 투표종료후, 투표관리관이 저장장치, 투표용지 수거 후 개표소로 송부

3단계:

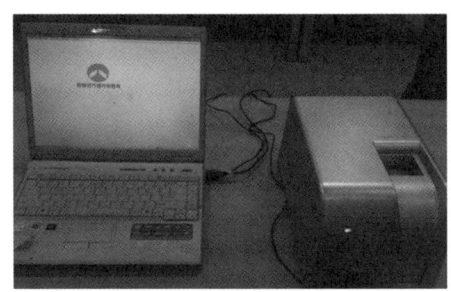

1. 개표소에서 전자집계 실시

2. 필요한 경우, 종이 기록지로 재검표 실시

| 부록 2 |

현행 투표 및 개표절차

1. 투표절차

1단계 : 신분증을 제시하고 선거인명부에 서명

2단계 : 투표용지를 받고 기표소에 가서 도장으로 기표

3단계 : 투표용지를 보이지 않게 접어 투표함에 투입

2. 개표절차

1단계:

1. 투표함의 숫자를 확인하고 개함
2. 투표용지를 100장 단위로 분류

2단계:

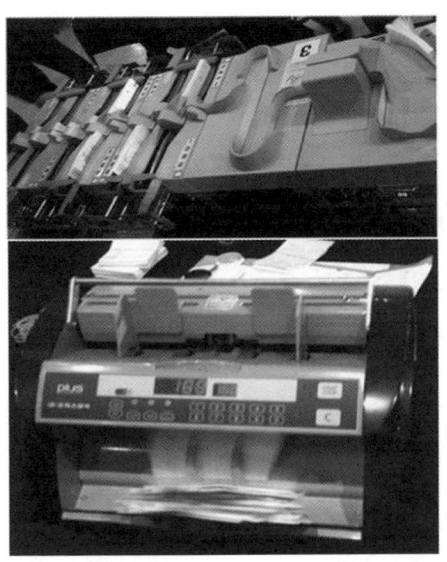

1. 투표지 분류기에 넣어 기표된 후보자별로 득표수 1차 계산
2. 기계장치로 득표수가 정확하게 산정되었는지 2차확인

3단계:

1. 후보자별 득표수를 투표관리관이 직접 다시 확인하고 숫자를 기록
2. 선거관리위원회 위원들이 다시 확인, 서명하고 최종 확인
3. 확인되는 득표수를 실시간으로 집계, 발표

| 부록 3 |

[ABSTRACT]

21st Century E-Government and E-Voting

Jae-Sun KIM

This book has tried to study about electronic voting system from a public law perspective based on the situation that electronic means are utilized even in elections that require acquiring credibility and securing safety to the people and in voting, which is the method to participate in elections by the development of IT technology. In these days, electronic voting system is widely considered to implement or already implemented in national or local assemblies, referendums and resident voting, entrusted votings, and elections for public office. Furthermore it has been implemented in 35 nations around the world along with technical and systemetical improvements. However, securing fairness carries weight as electronic voting system has many problems to be solved by public law following each area or methods of voting.

In the case of the National or Local Assemblies, most countries including our nation have chosen open-vote, in which individuals vote in person at the meeting and the results are made public, as the principle method. Although the current system of our nation is receiving positive evaluation, it can be improved by revising the National Assembly Act such as implementing electronic voting system at the committee, expanding the grounds for electronic voting, increasing credibility through securing stability of the voting machine, immediately making public the voting results, and eliminating the possibility of proxy votings.

In the case of referendums and resident voting, the introduction of electronic voting hasn't been in serious consideration yet. This is because that these voting schemes don't occur frequently enough. If the electronic voting system is implemented stage by stage, we can hear the opinions of the voters by diverting from the pre-existing voting method of choosing between yes or no and also we can expand the right of choice of the people as cancelling or correcting the vote is possible. Furthermore, we can aim for invigoration of referendums and resident voting that weren't implemented frequently.

In case of entrusted votings such as candidate elections of political parties or voting for representatives of unions, the form of voting is diversifying seen in the mobile voting system utilizing internet and text messages in Korea and the United States. As the current public official election act and related regulations stipulate that the political party may autonomously carry out the candidate elections or may consign it to the National Election Commission with the support of the government, it is seen that it has contributed to the diversification and enhancement of voting methods. However, as there may be controversies about the fairness of the electronic voting system, we should consider preparing for recounts or inspection systems similar to that of Public Office Elections.

For Public Office Elections such as for Presidential Voting, Assembly Election, Local Government Voting, and Voting for superintendent of education, there were technical and institutional efforts to implement electronic voting since early 2000s, however, due to stability and credibility issues, even now in 2010, it hasn't been implemented yet.

In the case of 1st stage electronic voting utilizing optical scan or touch-screens on the polling station, the cost of election administration is reduced and the time spent on counting the votes is shortened while also increasing the participation of foreigners and the disabled. As we move further on to the 3rd stage electronic voting which utilizes internet the improvement rate of voter turnout and enhancement rate of voting convenience increases. However, in order to implement electronic voting to Public Office Elections, the most important task to deal with is to secure the public credibility while not harming the principles of elections.

To countermeasure the possibilities of system crashes in the 1st stage PSEV electronic voting system, we can make additional installment of electronic voting equipment compulsory, implement preliminary verification, prepare controlled program facilities, and employ system maintenance crew. For safe transfer of the election results, we utilize the current level of police force for security procedures and have observers from each political party to keep a close eye on. Moreover, we can have the election results saved in and out of the voting equipment or have it printed out just in case. On the other hand, when there happens to be intentional losses or swaps of election results, we may arrange a severe penalty rule. For the verification procedure of the election results, we can keep the ballots printed out separately or utilize an Election Audit Trail as a technical verification method to aid accuracy in the tallying and recounting process. Although there may be some people who will not be used to the voting equipment because of the touch-screen, however, this can be overcome by manufacturing touch-screens specifically made for the old and the infirm, the disabled, and foreigners, or through education and advertisement. For those who are still blockaded from voting, we can carry out the pre-existing paper ballots along with electronic voting or we can consider utilizing proxy votes by having vote assistants like Japan. The initial installation costs are quite large, however, as the maintenance costs reduce significantly, as long as there are at least 30 or more polls, it is cost-effective and we can even aim for profits by exporting the electronic vote technology to abroad. If we only make use of the united electoral register, we would have to protect personal information through Private Information Protection Procedures and Encryption Protocols and also strengthen punishment rules in provision for exposure of the electoral register.

For the 2nd stage KIOSK method, utilizing passwords, cookies, electronic signatures, introducing new electronic identification systems, and physical-recognition such as fingerprints have been discussed about to secure credibility of the identification process, however, as electronic IDs or physical-recognition methods have concerns of privacy violation, technologically cookies or electronic signatures are the most valid methods. But, these methods also have limitations due to the issue of intentional hacking and that it isn't completely free from exposure of private information. In order to prevent double votes, we would have to create a network that connects the electoral register to the voting equipment to check for duplicate votes. To safely transfer the election result data, we could design the system that the central computer will separate the voter and the voting result and save the voting result only, or vote, certify, and tally the votes under an encrypted protocol to take care of the security issue and confidentiality issue by encrypting all data transfers. Also, we would have to prepare guidelines for when the system crashes to immediately deal with the error or have professional individuals to be stationed nearby.

For the 3rd stage Voting via internet, we would have to first of all install a digital firewall to protect against invasions of hackers and viruses to secure network safety and create guidelines to countermeasure errors that may occur during the voting process. Also, penalties against electoral register or the election results exposure should be tightened up. To protect the secrecy of the vote, clearing links between the voter and the vote, encrypting the vote although the link between the voter and the vote remains, or having multiple people to be involved when counting the votes are being considered. To deal with the problem of the information-gap between people, simplifying the voting method, making internet access free for the election day, and having polling stations are being considered. The principles of direct election, free election, and secret voting are hard to be amended technologically when they are violated; it should be overcome by social confidence or strengthening punishment and management by bringing up the type of punishment to the courts and advertising so. This is widely in use abroad and we should see it as a value that needs to be overcome with trust just like the judicial precedent about voting by mail and on-ship voting stipulated on the Public Official Election Act for the expansion of the right to vote. Finally, to verify the election results, we could choose to stress the encryption voting system and trace votes by making public the encryption process, however, as it still has the dangers of exposure, we could consider granting the responsibility of confidentiality to the data processing manager and strengthening the punishment against violation of the responsibility.

On the other hand, when evaluating the regulation system of the Public Office Election Act, a legal conflict is caused as the current law states the computerization of the election campaign businesses while also prescribing a voting method based on paper ballots. It also causes problems as it stipulates that electronic voting is possible as an exemption law in the management regulations of the Public Office Elections. When evaluating the principle of legal reservation and the limitation theory of legal reservation, as the limited effects of suffrage and the range of voters differ depending on the method of voting, the method of voting is a essential issue and as it isn't a difficult matter to prescribe by law due to emergencies or frequently changing circumstances, we should prescribe the electronic voting method in the law, not leaving it as just a rule.

Also, to introduce the electronic voting system, we have to first secure safety in the voting process. When the process is violated, the administrative activitity should not be cured in principle, however, it shoud be removed when the leak is light for execptions. Furthermore, to guarantee the Election Lawsuit System, the period of filing appeals should be adjusted to a reasonable term and the appealing procedure should also be supplemented that it can be easily done through electronic means. In current system, plantiffs should go through the administrative system before filing a lawsuit to the court for regional election. The unique characteristic of the system has the advantages that the legal procedures are simplified and the court costs are reduced, however to allow the public to choose whether or not to be brought to trial or not, it should be changed to voluntary system.

Finally, in order to introduce a desirable electronic voting system, we would have to consider guaranteeing secret voting, reflecting diverse opinions of the voters, assuring the possibility of modification and verification, and securing prompt counting?tallying. Out of the electronic voting systems that are in discussion nowadays, optical scanning or touch-screens are the most practical. This is because this method chooses a stand-alone system that prevents, in principle, the problem of networking, allowing a stable election. However, the 2nd and 3rd stage methods would be difficult to implement right away due to the fact that it may violate the important principles of election such as direct voting, free voting, and secret voting and also because of the problem of network stability. Therefore, we should start out by implementing the 1st stage electronic voting system and when the public perception about Public Office Elections matures and social confidence accumulates by preparing systematic supplementations to the strengths and weaknesses of the voting equipment, the introduction of 2,3rd stage electronic voting systems should be carefully considered.

For the range of each areas, we should implement electronic voting in elections in which the range of voters is relatively narrow and the results have relatively small influence, such as in resident voting and regional elections, and expand the range gradually. However for overseas voting and on-ship voting, as the voters are in a difficult situation to vote and as the range of voters isn't larger than the general public, we could implement the electronic voting system beforehand to increase the convenience of voting first, then expand the range.

Also, the electronic voting system is heavily influenced by technological advance in aspects such as utilization of the united electoral register, identity confirmation of the voter, and securing safety in internet voting. Therefore, we should consistently amend the law and the system related to electronic voting in response to the technological and systematical enhancements in the future.

| 참고문헌 |

1. 단행본

권영성.『헌법학원론』. 법문사, 2009.

김남진 · 김연태.『행정법I · II』. 법문사, 2009.

김철수.『헌법학개론』. 박영사, 2007.

류지태 · 박종수.『행정법신론』. 박영사, 2010.

정병욱.『선거법』. 박영사, 2004.

허영.『한국헌법론』. 박영사, 2009.

강경선 · 정태욱.『법철학』. 한국방송통신대학교 출판부, 1999.

김용철 · 윤성이.『전자 민주주의: 새로운 정치 패러다임의 모색』. 오름, 2005.

김재광.『전자투표의 도입에 따른 관련법제 정비방안』. 한국법제연구원, 2002.

_____.『전자투표와 관련한 법적 과제: 인터넷 투표의 도입에 따른 문제점 과 개선방안』. 한국법제연구원, 2002.

도석구,「국민주권의 실질화와 전자 민주주의」, 박사학위논문. 명지대학교 대학원, 2001.

로렌스 레식, 김정오 역.『코드-사이버공간의 법이론』. 나남출판, 2000.

박동진.『전자 민주주의가 오고있다』. 책세상, 2000.

박재창.『국회 입법과정의 개혁수요 진단: 대표성과 심의성을 중심으로』. 국 가정책연구, 2009.

박해영,「전자투표를 통한 국민주권의 실현방안 연구」, 박사학위논문. 창원 대학교 대학원, 2007.

양영철.『주민투표제도론』. 대영문화사, 2007.

장용근,「전자 민주주의의 헌법적 연구」, 박사학위논문. 서울대학교 대학원, 2004.

전석호.『정보사회론』. 나남, 1993.

정연정·조희정.『미국 전자투표』. 배재대학교 출판부, 2008.

조희정,「미국의 전자투표와 기술 수용 정치: 브라질·에스토니아와 비교를 중심으로」, 박사학위논문. 서강대학교 대학원, 2006.

국회사무처 의사국.『국회의사편람』. 2001.

중앙선거관리위원회.『각국의 선거제도 비교연구』. 2009.

_____.『독일 연방선거법』. 2004.

_____.『브라질 선거법』. 2004.

_____.『선거소송판결문집』. 2007.

_____.『해외 전자투표사례 비교연구』. 대종문화사, 2007.

_____.『2006.5.31.시행 제4회 전국동시지방선거 선거소청결정문집』. 2006.

한국전산원.『국가정보화백서』. 2006.

한국정보보호센터.『2000년 정보화 역기능 사례집』. 정책연구 00-5, 2000.

행정안전부.『2008 행정안전통계연보』.2008.

2. 논문

고선규."전자투표 제도의 효과와 문제점,"『제3차 NCA 정책포럼 자료집』. 2005.

_____."일본의 전자투표와 정치정보화,"『한국일본어문학회 학술발표대회 논문집』. 2005.

_____."일본의 지역 전자투표 추진현황,"『전자투표와 전자민주주의: 현재 와 미래』. 2005.

김용철."전자 민주주의: 인터넷 투표의 활용 가능성과 문제점,"『민주주의 와 인권』제2권 제2호. 전남대학교 5?18 연구소, 2003.

박기수."전자투표제의 도입방안,"『인터넷을 통한 선거운동과 법』. 한국인 터넷법학회, 2002.

박병석."전자투표기 사용에 대한 위헌판결—독일연방헌법재판소 2009년 3

월 3일자 판결 분석,"『FES-Information-Series』, 2009.

박선영. "정보화 사회에서의 정치적 기본권-인터넷의 정치적 기능을 중심으로-,"『공법연구』제33집 제1호. 2004.

박영철. "전자 민주주의와 인터넷 투표,"『전자투표와 관련한 법적 과제』. 한국법제연구원, 2002.

윤명선 · 박영철. "전자 민주주의와 정치참여,"『공법연구』제30집 제3호. 2002.

이부하. "전자 민주주의와 인터넷 선거,"『공법학연구』제10권 제2호. 2008.

이임명 · 박춘식. "암호기법,"『정보과학회지』제15권 제4호. 1997.

이현우. "정보화와 전자투표: 기술적 논의를 넘어서,"『한국정치학회 춘계학술대회 발표집』, 2005.

임지봉. "미국의 전자투표와 관련한 법제 및 정책 동향,"『디지털경제의 기반구축을 위한 법제지원사업 세미나 자료집』. 한국법제연구원, 2002.

_____. "전자투표제도의 발달과 그 법적 문제점,"『JURIST』제382권. 2002.

_____. "전자투표에 관한 법제 정비에 관한 연구,"『전자정부 구현을 위한 법적 동향과 과제』. 한국법제연구원, 2002.

정재황. "국회의 입법절차에 대한 헌법상 통제,"『고시계』제492호. 1998.

_____. "우리나라에서의 전자투표와 관련한 법제 현황,"『디지털경제의 기반구축을 위한 법제지원사업 세미나 자료집』. 한국법제연구원, 2002.

_____. "우리나라에서의 전자투표와 관련한 현행법제 연구,"『디지털경제법제6』. 한국법제연구원, 2002.

조희정. "해외의 전자투표 추진 현황 연구,"『사회연구』제13호. 2007.

국회사무처 의사과. "우리나라 국회 및 주요국 의회의 표결제도,"『입법연구논문집』. 2001.

중앙선거관리위원회.「독일 헌법재판소 전자투표 위헌판결 보고서」. 2009.

_____.「미국의 전자투표 추진사례 조사결과」. 2009.

_____.「전자선거추진단, 위탁선거 등 지원 및 홍보현황」. 2008.

_____.「전자투표시스템 개발 및 공직선거 전자투표 도입기반 조성」. 2007.

_____.「전자투표 추진 로드맵」. 2007.

_____.「터치스크린 투표 지원 실적」. 2009.

_____.「해외통신원 2007-2차 보고서」. 2007.

3. 외국문헌

Abramson, J. B., Arterton, F. C., & Orran, G. R., *The Electronic Commonwealth: The Impact of New Media Technologies on Democratic Politics*. New York:Basic Books, 1998.

A. Fujioka, T. Okamoto, K. Ohta. "A Practical Secret Voting Scheme for Large Scale Elections, Advances in Cryptology." *AUSCRYPT,* 1992.

Alvarez, R. Michael, Ansolabehere, Stephen. *California Votes: The Promise of Election Day Registration*. New York: Demos, 2002.

Alvarez, R. Michael, Hall, Thad E. *Electronic Elections*. Princeton University Press, 2008.

Alvarez, R. Michael, Hall, Thad E.. *Point, Click, & Vote-The Future of Internet Voting*. Brookings Institution Press, 2004.

Arterton, F. C.. *Teledemocracy: Can technology protect democracy?* Sage, Newbury Park, 1987.

Barber, Benjamin R.. *Strong Democracy: Participatory Policies for a New Age*. University of California Press, 1985.

Dahl, Robert A.. *Polyarchy: Participation and Oppossition*. Yale University Press, 1972.

Elstain, Jean B. "Democracy and the QUBE Tube." *The Nation.* 1982.

Franklin, Mark. *The Dynamics of Voter Turnout in Established Democracies Since 1945*. Cambridge, 2003.

G. Niemeyer. *The Politics of Future Citizens: New Dimensions in Socialization*. San Francisco, 1974.

Graber, Doris A. "Photoles Along America's Public Information Superhighway." *7 Research in Political Sociology*, 1995.

Hasen, Rick. "A Critical Guide to Bush v. Gore Scholarship. Loyola law school Public law and legal theory." Research Paper No. 2004-2, 2004.

Hill, Kelvin A.. *Cyberpolitics: Citizen Activism in the Age of the Internet*. Boston: Rowman & Littlefield Publishers, 1998.

Ho, Alfred Tat-Kei. "Reinventing Local Government and the E-Govenment Initiative." *Public Administration Review*, Vol. 62, No. 4, 2002.

Ogden, Michael R. "Politcs in a Parallel Universe: Is There a Future for Cyberdemocracy?" *Futures*, Vol. 26, No. 7, 1994.

Wille, David. "Personal Jurisdiction and the Internet: Proposed Limits on State Jurisdiction over Data Communications in Tort Cases." *Kentucky Law Journal*. 1998.

Y. Benkler. "Free as the Air to Common Use: First Amendment Constraints on the Public Domain." *New York University Law Review*, Vol. 74. 1999.

Brennan Center for Justice. *The Machinery of Democracy-Protecting Elections in an Electronic World*. Academy Chicago Publishers, 2007.

Caltech & MIT Joint Research. *Residual vote attributable to technology: An assessment of the reliability of existing voting technologies*. 2001.

Department of Defence. *Voting Over the Internet Pilot Project Assessment Report*. 2001.

Federal Election Commission. *Voting System Standards*, Vol. 1, Sec. 2. 2001.

湯淺墾道, 電子化社會の政治と制度, 石川: オブアワーズ, 2006.

4. 외국 인터넷 학술자료

Barbrook, Richard, Cameron, Andy. The Californian Ideology, http://www.alamut.com/subj/ideologies/pessimism/califIdeo_I.html

Becker, Ted. True Teledemocracy, TAN+N and You, http://frontpage.auburn.edu/tann/tann2/editor.html

Bowen, Derra. Top-to-bottom review of electronic voting systems certified for use in California elections, 2007, http://www.sos.ca.gov/elections/voting_systems/draft_top_to_bottom_review.pdf

Burke, Lynn. Vote Early, Try Often in Arizona, http://www.wired.com/politics/law/news/2000/03/34830

Coleman, Kevin. "Internet Voting, CRS Report for Congress"(2003), http://www.infousa.ru/information/rs20639.pdf

Committee on Commerce, Science and Transportation, "United States Senate, Election Reform"(2001), http://www.access.gpo.gov/congress/senate/pdf/107hrg/88291.pdf

Hacker, Kenneth L., Todino, Michael A. "Virtual Democracy at the Clinton White House: An Experiment in Electronic Democratization," http://www.cios.org/EJCPUBLIC/006/2/00628.HTML

Hagen, Martin. "A Typology of Electronic Democracy," http://www.unigiessen.de/fb03/vinci/labore/netz/hag_en.htm

Kang, Jerry. "Information Privacy in Cyberspace Transactions, Stanford Law Review"(1998), http://www.ntia.doc.gov/ntiahome/privacy/files/cprivacy.pdf

Kurt, Aygen Sibel. "Is Internet a Political Sphere?—Cyberdemocracy is Reconsidered," http://www.medyakronik.net/akademi/makaleler/makaleler26.htm

London, Scott. Teledemocracy vs. Deliberative Democracy, http://www.scottlondon.com/reports/tele.html

Ministry of Justice, "Internet Voting, Stockholm, Swedish Government Official Reports"(2000), http://governments-online.org/documents/InternetVoting Sweden.pdf

Pratchett, Lawrence. "The implementation of electronic voting in the UK, Local Government Association"(2002), http://www.dca.gov.uk/elections/e-voting/pdf/e-voting.pdf

Rheingold, Howard. "Virtual Community"(1993), http://www.rheingold.com/vc/book

Rousseau, Jean Jacques. "The Social Contract"(1762). Translated by Cole, G. D. H., http://www.constitution.org/jjr/socon.htm

United States General Accountability Office, "Elections: Voting Assistance to Military and Overseas Citizens Should Be Imporved, Report to Congressional Requesters"(2001), http://www.gao.gov/products/GAO-01-1026

5. 인터넷 검색자료

독일 법무부, http://www.bmj.bund.de

독일 연방 헌법재판소, http://www.bundesverfassungsgericht.de/
entscheidungen/cs20090303_2bvc000307.html

미국 법무부, http://www.justice.gov/crt/voting/misc/activ_uoc.php

미국 상원 통상위원회, http://commerce.senate.gov/public

미국 선거사이트, http://www.uselections.com/select_fed.htm

미국 선거재단, http://www.votetrustusa.org/index.php?option=com_
content&task=blogcategory &id=151&Itemid=1221

미국 신뢰선거재단, VerifiedVoting.org urges California's Governor
Schwarzen egger to sign SB 370, http://www.verifiedvotingfoundation.
org/article.php?id=6304

미국 연방선거위원회, http://www.fec.gov

미국 연방투표지원 프로그램, http://www.fvap.gov/vao/guide.html

미국 정부정보, http://usgovinfo.about.com/newsissues/usgovinfo/library/
weekly/aa121899a.htm

미국 해외선거재단, http://www.fvap.gov/vao/guide.html

브라질 상원(Senado Federal), http://www.senado.gov.br/web/cogidos/
eleitoral/httoc.htm

브라질 최고선거법원, http://www.tse.gov.br/internet/ingles/institucional/
composicao.htm

오스트리아 컴퓨터 학회 OCG, http://www.ocg.at/ak/edemocracy/wiki2/en/
doku.php?id=projects:germany:e-government_and_e-voting_in_
germany

일본 총리관저 홈페이지, http://www.kantei.go.jp/jp/it/network/
dai3/3siryou5.html

캘리포니아 전자투표기준, http://www.sos.ca.gov/elections/elections_vs.htm

판례검색, http://laws.findlaw.com/us/000/00-949.html

플로리다 투표시스템 표준, http://election.dos.state.fl.us/voting-systems/
pdf/dsde101 Form.pdf

Howard Rheingold, Virtual Community, http://www.rheingold.com/vc/book/
intro.html

IMD 국가 경쟁력 지수, http://www.imd.ch/research/publications/wcy/
    upload/score board.pdf

IMD, http://www.imd.ch/index.cfm

Nedap社 투표기기 설명, http://www.election-systems.eu/verkiezings-
    systemen

UN개발프로그램 홈페이지, http://www.undp.org

Well社, http://www.well.com/aboutwell.html

『동아일보』, "국회 대리투표 못하게 한다," 2010.1.14, http://news.donga.
    com/3/all/20100114/25406341/1

동아일보, 뒤끝없는 印총선…비결은 잉크와 투표기, 2009.4.30, http://www.
    donga.com/fbin/output?n=200904300430

동아일보, 투표 종료 선언뒤 재투표 2003년 국회때 전례 있다, 2009.8.5,
    http://www.donga.com/fbin/output?n=200908050120

동아일보, 해외주둔 미군 부재자 투표 순조, 2008.10.16, http://www.donga.
    com/fbin/output?f=dH_&n=200810160263

디지털타임즈, 모바일투표가 남긴 것, 2007.10.23, http://min.kr/414

매일경제신문, 규제풀린 스마트폰 결제 대안은?, 2010.4.1, http://news.
    mk.co.kr/outside/view.php?year=2010&no=166402

서울신문, 한국 전자정부시스템 UN평가 첫 세계1위, 2010.1.15, http://www.
    seoul.co.kr/news/newsView.php?id=20100115002012

세계경제포럼 홈페이지, http://www.weforum.org

세계일보, 日 자민당 의원 대리투표 파문, 2010.4.2, http://www.segye.com/
    Articles/NEWS/INTERNATIONAL/Article.asp?aid=20100402003392&su
    bctg1=&subctg2=

연합뉴스, 미디어법 재투표 대리투표 논란 격화, 2009.7.24, http://
    app.yonhapnews.co.kr/YNA/Basic/article/new_search/
    YIBW_showSearchArticle.aspx?searchpart=article&searchtext
    =%eb%8c%80%eb%a6%ac%ed%88%ac%ed%91%9c&contents_
    id=AKR20090724176200001

오마이뉴스, 세계의 모범이라고 자랑하더니.. 기립표결보다 못한 전자투표
    시스템, 2009. 7. 29, http://www.ohmynews.com/NWS_Web/view/at_

pg.aspx?CNTN_CD= A0001185975

전자신문, 한국 국가정보화지수 세계 3위, 2006.7.21, http://www.etnews.
co.kr/news/detail.html?id=200607200194

한국정책방송(KTV), 한국 정부, 국가정보화 세계 1위, 2010.1.15, http://
channel.pandora.tv/channel/video.ptv?ref=na&redirect=prg&ch_
userid=ktv2008&prgid= 36906263&categid=

헤럴드경제신문, 전자투표기 한때 오류-마감시간 연장도, 2006.11.8, http://
news.naver.com/main/read.nhn?mode=LSD&mid=sec&sid1=101&oid=
016&aid=0000225033

ET뉴스, 일본, 선거에 전자투표방식 도입, 2008.4.11, http://www.etnews.
co.kr/news/detail.html?id=200804100100

국회 인터넷 의사중계시스템, http://assembly.webcast.go.kr

네이버 백과사전, http://100.naver.com

네이버 용어사전, http://terms.naver.com

위키피디아 백과사전, http://en.wikipedia.org

헌법재판소, http://www.ccourt.go.kr

| 색인 |

| ㄱ |

| ㅍ |

| ㅎ |

| 지은이 소개 |

❖ 김재선(金在仙)

1. 학력사항

이화여자대학교 법학과 졸업(법학사)
고려대학교 법학석사(행정법 전공)
고려대학교 법학박사(행정법 전공)

2. 경력사항

2005년	• 한국의회발전연구회
2007년~2009년	• 고려대학교 법학연구원 연구원
2007년~2009년	• 행정안전부(전자정부 표준화의 촉진 방안 마련, 행정업무에 공간정보 활용 방안 마련) 법제도 연구
	• 국민권익위원회(국민권익 통합정보화 방안 마련) 법제도 연구
2008년~2011년	• 고려대학교, 한경대학교, 명지전문대학 강사 (공법일반이론, 행정법Ⅰ·Ⅱ, 행정법 사례연습, 부동산 공법 등 강의)
2009년~현재	• 중앙선거관리위원회 법제과 연구관
2011년	• 중앙선거관리위원회 선거연구회 논문작성법 강의
	• 중앙선거관리위원회 선거연수원 기초법률가과정 행정법 강의
	• 중앙선거관리위원회－단국대학교 학점연계과정 전자투표제도론 강의 등

3. 학술대회 발표 및 토론
• 한국공법학회 신진학자대회
• 국회 여유정치포럼 창립 기념 토론회
• 고려대학교 조세법센터 국제조세관계 학술대회

4. 연구논문
• 기업의 경제적 자유에 관한 법적 검토(석사학위논문, 2007)
• 전자투표제도에 관한 공법적 고찰(박사학위논문, 2010)
• 공직선거에서의 여성후보추천할당제의 타당성 검토(세계헌법연구, 2010)
• 공직선거에서의 전자투표제도 도입을 위한 단계적 접근(중앙법학, 2011)
• 트위터(Twitter)를 이용한 선거운동의 공직선거법 적용방안에 관한 공법적 연구(고려법학, 2011)

21세기 전자정부와 전자투표제도

인 쇄 | 2011년 11월 21일
발 행 | 2011년 11월 28일

지은이 | 김재선
발행인 | 부성옥
발행처 | 도서출판 오름
등록번호 | 제2-1548호 (1993. 5. 11)

주 소 | 서울특별시 서초구 서초동 1420-6
전 화 | (02)585-9122, 9123   팩 스 | (02)584-7952
E-mail | oruem@oruem.co.kr
URL | http://www.oruem.co.kr

ISBN 978-89-7778-365-2   93340